KB260047

요가야갸발꺄
Yogayājñavalkya

산스끄리뜨 번역과 해설 요가야갸발꺄

2023년 1월 20일 초판 1쇄 인쇄
2023년 1월 30일 초판 1쇄 발행

옮긴이   임혜정
펴낸이   정창진
펴낸곳   다르샤나
출판등록   제2022-000005호
주소   서울시 종로구 인사동11길 16,403호(관훈동)
전화번호   (02)871-0213
전송   0504-170-3297

ISBN   979-11-976600-3-0 93270
Email   yoerai@hanmail.net
blog   naver.com/yoerai

값은 뒤표지에 있습니다.

요가야갸발꺄

Yogayājñavalkya

산스끄리뜨 번역과 해설

임혜정 옮김

다르샤나

요가는 인도의 모든 종교와 철학이 궁극적으로 지향하는 해탈을 성취하기 위한 수행 방법으로 다양한 형태로 진화되었다. 2014년 국제연합(UN)이 인도의 전통 수행법인 요가를 널리 알리기 위해 6월 21일을 '세계 요가의 날'로 제정, 선포한 것은 요가의 세계적 위상을 의미하기도 한다. 하지만 세계적인 인기에도 요가에 대한 명확한 이해는 부족하다. 현재 세계 도처에서 유행하고 있는 요가는 건강과 미용을 위한 육체적인 운동 체계에 관심을 두고 있는 것이 현실이다. 요가의 실천적 측면과 더불어 요가 사상의 본질적 특색을 바르게 이해하기 위해서 요가 문헌의 지식이 요구된다. 이를 위해 요가 문헌의 역사적 맥락과 수행의 범위 등에 대한 연구는 꾸준히 진행되고 있다.

국내에서 번역된 요가경전은 알려진 경전의 수에 비해 많지 않다. 최근에 들어서 많은 학자들에 의해 활발한 연구가 진행되고 있는 것으로 알고 있다. 그 가운데 『요가야갸발꺄』는 국내에서 잘 알려지지 않은 희귀저작이다.

『요가야갸발꺄』는 여러 개의 판본(板本)이 나오고 해외에서 출판본이 재판(再版)될 정도로 인기 있는 문헌이지만 국내에 많이 알려

저 있지 않다. 『요가야갸발꺄』는 『요가경』(*Yoga Sūtra*)과 『하타[요가] 쁘라디삐까』(*Haṭha[yoga]pradīpikā*) 사이에 변화된 요가 사상과 수행법을 담고 있다. 본 책은 요가를 공부하고 수행하는 이들의 이해를 돕는 것에 목적을 두고 『요가야갸발꺄』의 내용을 중심으로 번역하였다.

인도철학을 전공하면서 요가관련 서적을 꽤 봐왔지만 산스끄리뜨 원전을 번역할 때 느끼는 번역의 한계는 항상 있는 것 같다. 이를 위해 영역본을 참고하였고 문을식 교수님에게 자문을 구하였으며 박영길 교수님의 하타 요가 관련 번역본의 많은 도움을 받았다. 이에 대해 깊은 존경을 표한다. 그리고 제자들에게 학자가 어떻게 학문을 대해야 하는지 몸소 실천해주시는 지도교수인 정승석 교수님에게 존경을 표한다. 그리고 대학원 과정 후 학위 취득 과정에서 격려의 말을 아끼지 않으신 김호성, 황순일 교수님에게 감사드린다. 글을 쓸 때마다 앞선 선배들은 어떤 관점으로 바라봤는지에 대한 벽에 부딪힐 때 조언을 아끼지 않으신 김재민, 심준보 선생님에게 감사드린다. 마지막으로 나의 가족에게 깊은 감사를 표한다.

본 책을 출간하는데 있어 데시까차르Desikarchar의 『요가야갸발꺄』 출판본을 보내주시고 옆에서 묵묵히 그리고 때로는 날카로운 지적과 함께 교정에 힘써 주신 문을식 교수님에게 다시 한 번 깊은 감사를 드린다. 이 책을 출판하는데 있어 어려운 사정이 있음에도 출판을 흔쾌히 허락해주시고 정성스럽게 책을 제작해준 도서출판 다르샤나 정창진 사장님의 선견에 감사드린다.

2022년 12월

임 혜 정

Yogayājñavalkya

▤ 책머리에 _ 4
▤ 일러두기 _ 14

제1부 문헌 연구

제1장 『요가야갸발꺄』의 성립

1. 저자 _ 19
2. 성립 시기 _ 22
3. 『요가야갸발꺄』의 사상적 배경 _ 28
    1) 우빠니샤드 _ 28
    2) 『기따』 _ 31
    3) 비슈누 파 _ 38
4. 선행 연구 및 저본 _ 45
    1) 『요가야갸발꺄』의 출판본 _ 45
    2) 『요가야갸발꺄』의 필사본 _ 46
    3) 『요가야갸발꺄』의 번역본 _ 54

제2장 『요가야갸발꺄』의 구성과 내용

1. 구성 _ 57
2. 내용 _ 59

제3장 『요가야갸발꺄』의 운율
  1. 운율에 따른 용어 사용_ 65
  2. 아누쉬뚜브 쉴로까(anuṣṭubh-śloka)_ 69
  3. 동일운율(samavṛtta)_ 75

제2부 번역과 역주

제1장
  야갸발꺄의 자질_ 87
  요가의 정수를 알려달라는 가르기의 요청_ 90
  브라흐마에게 질문하는 야갸발꺄_ 91
  윤회의 길(pravartaka)과 해탈의 길(nivartaka)_ 95
  인간의 세 가지 빚과 그것을 극복하는 수단_ 99
  4성 계급과 인생의 네 주기의 의무_ 100
  지혜와 요가_ 105
  요가의 여덟 갈래_ 109
  열 개의 금계_ 112
    - 불상해_ 112   - 진실_ 113   - 불투도_ 113
    - 범행_ 114   - 인자_ 116   - 정직_ 117
    - 평등심_ 117   - 안정_ 117   - 소식_ 117
    - 청정_ 118

제2장

열 개의 권계_ 120

- 고행_ 120
- 만족_ 123
- 믿음_ 123
- 보시_ 123
- 자재신에 대한 헌신_ 124
- 정설의 학습_ 124
- 수치심_ 125
- 신념_ 126
- 염송_ 126
- 준수_ 128

제3장

여덟 개의 좌법_ 130

- 길상좌_ 131
- 소얼굴 체위_ 132
- 연화좌_ 134
- 영웅좌_ 136
- 사자좌_ 137
- 행운좌_ 138
- 해탈좌_ 139
- 공작 체위_ 141

나디 정화 후 호흡 수련 당부_ 142

제4장

미세신체론에 대한 가르침의 개시_ 144

쁘라나의 활동 범위_ 145

몸 안에 있는 불과 쁘라나의 결합_ 146

몸의 중앙에 위치한 내적인 불_ 147

몸의 중앙_ 149

깐다의 위치와 형태 그리고 크기_ 150

물라 짜끄라의 위치_ 151

꾼달리니의 위치와 특성_ 153

꾼달리니의 각성과 상승_ 154

열네 개의 나디_ 155

　- 수슘나 나디_ 156

　- 이다 나디와 삥갈라 나디_ 157

　- 기타 11개의 나디_ 159

열 개의 생기_ 163

　- 쁘라나 생기의 위치_ 164

　- 아빠나 생기의 위치_ 165

　- 비야나 생기의 위치_ 166

　- 우다나 생기의 위치_ 166

　- 사마나 생기의 위치_ 166

　- 기타 다섯 생기의 위치_ 167

음식의 소화 과정과 흡수 과정에서 생기의 역할_ 167

생기의 기능_ 170

미세신체론을 알고 나디 정화할 것을 강조_ 172

제5장

나디 정화의 가르침 개시_ 174

요가 수행의 장소와 조건_ 175

요가 수행 시 생활 태도_ 177

나디 정화의 순서_ 178

나디 정화의 방법_ 182

나디 정화의 기간_ 184

나디 정화의 결과_ 184

제6장

호흡조절의 정의와 구성_ 186

옴 염송이 포함된 호흡조절_ 190

가야뜨리 만뜨라가 포함된 호흡조절_ 191

호흡조절 시 병행해야 할 만뜨라_ 193

호흡조절의 효과_ 196

들숨, 숨 멈춤, 날숨의 정의_ 197

호흡조절의 3단계_ 197

사히따 꿈바까와 께발라 꿈바까_ 198

호흡을 정복하는 방법_ 201

　- 마음으로 숨을 세 부위에 집중하는 방법_ 202

　- 샨무키 무드라를 동반하는 방법_ 206

　- 세 번째 방법_ 208

꾼달리니의 각성과 쁘라나의 수승_ 210

이신해탈(離身解脫)_ 214

호흡 수련의 중요성_ 215

디반지本에 추가된 구문_ 216

제7장

외적 수단과 내적 수단의 구분_220

감각철회의 유형_222

열여덟 개의 생명점_226

생명점 사이의 거리_227

열여덟 생명점의 상승법_229

열여덟 생명점의 하강법_231

열여덟 생명점을 이용한 감각철회의 효과_234

특정 생명점에 숨을 고정하는 방법_236

제8장

정신집중에 대한 가르침의 개시_239

아뜨만에 마음을 고정하는 것_239

심장의 연꽃에 아뜨만을 집중하는 것_240

다섯 가지 거친 요소에 대한 정신집중_241

다섯 가지 거친 요소의 영역_242

다섯 가지 거친 요소의 영역에 대한 다른 견해_242

다섯 거친 요소로 표현된 다섯 신(神)_244

다섯 거친 요소로 표현된 신에 대한 명상법과 효과_244

결과물을 각각의 원인에 귀멸_248

옴 염송으로 결과물을 각각의 원인으로 귀멸_249

정신집중과 세 도샤_250

정신집중 수행의 당부 _ 253

제9장

명상의 정의 _ 254

명상의 종류 _ 255

명상 수행의 조건 _ 256

무속성 명상 _ 256

나라야나에 대한 유속성 명상 _ 258

바이슈바나라에 대한 유속성 명상 _ 261

하리에 대한 유속성 명상 _ 263

내적 자아에 대한 유속성 명상 _ 264

쉬바에 대한 유속성 명상 _ 265

자기 자신에 대한 유속성 명상 _ 266

명상의 효과 _ 267

명상 수행에 대한 당부 _ 268

제10장

삼매의 정의 _ 271

삼매 성취의 선행 조건 _ 274

삼매 성취 후 임종 과정 _ 275

여덟 갈래 요가 수행의 당부 _ 278

제11장

삼매와 베다의 의무 _ 280

각자의 수행처로 돌아가는 현자들 _ 283

가르침의 요약에 대한 가르기의 요청과 야갸발꺄의 승낙 _ 284

제12장

첫 번째 단계: 생기에 의한 몸속의 불의 점화 _ 287

두 번째 단계: 꾼달리니의 각성 _ 289

세 번째 단계: 쁘라나의 수승 _ 291

네 번째 단계: 미간 사이로 불과 쁘라나를 끌어올림 _ 294

다섯 번째 단계: 미간에 있는 쁘라나를 집중 _ 294

여섯 번째 단계: 미간 명상 _ 296

일곱 번째 단계: 해탈의 도달 _ 297

요가 수행의 이점 _ 299

요가 수행의 권유 _ 300

종결 _ 301

약호 및 참고문헌 _ 303

찾아보기 _ 312

1. 산스끄리뜨 발음 표기

(1) 장음 ā, ī, ū 등은 단음과 특별하게 구분하지 않고 발음한다. 중요한 용어라고 생각되는 경우에는 내용에서 괄호 안에 원문을 함께 표기한다.

예: 요가야갸발꺄(Yogayājñavalkya)

(2) 반모음은 va는 '바'와 '와'의 중간 음이고, 자음 앞에서는 '와'에 가깝게 들리지만, 모두 '바'로 표기한다.

예: 바가바드기따(*Bhagavadgītā*)

(3) 무성무기음 ka, ca, ṭa, ta, pa의 경우 경음으로 표기하였고, 유성대기음 gha, jha, ḍha, dha, bha의 경우는 대기음 'h'의 발음을 표기하지 않는다.

예: 바가바드(Bhagavad), 마하바라따(Mahābhārata)

(4) 치찰음 śa, ṣa의 경우 후속모음에 따라 쉬, 샤, 슈 등으로 표기한다.

예: 쉬바(*śiva*), 비슈누(*viṣṇu*), 끄리슈나(*kṛṣṇa*)

(5) 유성비음 ṅ, ṇ, ṁ의 경우 후속모음에 따라 ㅇ, ㄴ, ㅁ 등으로 표기한다.

예: 샹까라(*Śaṅkara*), 상스까라(*sāṁskāra*)

(6) 모음 ṛ는 '리'로 표기한다.

예: 리그 베다(*Ṛg Veda*)

(7) jñā는 '갸'로 표기한다. 예: 야갸발꺄(*yājñavalkya*)

(8) 그 외에는 일반적으로 통용되는 관례에 따라 표기한다.

2. 기호

원문을 우리말로 번역할 때 ( )는 부연설명, [   ]는 원문에 없지만 함축된 의미를 보충 설명을 할 때 사용한다.

3. 복합어 표기

산스끄리뜨의 복합어는 '-' 표시로 분철하였지만 번역에서는 복합어 안의 분별 표시를 생략하고 띄어쓰기를 하여 표기한다.

예: kevala-kumbhaka 께발라 꿈바까 mūla-cakra 물라 짜끄라

4. 주요 번역어

(1) 지바 아뜨만(jīva-ātman)은 '개별적 자아', 빠라마 아뜨만(parama-ātman)은 '최고의 자아', 갸나 요가(jñāna-yoga)는 '지혜의 요가', 까르마 요가(karma-yoga)는 '행위의 요가', 박띠 요가(bhakti-yoga)는 '신애의 요가', 산야사(sannyāsa)는 '포기', 뜨야가(tyāga)는 '단념' 등으로 번역한다.

(2) samyak-jñāna: 『요가야갸발꺄』에서 지혜는 직관적이고 직접적인 이해나 경험의 형태로 묘사된다. 이에 따라 '올바른 지혜'로 번역한다.

(3) āsana는 원래적 의미인 '√ās=앉다'에 따라 '좌법'으로 번역한다. 다만 공작과 같은 역동적인 동작이 경우 '체위'로 번역한다.

(4) prāṇāyama는 호흡(prāṇa)의 멈춤(āyama)이 본래 의미지만 호흡을 수련한다는 수행적인 의미로 '호흡조절'로 번역한다.

(5) prāṇa, vāyu 등은 운율적 대체어로 사용되는 동의어이다. 문맥에 따라 'prāṇa와 apāṇa'처럼 의미를 분명하게 전달하기 힘들 때 '쁘라나'로 음사하고 '수슘나 나디로 상승하는 주체'인 prāṇa, 열 생기(daśa vāyu)의 구성 요소인 prāṇa도 '쁘라나'로 음사한다.

(6) puruṣa는 상캬 철학의 정신적 원리인 순수정신을 의미하지만 문맥에 따라 '사람', '아뜨만'으로 번역하고 괄호 안에 원어를 병기한다.

(7) ātman은 아뜨만으로 참된 자아를 의미하지만 문맥에 따라 '아뜨만', '자신', '자아', '몸'으로 번역하고 괄호 안에 원어를 병기한다.

5. 원문 수록 등

(1) 게송의 구분: 『요가야갸발꺄』 원문을 번역하면서 배열순서는 우리말

번역. 그 다음에 산스끄리뜨 원문, 이어서 해설의 순으로 하고, 문맥상 원문 게송의 전반부와 후반부가 구분되는 경우 전반부는 [ab]로, 후반부는 [cd]로 표기한다.

(2) 인용:『요가야갸발꺄』원문을 본문에 인용할 경우 되도록 그 인용된 원문을 각주에 수록하였지만 원문을 그대로 번역하지 않고 본문에 실은 경우는 시편의 장과 절만 표기하였다. 우빠니샤드,『요가경』,『마하바라따』『마누법전』등 다른 문헌의 원문을 각주에 표기한다.

(3) 각주와 참고문헌: 각주는 저자(역자, 출판 연도)와 인용한 면수만 표시하였고, 참고문헌은 각주에 인용된 문헌만 표기한다.

6. 운율 표기

본서에서 사용된 운율의 약 95%는 고전 산스끄리뜨에서 가장 널리 사용된 운율 중 하나인 8음절의 아누쉬뚜브(anuṣṭubh)이다. 이 운율은 베딕 아누쉬뚜브 운율에 기반을 둔 운율로 고전 산스끄리뜨에서 널리 사용된다. 하지만 그것과 체계를 달리하는 브릿따(Vṛtta) 운율의 종류인 동일운율(samavṛtta)에서 쁘라마니까(pramāṇikā) 등 8음절이 아누쉬뚜브이다. 따라서 동일 운율의 아누쉬뚜브와의 혼동을 막고자 고전 산스끄리뜨에서 널리 사용된 아누쉬뚜브를 아누쉬뚜브-쉴로까(anuṣṭubh-śloka)로 구분하였다.

운율의 표시는 게송의 첫 번째 구(pāda[a])=[a], 두 번째 구(pāda[b])=[b], 세 번째 구(pāda[c])=[c], 네 번째 구(pāda[d])=[d] 로 기입한다.

문헌 연구

제1장 『요가야갸발꺄』의 성립

1. 저자

『요가야갸발꺄』는 야갸발꺄Yājñavalkya에 귀속되는 문헌으로 알려져 있다.

야갸발꺄는 일찍이 『백야주르 베다』(*Śukla Yajurveda*)의 창시자로 전해오며,[1] 『브리하다란야까 우빠니샤드』(*Bṛhadāraṇyaka Upaniṣad*), 『마하바라따』(*Mahābhārata*)에서 언급되는 현자로 알려져 있다. 베다의 현자인 야갸발꺄의 생존 연대에 대해서 레이차우두리 Raychaudhuri와 샤르프슈타인Scharfstein은 B.C. 8세기로[2] 올리벨르Olivelle는 B.C. 640~610년으로 본다.[3] 뿐만 아니라 야갸발꺄는 『야갸발꺄 스므리띠』(*Yājñavalkya Smṛti*)의 저자로도 명명되기 때문에[4] 『요가야갸발꺄』의 저자와 자칫 혼동될 수 있다.

---

1) 『야주르 베다』의 구분에 관한 내용은 정태혁(1984), pp.107~108 참조.
2) Raychaudhuri(1972) pp.8~10; Scharfstein(1998), pp.9~11; pp.56~57.
3) Olivelle(1998), p.xxxvi 각주 20번.
4) Fisher(1984), p.61; Lingat(1973), pp.97~98.

야갸발꺄에 대해 피셔Fišer는『샤따빠타 브라흐마나』(Śatapatha Brāhmaṇa) i~v에 나오는 야갸발꺄는 실존한 인물로『샤따빠타 브라흐마나』xi와『브리하다란야까 우빠니샤드』에 나오는 야갸발꺄를 전설적인 인물로 본다.[5] 이에 반해 위첼Witzel은 이 문헌에서 야갸발꺄는 한 명의 역사적 인물이라고 주장한다.[6] 정태혁은 "야갸발꺄는 세 사람이 있다.『샤따빠타 브라흐마나』i~v에 나오는 사람은 실제적인 제의학자요, 같은 문헌 xi~xiii에 나오는 사람은 전설적인 제의해석자이며,『브리하다란야까 우빠니샤드』에 나오는 사람이 바로 탁월한 사상가로서의 야갸발까이다."라고 말한다.[7]

이 외에도 야갸발꺄는『자발라 우빠니샤드』(Jābāla Upaniṣad)에서 브리하스빠띠Bṛhaspati의 가르침을 전달하는 성자로[8],『빠잉갈라 우빠니샤드』(Paiṅgala Upaniṣad)에서 빠잉갈라Paiṅgala의 스승으

---

5) 피셔Fišer는 이 이유에 대해 두 가지 주요 기준을 제시한다. 첫째로,『샤따빠타 브라흐마나』i~v와『샤따빠타 브라흐마나』xi을 포함하여『브리하다란야까 우빠니샤드』사이에서 발견되는 서술 형식의 변화를 지적한다. 두 번째로,『샤따빠타 브라흐마나』xi과『브리하다란야까 우빠니샤드』의 해당 구절은 전설적인 야갸발꺄의 탄생으로 특정지어질 수 있으며『브리하다란야까 우빠니샤드』에서 야갸발꺄와 자나까(Janaka)의 만남은 실제 역사적 관련이 없다고 주장한다. Fišer(1984), pp.60~70.
6) 위첼Witzel의 주장은 두 가지 기준에 근거한다. 야갸발꺄의 서술이 텍스트 전반에 걸쳐 비교적 일관적이며 화법 사용에서 유사성이 있다는 것이다. 위첼은『샤따빠타 브라흐마나』i~v와『샤따빠타 브라흐마나』xi에 나타나는 야갸발꺄의 모습이 다른 것은 성격의 차이가 아니라 본문의 내용의 차이라는 것에 유의해야 하며『브리하다란야까 우빠니샤드』또한 이런 맥락을 고려해야 한다고 지적한다. Witzel(2003), p.106.
7) 정태혁(1984), p.199 각주 236번.
8) JaU.1.1, "옴 브리하스빠띠가 야갸발꺄에게 말했다. 이 신들의 꾸루 평원은 신들이 제사를 지내는 곳이며 모든 존재들의 브라흐만이 자리하고 있는 곳이다."(oṃ bṛhaspatir uvāca yājñavalkyaṃ yad anu kurukṣetraṃ devānāṃ

로 등장한다.[9] 힌두 전통에서 야갸발꺄가 대중적인 인물인 만큼 한명, 두 명 또는 그 이상의 야갸발꺄가 존재했을 것으로 추정된다.[10]

이상에서 보면『요가야갸발꺄』의 야갸발꺄는『샤따빠타 브라흐마나』,『브리하다란야까 우빠니샤드』,『자발라 우빠니샤드』,『빠잉갈라 우빠니샤드』에 등장하는 야갸발꺄가 아닐 것이다.

『요가야갸발꺄』의 저자에 대해 위처Whicher는 "『요가야갸발꺄』의 야갸발꺄와『브리하드아란야까 우빠니샤드』에 나오는 야갸발꺄를 혼동해서는 안 된다."[11]라고 말한다. 즉『브리하다란야까 우빠니샤드』의 야갸발꺄와『요가야갸발꺄』의 야갸발꺄는 다른 인물이라는 입장을 밝힌다. 졸리Jolly는 "『요가야갸발꺄』의 저자로 알려진 야갸발꺄의 연대를 A.D. 4세기로 본다."[12]라는 의견을 제시한다. 화이트White 역시 "『요가야갸발꺄』 문헌의 저자는 남인도에서 9~12세기에 살았던 야갸발꺄라는 이름을 가진 사람으로 하타 요가와 베단따 철학에 통달한 사람이다."[13]라고 평가한다. 맨딕Mandik도 『요가야갸발꺄』의 저자는 야갸발꺄와 같은 이름을 가진 다른 현자일 수 있다고 말한다.[14]

위 내용에서 알 수 있듯이 야갸발꺄는 여러 문헌에서 그의 이름

---

devayajanaṃ sarveṣāṃ bhūtānāṃ brahmasadanam)

9) PaU.1.1, "빠잉갈라가 12년을 모시고 따른 야갸발꺄에게 가까이 가서 '지고한 비밀인 독존에 대해 알려 주십시오!'라고 질문하였다."(atha ha paiṅgalo yājñavalkyam upasametya dvādaśa-varṣa-śuśrūṣā-pūrvakaṃ parama-rahasya-kaivalyam-anubrūhīti papraccha)

10) Lindquist(2011), p.69.

11) Whicher(2000), p.27 각주 112번.

12) Kane(1975), pp.xix~xx.

13) White(2014), pp.xiii~xvi; p.49.

14) Mandik(2008), p.16.

이 거론되는 만큼 야갸발꺄는 초기 인도 종교와 철학에서 중요한 위치를 차지할 뿐만 아니라 힌두 전통에서 크게 존경받는 인물이다. 이처럼 초기 문헌에 등장하는 야갸발꺄가 이후에 등장하는 이유는 야갸발꺄의 위치가 권위가 있기 때문에 그의 이름을 차용한 것으로 보인다. 『요가야갸발꺄』는 야갸발꺄의 이름을 따서 명명되었지만 『요가야갸발꺄』의 실제 저자는 베다의 현자 야갸발꺄 이후 몇 세기 지나 살았던, 잘 알려지지 않은 동일한 이름의 다른 현자일 가능성이 크다.[15]

2. 성립 시기

『요가야갸발꺄』의 성립 시기는 명확하게 밝혀져 있지 않다.

『요가야갸발꺄』의 출판본과 필사본을 종합하여 교정본을 만든 디반지Divanji는 『요가야갸발꺄』의 성립 가능한 연대를 B.C. 200~A.D. 400년이라 언급한다.[16] 디반지는 그 근거로 『요가야갸발꺄』의 저자가 딴뜨라 요가(tantra yoga)의 영향을 암시하고 있다는 점과 여러 우빠니샤드를 언급한 후 『요가야갸발꺄』의 일부가 존재했을 거라는 결론을 내린다. 그리고 『짜라까상히따』(*Carakasaṃhitā*)에 나오는 아유르베다(Āyurveda)의 초기 권위자인 아쉬빈(Aśvin)과 『리그 베다』(*Ṛg Veda*)의 1.165~191의 저자로 알려진[17] 베다 현자 아가스띠야(Agastya)가 거론되는 점과 4성 계급과 인생의 네 주기

---

15) 임혜정(2021), pp.8~9.
16) Divanji(1954), p.105.
17) Doniger(1981), p.167.

의 의무가 서술되는 점을 증거로『요가야갸발꺄』가 초기 문헌에 속한다고 추론한다.[18] 디반지는『야갸발꺄 스므리띠』3.110의 "요가의 가르침을 갈망하는 사람은 나를 통해 요가 교전을 배워야 할 것이다."[19]를 인용하면서[20]『요가야갸발꺄』와『야갸발꺄 스므리띠』를 동일한 시대의 문헌으로 여긴다. 그리고 두 책의 성립 시기를 B.C. 2세기~A.D. 2세기라고 하는 뷜러Bühler의 의견과 B.C. 1세기~A.D. 3세기라고 하는 케인Kane, P.V.의 의견을 덧붙인다.[21] 하지만 뷜러와 케인의 의견의 출처가 명시되어 있지 않아서 디반지의 주장을 뒷받침할 근거는 빈약하다.[22] 실제로『야갸발꺄 스므리띠』와『요가야갸발꺄』가 동시대의 문헌으로 볼 수 있는 어떤 역사적 관계에 대한 증거는 발견되지 않는다.[23]

케인은『요가야갸발꺄』와『야갸발꺄 스므리띠』의 저자를 동일 인물로 보지 않는다.[24] 케인은『요가야갸발꺄』를『야갸발꺄 스므리띠』와 관련 있는 요가에 관한 문헌으로 분류한다. 케인은『야갸발꺄 스므리띠』의 주석가 아빠라르까(Aparārka, A.D. 1125~1150년경)가『야갸발꺄 스므리띠』의 주석에서『요가야갸발꺄』를 25번 언급한 것과 63구절을 인용한 점을[25] 근거로『요가야갸발꺄』의 성립 연대를

---

18) Divanji(1953), pp.15~17.

19) YVS.3.110, yogaśāstraṃ ca mat proktaṃ jñeyaṃ yogam abhīpsatā.

20) Divanji(1954), p.113.

21) Divanji(1953), p.22.

22) 『야갸발꺄 스므리띠』는 3장 1,010구절로 구성된 문헌이다. 1장 ācārakāṇḍa 는 368구절, 2장 vyavahārakāṇḍa는 307구절, 3장 prāyaścittakāṇḍa는 335 구절로 이루어져 있다. 올리벨르Olivelle는『야갸발꺄 스므리띠』를 C.E. 4~ 5세기에 작성한 것으로 본다. Olivelle(2006) p.176 각주 24번.

23) 임혜정(2021), p.10.

24) Kane(1968), p.454.

25) Kane(1968), pp.436~437.

A.D. 10세기로 본다.[26]

　『요가야갸발꺄』를 영역한 데시까차르Desikachar는 자신이 저술한 책 *The Heart of Yoga*의 부록에서『요가야갸발꺄』(출판본의 제목은『요가야갸발꺄상히따』이다.)를 B.C. 2세기~A.D. 4세기에 지어진 것으로 소개하고 있다.[27]『요가야갸발꺄』의 또 다른 번역자 모한Mohan은『요가야갸발꺄』를 B.C. 2세기~A.D. 4세기 이전에 서술된 고대의 문헌으로[28] A.D. 4세기 이전에 완성되었을 가능성이 있다고 말한다.[29]

　호에르슈타인Feuerstein은『요가야갸발꺄』의 성립 연대를 B.C. 2세기~A.D. 4세기로 보는 디반지의 주장에 대해『요가야갸발꺄』와『야갸발꺄 스므리띠』의 저자를 동일인으로 보기 때문이라 하며[30], 디반지와 다른 입장을 나타낸다. 호에르슈타인은『요가야갸발꺄』의 주제와 기법들을 분석해보면『요가야갸발꺄』는『야갸발꺄 스므리띠』보다 이후에 성립된 12세기에 속한 문헌이라고 주장한다.[31] 밧따차리야Bhattacharya는『요가야갸발꺄』의 성립 연대를 13세기로 추정한다.[32] 이에 대한 근거는 명시하지 않는다.

　화이트는『요가야갸발꺄』가 10~12세기에 작성되었다고 말한다. 그의 주장은 두 가지 기준에 근거한다. 첫째로, 아드바이따 베단따(Advaita-Vedānta, 不二一元論) 학자인 마다바(Mādhava, 1350년경)

---

26)　Kane(1975), p.xx.
27)　Desikachar(1995), p.230.
28)　Mohan(2000), p. i .
29)　Mohan(2010), p.64.
30)　Feuerstein(2000), pp.349~350.
31)　Feuerstein(1989), p.300.
32)　Larson & Bhattacharya(2008), p.476.

의 『전철학강요』(*Sarvadarśanasaṃgraha*)에서 정의된 삼매의 정의가 『요가야갸발꺄』의 삼매를 인용한 점이다.[33] 두 번째로, 13세기에 성립된 것으로 알려진 성자 닷따뜨레야(Dattātreya)의 『요가샤스뜨라』(*Yogaśāstra*)에서 야갸발꺄가 가르친 여덟 갈래 요가[34]의 언급이다. 이에 대해 화이트는 『요가야갸발꺄』가 13세기에 다른 문헌에 수용된 것으로, 『요가야갸발꺄』가 다른 많은 하타 요가 문헌보다 먼저 시작되었다는 것을 암시한다고 주장한다.[35]

부이Bouy는 『요가야갸발꺄』가 마다바의 『전철학강요』에 인용되었다는 점을 근거로 10~14세기 초반 사이에 작성되었을 것으로 추정한다.[36]

까쉬미르Kashmir 출신인 아난다바르다나(Ānandavardhana, 9세기경)는 『바가바드기따』(*Bhagavadgītā*, 이하 『기따』로 표기)의 주석 『슈리마드 바가바드기따』(*Śrīmad-Bhagavadgītā*)를 쓰면서 『요가야갸발꺄』를 언급한 점을 보면[37] 『요가야갸발꺄』의 성립 시기는 9세기경일 가능성이 있다.

우자스틱Wujastyk은 『요가야갸발꺄』의 성립 시기를 900년~1350년 사이로 추정한다. 그 근거는 『요가야갸발꺄』의 구절이 10세기

---

33) White(2014), p.49.
34) Dyś. 27~29[ab], "그리하여 금계, 권계, 좌법, 네 번째 호흡조절, 다섯 번째 감각철회가 있다. 그 다음은 정신집중이고 일곱 번째는 명상이며 여덟 번째는 일체의 선과(善果)를 주는 삼매이다. 이와 같이 야갸발꺄 등이 여덟 갈래 요가를 가르쳤다."(yamaś ca niyamaś ca iva āsanaṃ tataḥ param, prāṇāyāmaś caturthaḥ syāt pratyāhāras tu pañcamaḥ. tatas tu dhāraṇā proktā dhyānaṃ saptamam ucyate, samādhir aṣṭamaḥ proktaḥ sarvapuṇyaphalapradaḥ. evam aṣṭāṅgayogaṃ ca yājñavalkyādayo viduḥ)
35) White(2014), pp.49~52; pp.114~115.
36) Bouy(1994), p.95.
37) Ānandavardhana(1941), p.15.

에 성립된『비마나르짜나깔빠』(*Vimānārcanākalpa*)와『아히르부드냐
상히따』(*Ahirbudhnyasaṃhitā*)와 유사하다는 점이다.[38] 이 두 문
헌은 바이카나사 아가마(Vaikhānasa Āgama)와 빤짜라뜨라 아가마
(Pāñcarātra Āgama) 문헌으로 전체적 내용을 살펴보아야겠지만, 내
용면에서『요가야갸발꺄』의 미세신체론과 많이 유사하다.[39] 따라서
우자스틱의 의견은 설득력이 있다.

　박영길은『요가야갸발꺄』의 하한선을 1,400년 이전으로 보는데
그 이유는 1938년 샤스뜨리Śāstrī가 출판한 트리반드룸 산스끄리
뜨 시리즈(Trivandrum Sanskrit Series) No. CXXXIV로 출판된
Yoga Yājñavalkya의 저본이었던 말라얄람(Malayalam) 문자[40]의
패엽(palm leaf) 필사본이 약 500년 전의 것이라는 주장에 근거한
다.[41] 다른 한편『요가야갸발꺄』의 성립 시기를 앞당길 수 있는 새
로운 필사본이 보고되었다. DCYM(Descriptive Catalogue of Yoga
Manuscripts, 2005)은 이 사본이 9~11세기에 필사된 것으로 추정
된다고 전한다.[42] 이 보고된 필사본은 런던의 대영박물관(British
Museum, London)에서 발견된 필사본 No. 3568이다.[43] 필사본의 명

---

38) Wujastyk(2017), p.164.

39) 『아히르부드냐상히따』에서는 깐다(kanda)의 모양, 나디(nāḍī)의 개수와 명
　　칭, 생기(vāyu)의 개수와 명칭이『요가야갸발꺄』와 동일하다. Dasgupta
　　(1968), pp.58~59.

40) 말라얄람어는 드라비다(Dravida)어족에 속한 언어로 말라얄람 문자라는 고
　　유의 문자를 이용해 표기를 한다. 말라얄람어는 인도의 케랄라(Kerala)주와
　　그 인접 지역에서 사용되는 언어로, 현재 2022년 약 3,600만 명의 사용인구
　　가 있으며, 인도 정부가 헌법으로 지정한 22개의 공용어 중 하나이다.

41) 박영길(2019), pp.722~723.

42) 박영길(2019), pp.723 각주 19번.

43) 디반지와 우자스틱은 이 필사본을『브리하드요기야갸발꺄스므리띠』(*Bṛha-
　　dyogiyājñavalkyasmṛti*)의 필사본으로 간주한다. Divanji(1953) p.7; Wuja-

칭은『요가야갸발꺄』이며 콜로폰의 명칭도 동일하다. 이 필사본은 57폴리오로 구성된 패엽(Palm-leaf)으로 굽따(Gupta) 문자[44]와 데바나가리 문자가 혼용되어 9~11세기에 네팔에서 필사된 것으로 알려져 있다.[45]

이상의 정황을 종합해보면,『요가야갸발꺄』의 성립 시기는 대략 9~10세기로 추정된다.

---

styk(2017) pp.162~163.
이 필사본은 "[자나까왕과 다른 왕들과 다른 이들이] 미틸라(Mithilā)에 있는 [야갸발꺄에게] 모든 요가의 신 중 고결한 신에 대해 [질문하길]"(mithilāstham mahātmānaṃ sarvayogeśvareśvaram)으로 시작된다. 이 문장은『브리하드요기야갸발꺄스므리띠』1.1과 동일하다. 이 부분에 대해서는 좀 더 연구와 논의가 필요해 보인다.
44) 굽따 문자는 4~6세기경 굽따 왕조 당시 북인도를 비롯한 광대한 지역에서 사용되었다.
45) 대영박물관의 동양 필사본(Oriental Manuscript) 연구자이자 캠브리지 대학의 산스끄리뜨 교수인 벤달Bendall은 이 필사본을 1893년 캘커타Calcutta(현재의 콜카타Kolkata)에서 출판된 'Yogi Yājñavalkya'와 다른 것으로 구분한다. 그는 고문서학적(palaeographical)으로 볼 때, 이 필사본은 아주 오래된 산스끄리뜨 필사본으로 캠브리지 콜렉션(Cambridge collection)의 9세기 필사본이라 판단한다. 벤달은 이에 대한 근거로 패엽으로 된 이 필사본에 음절(akṣara) 표기법의 고체(古體) 방식으로 페이지의 번호가 붙어 있다고 설명한다. 그리고 이 필사본에 첫 글자로 표기되는 Ṛi, th 그리고 dh의 고체(古體)의 형태를 지적한다. 벤달은 이 형태가 Cambridge UL (Add) 1049와 거의 정확히 일치한다고 밝히고 있다. Cambridge UL (Add.) 1049는『빠라메슈바라딴뜨라』(Pārameśvaratantra)의 필사본과『갸나르나바마하딴뜨라』(Jñānārṇavamahātantra)의 필사본으로, 이 두 필사본은 C.E. 828년을 시대로 한다. Bendall(1902), pp.142~143;『빠라메슈바라딴뜨라』의 필사본과『갸나르나바마하딴뜨라』의 필사본의 자료는 Vergiani(2020), Cambridge Digital Library 참조.

3. 『요가야갸발꺄』의 사상적 배경

『요가야갸발꺄』의 사상적 배경으로는 우빠니샤드, 『기따』 그리고 비슈누 파(Vaiṣṇava)에 기반을 두고 있다. 『요가야갸발꺄』의 우빠니샤드에 기반한 친(親) 베단따적 성향은 훗날 베단따가 하타 요가를 수용하게 되는 계기와 정당성을 제공하기도 했다.[46] 또한 『요가야갸발꺄』는 『기따』의 사상을 계승한 문헌으로도 평가될 뿐만 아니라[47] 닷따뜨레야의 『요가사스뜨라』(*Yogasāstra*), 『바시슈타상히따』(*Vasiṣṭha-saṃhitā*)와 같이 비슈누 파 문헌에 속한다.

1) 우빠니샤드

『요가야갸발꺄』에서 나타난 우빠니샤드 사상은 (1) 두 가지 지혜 (2) 범아일여(梵我一如, Brahmātmaikya)이다.

(1) 두 가지 지혜

『요가야갸발꺄』에서는 『문다까 우빠니샤드』(*Muṇḍaka Upaniṣad*) 1.1.4~6은 일상적인 지식과 브라흐만에 대한 지혜를 낮은 지혜(apara-vidyā)와 최고의 지혜(para-vidyā)로 명시한 바와 같이, 지혜를 두 가지로 구분한다.[48] 두 가지 지혜는 낮은 지혜와 최고의 지혜

---

46) 박영길(2022), p.23.
47) 박영길(2019), p.719.
48) MU.1.1.4~6, "그(앙기라스)는 [사우나까에게] 말했다. 두 가지 지혜가 있는 것을 알아야 한다. 브라흐만을 아는 자들은 그것을 '최고의 지혜'와 '낮은 지혜'라 말한다. 그 중에서 낮은 [지혜]은 리그 베다, 야주르 베다, 사마 베

이다. 낮은 지혜는 네 베다와 베다에 따른 부속 학문, 보조 학문으로, 최고의 지혜는 요가 즉, 자신의 본질이 아뜨만이며 브라흐만임을 아는 지혜이다.

> "가르기가 말하길, 모든 교전을 알며 모든 존재에게 즐거움을 주는 존자여! 저에게 [네 베다와 베다에] 따른 부속 학문과 보조 학문과 함께 요가의 정수(=지혜)를 알려주십시오."[49]
>
> "야갸발꺄가 말하길, 그대는 지혜가 요가의 본질임을 알아야 한다. 그리고 요가는 여덟 갈래로 구성된다. 요가는 '개별적 개아(jīvātman)와 최고의 자아(paramātman)의 결합'이라 한다."[50]

낮은 지혜는 『리그 베다』, 『야주르 베다』(*Yajur Veda*), 『사마 베다』(*Sāma Veda*), 『아타르바 베다』(*Atharva Veda*) 등 네 베다와 베다

다, 아타르바 베다, 음성학, 제식학, 문법학, 어원학, 천문학이다. 그리고 이제는 최고[의 지혜]에 대해 말하겠다. 최고[의 지혜,] 그것에 의해 '그 불멸'(akṣara)을 알게 될 것이다. 현자들이 [최고의 지혜에 의해] 불멸로 알게 되는 것은 보이지 않고, 잡을 수 없고, 혈통(gotra)이 없고, 종성이 없으며, 눈과 귀가 없고, 손과 발이 없으며, 항상하고, 강력하며, 편재하고, 일체에 퍼져 있으며, 극도로 미세하고, 소멸하지 않으며, 모든 존재의 근원인 바로 그것이다."(tasmai sa ho vāca, dve vidye veditavye iti ha sma yadbrahmavido vadanti parā caivāparā ca, tatrāparā ṛgvedo yajurvedaḥ sāmavedo 'tharvavedaḥ śikṣā kalpo vyākaraṇaṃ niruktaṃ chando jyotiṣam iti, atha parā yayā tad akṣaram adhigamyate. yat tad adreśyam agrāhyam agotram avarṇam acakṣuḥ-śrotraṃ tad apāṇi-pādam, nityaṃ vibhuṃ sarva-gataṃ susūkṣmaṃ tad avyayaṃ yad bhūta-yoniṃ paripaśyanti dhīrāḥ)

49) YY.1.8, gārgy uvāca- bhagavan sarvaśāstra-jña sarvabhūta-hite rata, yoga-tattvaṃ mama brūhi sāṅgopāṅgaṃ vidhānataḥ.

50) YY.1.44, yajñavalkya uvāca- jñānaṃ yogātmakaṃ viddhi yogaś cāṣṭāṅga saṃyutaḥ, saṃyogo yoga ity ukto jīvātma-paramātmanoḥ.

의 부속 학문과 보조 학문이다. 베다의 부속 학문은 음성학(音韻學, śikṣā), 문법학(文法學, vyākaraṇa), 제식학(祭式學, kalpa), 어원학(語源學, nirukta), 운율학(韻律學, chandas), 천문학(天文學, jyotiṣa) 등 여섯 가지이다. 베다의 보조 학문은 역사(Purāṇa), 논리학(Nyāya), 제식학(Mīmāṃsāa), 그리고 법전(Dharmaśāstra)이다. 이것은 감각과 사고의 산물로 변화하고 무상하며 유한적 대상 세계에 제한된 것이다.

개별적 자아는 최고의 자아가 개체 속에서 형상을 갖추고 머무름으로써 얻게 된 이름이다. 개별적 자아가 최고의 자아의 결합을 통해 개체의 속박에서 벗어나 최고의 자아의 본질을 파악하고 자신이 최고의 자아이며 지고의 브라흐만(Brahman)임을 아는 것이 브라흐만의 지혜(Brahma-jñāna)이다. 최고의 지혜는 브라흐만의 지혜로 무한하고 영원한 브라흐만을 성취시켜 주는 것이다.

(2) 범아일여

『요가야갸발꺄』에서 브라흐만은 우주의 궁극적인 실재(tattva)로 만물의 근원이다. 브라흐만은 모든 곳에 편재하며 불멸이며 우주의 원인(jagat-kāraṇa)으로 모든 것의 토대이자 모든 곳에 편재하며 불변의 실재이다. (YY.9.5~9)

브라흐만을 알고자 한다면 몸에 감추어진 아뜨만을 깨달아야 한다. 『요가야갸발꺄』에서 아뜨만은 최고의 환희(paramānanda)이며 우주의 근원이며 미현현(avyakta)이며, 원자보다 미세하기도 거칠기도 하며 모든 존재 가운데 있는 향수자(bhoktṛ)이며 불변이다. (YY.9.10^{ab}; 36^{ab}; 12.33) 아뜨만은 브라흐만과 동일하게 미세하고 미현현하고 우주의 근원이다. (YY.9.31^{cd}) 이처럼 『요가야갸발꺄』는 아뜨만이 궁극적 실재인 브라흐만과 동일하다는 범아일여를 내포

하고 있다.

『요가야갸발꺄』는 범아일여 사상에 입각하여 요가를 '개별적 자아(jīvātman)와 최고의 자아(paramātman)의 결합'으로 정의한다.(YY.1.44) 개별적 자아와 최고의 자아가 결합되었을 때 자신의 정체성이 최고의 자아이며 브라흐만임을 깨닫게 되며 개별적 자아와 최고의 자아의 구별은 사라지게 된다. 범아일여 사상은 삼매(samādhi)에서도 나타난다. 『요가야갸발꺄』에서는 삼매를 '개별적 자아와 최고의 자아의 동일한(samatā) 상태', '내적 자아(pratyagātman)가 브라흐만에 머무는 것'으로 정의한다.(YY.10.2) 내적 자아가 브라흐만에 머무는 것, 곧 아뜨만과 브라흐만이 두 개의 다른 실재가 아닌 동일한 실재임을 깨닫는 것이다. 지속적인 명상 속에서 자신의 존재가 브라흐만에 용해되는 것으로 비로소 수행자 자신이 아뜨만이며 브라흐만임을 깨닫게 된다. 브라흐만은 경전을 통한 개념적·이원적 인식에 의해서가 아니라 요가 수행을 통해서 체험할 수 있다.(YY.9.11[cd])

2) 『기따』

『요가야갸발꺄』에서 나타난 『기따』 사상은 (1) 지혜의 요가(jñāna-yoga) (2) 행위의 요가(karama-yoga) (3) 지행합일설(知行合一說, jñāna-karma-samuccaya-vāda)[51]이다.

---

51) 김호성은 'jñāna-karma-samuccaya'라는 용어를 궁극적인 목적을 위해 나아감에 있어서 서로 보완하는 관계로 해석하여 '지행회통'(知行會通)으로 풀이하였다. 이에 대한 자세한 내용은 김호성(2014), p.193 각주 3번 참조. 『요가야갸발꺄』의 문맥의 취지를 살려 '지행합일'로 번역하였다.

(1) 지혜의 요가

『요가야갸발꺄』 1.44에서 지혜는 요가로, 요가는 '개별적 자아 와 최고의 자아의 결합'으로 정의된다. 지혜는 개별적 자아가 최고 의 자아의 결합을 통해 자신이 최고의 자아이며 지고의 브라흐만 (Brahman)임을 아는 것이다. 개별적 자아를 최고의 자아로 인식하 여 영원히 존재하는 것으로 착각(mithyā)하는 것이 무지(ajñāna)이 다. 무지는 육화된 개별적 자아가 행위를 하는 것을 최고의 자아 가 행위를 하는 것으로 착각하여 최고의 자아를 '행위자(kartṛ)라 여 기는 것이다. 이 혼동으로 인해 욕망(kāma)과 내적 동기(saṃkalpa) 가 발생하게 된다. 무지에 의해 생겨난 욕망은 행위의 속박을 낳는 다. 개별적 자아가 브라흐만임을 아는 지혜, 올바른 지혜(samyak- jñāna)를 얻게 되면 행위에 대한 욕망과 내적 동기가 사라지며 어 떤 행위에도 속박되지 않는다. 지혜와 무지에 대한 입장은 『기따』 4.40~41,[52] 13.11,[53] 13.17,[54] 9.12[55]에서 발견된다. 『요가야갸발꺄』에

---

52) BG. 4.40~41, "그러나 무지한 자는 아뜨만을 믿지도 않으며 의심하여 소멸 된다. 아뜨만을 의심하는 자는 이 세상도, 다른 [세상도], 그리고 즐거움도 없다. 요가로써 행위를 포기하고 지혜로써 의심을 끊은 줄 아는 자는 행 위에 속박되지 않는다. 다남자야(아르주나)여!"(ajñaś cā 'śraddadhānaś ca saṃśayātmā vinaśyati, nā 'yaṃ loko 'sti na paro na sukhaṃ saṃśayātmanaḥ. yoga-saṃnyasta-karmāṇaṃjñāna-saṃchinna- saṃśayam, ātmavantaṃ na karmāṇi nibadhnanti dhanaṃjaya.

53) BG. 13.11, "최고아에 대한 지혜의 변치 않음, 진리를 아는 목적에 대한 통 찰, 이것을 [참된] 지혜라 하며 이와 다른 [것을] 무지라 한다."(adhyātma- jñāna-nityatvaṃtattva-jñānārtha-darśanam, etaj jñānam iti proktam ajñānaṃ yad ato 'nyathā)

54) BG. 13.17, "또한 그(브라흐만)는 빛 중의 어둠을 넘어선 빛이고, 지혜이 고, 지혜의 대상이며 지혜가 가야할 바이고 모든 이의 가슴에 거주한다 고 한다."(jyotiṣām api taj jyotis tamasaḥ param ucyate, jñānaṃ jñeyaṃ jñānagamyaṃ hṛdi sarvasya viṣṭhitam)

서 무지는 욕망과 내적 동기를 포함한 행위를 일으키는 원인으로, 지혜는 욕망과 내적동기와 같은 얽매임으로 벗어나게 하는 최상의 길이 된다.

(2) 행위의 요가

『요가야갸발꺄』의 행위는 4성 계급과 인생의 네 주기의 의무(varṇāśrama-dharma)를 아무런 욕망과 내적 동기 없이 하는 것이다.

4성 계급(varṇa)은 √vṛ에서 파생된 단어로 '색깔', '모습', '형태'를 의미한다. 여기에 속한 계급은 ① 브라흐마나(brāhmaṇa): 사제 ② 끄샤뜨리야(kṣatriya): 왕, 귀족 ③ 바이샤(vaiśya): 농업, 목축업, 상업 종사자 ④ 슈드라(śūdra): 천민이다.

인생의 네 주기(āśrama)는 인간의 삶의 네 가지 목표(puruṣārtha), 즉 도덕(dharma), 재물(artha), 쾌락(kāma), 해탈(mokṣa)에 맞추어 주기가 정해진다. 네 주기는 ① 범행기(brahmacarya-āśrama) ② 가주기(gṛhastha-āśrama) ③ 임서기(vānaprastha-āśrama) ④ 유행기(sannyāsa-āśrama)이다.

① 범행기: 입문식(upanayana)을 통해 스승에게 제자(siṣya)가 되길 청한 후 스승의 제자로 입문한다. 스승의 가르침 아래 베다를 배우고 금욕을 하며 범행기의 규칙을 따른다.

② 가주기: 범행기가 끝난 후 자신과 같은 계급의 이성과 결혼하여 자손을 낳고 가족을 부양하면서 사회생활을 한다.

---

55) BG.9.12, "헛된 희망과 헛된 행위와 무익한 지식(=무지)으로 마음이 혼란한 자는 락샤사(rākṣasa)나 아수라와 [같은] 미혹한 원질에 귀의한다."(moghāśā moghakarmāṇo moghajñānā vicetasaḥ, rākṣasīm āsurīm cai 'va prakṛtiṁ mohinīṁ śritāḥ)

③ 임서기: 숲에서 생활하면서 고행을 한다.

④ 유행기: sannyāsa-āśrama로 표기하기도 한다. 물질적인 삶으로부터 무관심과 분리 상태에서 걸식하면서 자신의 삶의 목표를 해탈에 둔다.

4성 계급과 인생의 네 주기의 의무는 모든 사람들이 준수해야 하는 보편적 의무(sādhāraṇa-dharma)를 하는 것이 아니라 각자의 연령과 신분에 따른 특수 의무(svadharma)를 실천하는 것이다. 이 의무는 계급에 따라 규정된 주기를 따르고 그에 따른 의무를 이행하는 것으로 『요가야갸발꺄』는 보편적 의무보다 특수 의무의 이행에 중점을 둔다.

『요가야갸발꺄』 1.38에서 "[4성 계급과] 인생의 네 주기에 속한 사람들은 [각각] 규율에 따른 행위를 욕망과 내적 동기를 포기한 채 이행해야 한다."라고 말한다. 이는 『기따』 2.31[56]에서 끄리슈나(Kṛṣṇa)가 아르주나(Arjuna)에게 자신의 계급의 다르마 곧 끄샤뜨리야로서 자신의 의무를 수행하는 가주기의 의무를 완전히 수행하기 위해 싸울 것을 요구하는 것과 같은 입장이다. 『요가야갸발꺄』의 행위는 천성적으로 자신에게 주어진 특수의무를 실천하는 의무적인 행위(kartavya-karma)이다.

자신에게 주어진 특수 의무를 욕망과 내적 동기 없이 하는 행위는 행위 안에 담겨 있는 이기적인 욕망과 내적 동기에 대한 포기(sannyāsa)와 행위의 결과에 대한 단념(tyāga)이다.

---

56) BG.2.31, "또한 자신의 의무를 생각한다면 동요할 필요가 없다. 왜냐하면 끄샤뜨리야에게는 의무에 따르는 싸움보다 더 나은 다른 것이 없기 때문이다."(svadharmam api cā 'vekṣya na vikampitum arhasi, dharmyād dhi yuddhāc chreyo 'nyat kṣatriyasya na vidyate)

포기와 단념에 대해 『요가야갸발꺄』 5.3은 "규율에 따른 행위를 욕망과 내적 동기를 포기하고, [결과에 따른] 모든 집착을 단념하고 행해야 한다."라고 말한다. 포기는 행위의 거부가 아닌 세속적인 집착과 욕망 그리고 그것과 관련된 의도나 내적 동기가 개입된 행위를 버리는 것이다. 단념은 행위 자체의 단념이 아니라 행위의 결과를 기대하는 마음의 단념이다. 행위의 결과를 기대하고 행위를 하는 경우 그 행위로 인해 찾아오는 즐거움과 괴로움에서 벗어날 수 없다. 행위의 결과에 대한 기대를 단념하는 경우 어떤 행위를 하든지 행위의 결과에 자유롭다.

『요가야갸발꺄』의 포기와 단념은 『기따』 18.2에서 "현자들은 욕망에 종속된 행위를 버리는 것을 포기로 알았고, 지혜로운 이들은 모든 행위의 결과를 바라지 않은 것을 단념이라 하였다."[57]라고 말하는 욕망에 따른 행위의 포기와 행위의 결과에 대한 단념으로 '포기의 본질'과 '단념의 본질'에서 의미가 서로 통한다.[58] 이와 같은 포기와 단념의 행위는 올바른 지혜(samyak-jñāna)를 갖춘 해탈의 길로 윤회로부터 벗어나게 한다.

『요가야갸발꺄』는 행위의 결과가 행위의 원인이 되는 것을 경계하며 행위의 결과에 대한 집착에서 벗어나 욕망 없이 행위할 것을 강조한다.

(3) 지행합일설

『요가야갸발꺄』 10.21^{cd}~22에서는 "가르기여! 해탈은 항상 지혜

---

57) BG.18.2, kāmyānāṁ karmaṇāṁ nyāsaṁ saṁnyāsaṁ kavayo viduḥ,
   sarvakarmaphalatyāgaṁ prāhus tyāgaṁ vicakṣaṇāḥ.
58) 문을식(2012), pp.222~236.

와 함께 [규율에 따른] 행위를 하며 결과에 대한 욕망[과 내적 동
기]를 포기하는 자에게 있다. 행위와 요가(=지혜)의 결합은 앞서 브
라흐마나(야갸발꺄)가 언급하였다."[59]라고 말한다. 이 구문에서 알
수 있듯이 해탈은 지혜만으로도 행위만으로도 도달하지 못한다.
개별적 개아와 최고의 자아를 식별할 수 있는 지혜를 갖추고 욕망
과 내적 동기 없이 행위를 하는 자만이 해탈에 도달할 수 있다.

『요가야갸발꺄』의 지혜와 행위의 결합은 『기따』 2.51[60], 5.5[61]에
서술된 지행합일설(知行合一說)을 그대로 이어받은 것으로 보인다.
샹까라(Śaṅkara, 700~750년경)는 『바가바드기따주석』(*Bhagavadgītā-*
bhāṣya)에서 지혜와 행위를 분리시키며 지혜만이 해탈의 수단임을
강조한다.[62] 반면 바스까라(Bhāskara, 750~800년경)는 『바가바다샤야

---

59) YY.10.21^{cd}~22, jñānena iva sahaitena nityakarmāṇi kurvataḥ. nivṛtta
phalasaṅgasya muktir gārgi kare sthitā, yad uktaṃ brahmaṇā pūrvaṃ
karma-yoga-samuccayam.

60) BG.2.51, "왜냐하면 지혜가 결합된 현자들은 행위로부터 생겨난 결과를 포
기하고, 출생의 속박을 벗고 욕망으로부터 자유로운 경지에 도달하기 때
문이다."(karma-jaṃbuddhi-yuktā hi phalaṃ tyaktvā manīṣiṇaḥ, jan-
ma-bandha-vinirmuktāḥ padaṃ gacchanty anāmayam)

61) BG.5.5, "이론(=지혜)에 의해서 얻어지는 경지는 [행위] 요가에 의해서도 도
달된다오. 이론(=지혜)과 [행위] 요가를 하나로 보는 자는 [바르게] 본다."(yat
sāṃkhyaiḥ prāpyate sthānaṃ tad yogair api gamyate, ekaṃ sāṃkhyaṃ ca
yogaṃ ca yaḥ paśyati sa paśyati)
    샹까라의 주석을 기반하여 이론(sāṃkhya)을 '지혜'로, '요가'를 '행위의 요가'
    로 번역하였다.
    BG-Śbh.5.5, "이론을 포기하는 것 즉 지혜에 의해 얻어진 해탈의 경지는
    [행위의] 요가에 의해서도 도달된다."(yat iti, yat sāṃkhyaiḥ jñānaniṣṭaiḥ
    saṃnyāsibhiḥ prāpyate sthānaṃ mokṣākhyaṃ tat yogaiḥ api)

62) BG-Śbh.2.11, "앞서 말한 것(행위와 결합된 지혜)은 존재하지 않는다. 지혜
의 요가와 행위의 요가는 두 종류의 이해(budhhi)에 기반하여 [각각] 분리되
어 전해졌기 때문이다."(tat asat; jñāna-karma-niṣṭhāyoḥ vibhāga-vacanāt

누사라나비다나주석』(*Bhagavadāśayānusaraṇabhidhānabhāṣya*)에서 『기따』에 대해 주석하였다.[63] 바스까라는 지행합일의 입장에서 지혜만이 해탈의 수단이라고 말한 샹까라의 학설을 반박한다.[64] 브릿띠까라(Vṛttikāra) 등[65] 샹까라 이전『기따』의 주석가들은 지행합일을 지지하였다.[66]

바스까라학파의 지행합일론의 입장은 소멸되지 않고 이어졌으며, 베단따 학파에 유신론적·종파적 경향이 강해짐에 따라 그 형태를 바꾸며 베단따 철학사의 표면으로 떠올라 왔다.[67] 아난다바르다나(820~890년경)는『기따』를 지행합일론 입장에서『슈리마드 바가바드 기따』를 서술하였고[68] 아비나바굽따(Abhinavagupta, 950~1016년경)는『기따르타상그라하』(*Gītārthasaṃgraha*)를 남겼다. 그 외 바스굽따(Vasgupta, 9세기경), 라마깐타(Rāmakaṇṭha, 970년경)가 지행합일론을 정당화하였다.[69]

이처럼『기따』의 주제를 지행합일로 파악한 해석들은 샹까라 이전과 이후에도 유지된 것으로 보인다. 아난다바르다나가『요가야갸발꺄』를 지행합일설에서 주목받을 만한 문헌으로 평가한 점을 보면[70]『기따』의 주제를 지행합일로 파악한 해석들이『요가야갸

---

buddhi-dvayā ʼśrayayoḥ)

63) Callewaert & Hemraj(1983), p.99.
64) Radhakrishnan(1960), p.44.
65) 라다끄리쉬난Radhakrishnan은 샹까라 이전『기따』의 주석가로 브릿띠까라를 언급한다. Radhakrishnan(1977), p.531 각주 1번.
66) Mainkar(1969), p.58.
67) 마에다 센가쿠 지음; 강종원 옮김(2005), p.17 각주 6번.
68) Mainkar(1969), p. iv; p.2.
69) Saha(2016), pp.274~275.
70) Ānandavardhana(1941), p.15.

발꺄』가 성립하는데 있어 사상적 영향을 미친 것으로 판단된다.

지행합일은 '순차적 합일'(krama-samuccaya)과 '동시적 합일'(sama -samuccaya) 두 가지 유형이 있다. 『요가야갸발꺄』 11.5^{cd}~6^{ab}는 "지혜를 획득하였다면 행위를 욕망과 내적 동기 없이 행위를 해야 한다."라고 말한다. 지행합일에 있어 지혜가 선행 조건이며 '순차적 합일'임을 유추할 수 있다.

『요가야갸발꺄』에서 지혜와 결합된 어떠한 욕망과 내적 동기 없는 행위는 행위의 결과에 대한 단념을 통해 실현되는 완전한 행위(kṛtsna-karma)를 의미한다고 할 수 있다.

3) 비슈누 파

(1) 비슈누 파의 형성 과정

힌두교의 종파는 주로 숭배 대상에 따라 나뉜다. 힌두교에는 많은 종파가 있으나 주요 3대 종파로는 비슈누, 쉬바, 여신들을 각각 최고의 신으로 신봉하는 비슈누 파(vaiṣṇava, vaiṣṇavism), 쉬바 파(śaiva, śaivism), 샥띠 파(śakta, śaktism)가 있다.[71] 이 가운데 비슈누 파는 바가바뜨(Bhagavat), 최고아(Puruṣaottama), 나라야나(Nārāyaṇa), 바수데바(Vāsudeva), 하리(Hari), 끄리슈나, 쉬바(Śiva), 브라흐마(Brahmā), 아쯔유타(Acyuta), 끄리띠나(Kirīṭina)[72] 등으로

---

71) 이 외 바라문교의 전통적 의례나 제사(祭祀) 방식을 가정 안에서 영위하는 스마르타 파(smartism), 태양신 수리야(sūrya)를 숭배하는 사우리 파(saurism), 상면인신(象面人身)의 액을 막아주는 신, 또는 지혜의 신이라고도 하는 가네샤를 숭배하는 가나빠띠야 파(Ganapatism), 까비르의 사상을 계통적으로 계승한 까비르 파(Kabirism)이 있다.

72) 비슈누의 명칭은 Mohanty(2003) pp.15~17 참조.

불리는 비슈누를 최고신으로 숭배하는 힌두교 종파이다.

『리그 베다』I.90.9에서 발견된 비슈누는 여러 신들 중의 하나로 등장한다. 이후 『샤따빠타 브라흐마나』XIV.1.1.5와 『아이따레야 브라흐마나』(*Aitareya Brāhmaṇa*)에서 비슈누는 최고의 신으로 취급된다. 그리고 다른 신들을 비슈누의 현현(顯現)으로 보는 일신교적 경향이 발견된다.[73] 서사시와 뿌라나(Purāṇa)에서는 비슈누와 나라야나, 브라흐마, 바수데바를 구별하지 않고 묘사되어 왔다.[74] 비슈누는 나라야나, 브라흐마, 바수데바와 동일시되어 최고신의 지위가 확립된다.[75]

비슈누 파의 교리는 비슈누 파의 아가마(Vaiṣṇava Āgama)[76]에서 발견된다. 비슈누 파의 아가마에서는 구체적인 이미지(arcā)를 가진 신에게 봉헌하는 형태를 갖춤으로서 봉헌의 형태, 이를 위한 사원의 건립, 그리고 사원에서 규정된 일상 의식과 여러 축제들의 준수 등이 형성되었다. 비슈누는 비슈누 파의 아가마에서 해탈의 수단으로 비슈누에 대한 숭배를 강조하는 종교적 개념으로 전개된다. 비슈누 파의 아가마는 바이카나사 아가마(Vaikhānasa Āgama)[77]

---

73) ŚB.XIV.1.1.15, "비슈누는 3개 즉, 아침에 바수(Vasu), 정오에 루드라(Rudra), 세 번째(저녁)에 아디띠야(Āditya)로 나뉜다."

74) Jaiswal(1981) p.32.

75) TĀ.10.2, "비슈누가 나라야나, 바수데바임을 알아야 할 것이다."(nārāyaṇāya vidmahe vāsudevāya dhīmahī tac ca viṣṇuḥ)

76) 아가마는 B.C. 3000년부터 A.D. 800년까지 성립된 것으로 본다. 하지만 학자들 간 의견이 서로 다르므로 논쟁의 대상이 된다. Schrader(1916) p.22. 아가마는 비슈누 파 아가마(Vaiṣṇava Āgama), 쉬바 파 아가마(Śaivia Āgama) 그리고 샥띠 피 아가마(Śakta Āgama)가 주요하다.

77) 바이카나사 아가마로 아뜨리Atri의 『아뜨레야딴뜨라』(*Ātreyatantra*), 『뿌르바딴뜨라』(*Pūrvatantra*), 브리구Bhṛgu의 『아르짜디까라』(*Arcādhikāra*), 『찌뜨라디까라』(*Citrādhikāra*), 마리치Marīchi의 『자야상히따』(*Jayasaṃhitā*),

와 빤짜라뜨라 아가마(Pāñcarātra Āgama)[78]로 나뉜다. 바이카나사 아가마인『비마나르짜나깔빠』와 빤자라뜨라 아가마인『아히르부드냐상히따』에서 비슈누는 바수데바, 바가바뜨, 밭을 아는 자(kṣetra-jña), 나라야나, 최고의 브라흐만과 동일시된다.

비슈누 파의 철학과 종교적 교리의 발전은 B.C. 2세기 무렵 마우리아(Maurya) 왕조의 몰락 이후 슝가(Śuṅga) 왕조 시대에 저술된 것으로 알려진[79]『라마야나』(Rāmāyaṇa),『마하바라따』그리고『마하바라따』의 보충(khila) 문헌인『하리방사』(Harivaṃśa)[80]로 이어진다. 여기서는 인드라(Indra)와 다른 신들의 위업이 비슈누에게 옮겨지면서 라마(Rāma)와 끄리슈나1가 비슈누의 화신(avatāra)으로 등장하게 된다.[81] 그리고『기따』에서 끄리슈나는 비슈누-브라흐만의 완전한 화신으로 천명되며, 바수데바임을 밝힌다. 또한 바가바뜨(Bhagavat)의 칭호를 받는다.[82]

비슈누 파의 종교 문화에 직접적인 영향을 미친 문헌은 비슈누

『비말라상히따』(Vimalasaṃhitā),『비마나르짜나깔빠』, 까샤빠Kaśyapa의『갸나깐다』(Jñānakāṇḍa),『사뜨야깐다』(Satyakāṇḍa) 등이 있다.

78) 빤짜라뜨라 아가마는 많은 판본들이 있지만 그 가운데 철학적인 요소가 담겨있는 문헌은『자야캬 상히따』(Jayākhya Saṃhitā),『아히르부드니야 상히따』,『비슈누 상히따』(Viṣṇu Saṃhitā),『비하겐드라 상히따』(Vihagendra Saṃhitā),『빠라마 상히따』(Parama Saṃhitā),『빠우슈까라 상히따』(Pauṣkara Saṃhitā)이다. 위의 문헌 중『아히르부드니야 상히따』와『자야캬 상히따』가 중요하다. Dasgupta(1968) p.24.

79) Kapoor(2003), p.343.

80) 『하리방사』는『마하바라따』의 부록 또는 보충문헌으로 저자는 비야사Vyāsa에 귀속되며, 16,374개 시구로 이루어져 있다.

81) 『라마야나』와『마하바라따』에서 나타난 비슈누 파에 대한 자세한 내용은 Srinivasa Chari(1994) pp.17~18 참조.

82) BG.10.21; BG.10.12[ab]; BG.10.37[a].

파 뿌라나(Vaiṣṇava Purāṇa)이다.[83] 비슈누 파 뿌라나(Vaiṣṇava Pur-
āṇa)가 다루는 주제는 5개로 ① 우주창조(sarga), ② 우주의 주기적
인 해체와 재창조(pratisarga), ③ 신과 성자들의 계보(vaṃśa), ④ 마
누의 시기(manvantara), ⑤ 왕조의 역사(vaṃśānucarita) 등이다. 위
의 5가지 주제 외에 주요 주제들을 대략 열거해보면 비슈누에 대
한 헌신, 4성 계급과 인생의 네 주기에 따른 의무, 비슈누에 대한
경배, 종교적 의식 등이며 빈번하게 상캬(sāṃkhya)와 요가철학도
다루고 있다.[84]

비슈누 파는 크게 『비슈누 뿌라나』(Viṣṇu Purāṇa)와 『바가바따
뿌라나』(Bhāgavata Purāṇa)를 사용하는 바가바따 파(Bhagavata-
Sampradāya)와 바이카나사 아가마와 빤짜라뜨라 아가마를 사용하
는 빤짜라뜨라 파(Pañcaratra-Sampradāya)로 나뉜다.[85]

---

83) 뿌라나는 18개로 ① Sāttika-비슈누 파, ② Rājasa-브라흐마 파, ③ Tāmasa-
    쉬바 파로 구분된다. 뿌라나의 성립 연대에 대한 의견은 분분하다.
    스미스Smith는 18개의 뿌라나의 성립 연대를 5~6세기로 본다. 윈터니츠는 『비
    슈누 뿌라나』(Viṣṇu Purāṇa)의 성립 연대를 B.C. 326~185년, 『맛츠야 뿌라나』
    (Matsya Purāṇa)의 성립 연대를 A.D. 225년, 『바유 뿌라나』(Vāyu Purāṇa)의
    성립 연대를 A.D. 320~330년으로 보고, 초기 뿌라나는 7세기 이전에 완성된
    것으로 본다. Smith(1908) p.10; Winternitz(1996) pp.524~525.
84) Winternitz(1996) pp.499~500.
85) 바가바따 파와 빤짜라뜨라 파는 13세기 이후 세부 분파가 성립하게 된다. 세부
    분파는 다음의 표로 정리된다.

	사용 문헌	세부 분파
바가바따 파	『비슈누 뿌라나』 『바가바따 뿌라나』	님바르까 파 (Nīmbārka-Sampradāya)
		마드바 파(Madhva-Sampradāya)
		비슈누스바민 파 (Viṣṇusvamin-Sampradāya)
		발라바 파(Vallabha-Sampradāya)
		차이따니야 파 (Chaitanya-Sampradāya)

비슈누 파 아가마와 비슈누 파 뿌라나의 영향 아래 7~9세기에 걸쳐 남인도 타밀(Tamil) 지역을 중심으로 12명의 시인(Āḷvār)[86]의 주도하에 비슈누에 대한 신애 운동이 활발해진다.[87] 이들의 서정시가 슈리 바이슈나바(Śri Vaiṣṇava)의 신전에 소개되면서 이후 라마누자(Rāmānuja, 1017~1137년)로 이어지게 된다.

(2) 『요가야갸발꺄』에서 나타난 비슈누 파

앞서 서술한 바와 같이 남인도를 중심으로 퍼져나간 비슈누에

빤짜라뜨라 파	바이카나사 아가마	바다깔라이 파 (Vadakalai-Sampradāya)
	빤짜라뜨라 아가마	텐깔라이 파 (Thenkalai-Sampradāya)
	바이카나사 아가마	바이카사나 파 (Vaikhanasa-Sampradāya)

86) 당시 신애 운동은 비슈누와 쉬바를 중심으로 성행한다. 비슈누를 신애한 12명의 시인들을 알르바르(Āḷvār)로, 쉬바에 대한 신애를 노래한 시인들을 나야나르(Nāyanār) 또는 나얀마르(Nāyanmār)라 불렀다. 비슈누를 신애한 12명의 시인은 활동 시기에 따라 세 그룹으로 나눈다.
1) 초기- 뽀야까이 알르바르Poyagai Āḷvār, 부땃따르 알르바르Bhūtattār Āḷvār, 뻬야 알르바르Peya Āḷvār, 띠르말리샤이 알르바르Tirumaḷiśai Āḷvār.
2) 중기- 남말 알르바르Nammal Āḷvār, 마두라까비 알르바르Madhurakavi Āḷvār, 꿀라쉐카라 알르바르Kulaśekhara Āḷvār, 뻬리 알르바르Peri Āḷvār, 안달 알르바르Aṇḍāḷ Āḷvār.
3) 후기- 똔다라딥뽀디 알르바르Toṇḍaraḍippoḍi Āḷvār, 띠룹빤 알르바르Tiruppāṇ Āḷvār, 띠루망가이 알르바르Tirumaṅgai Āḷvār
자세한 내용은 Bhandarkar(1982) pp.69~71; 스가누마 아키라, 문을식 역(2003), pp.182~186 참조.
87) 12명의 시인들의 작품은 9~10세기 무렵 나타무니(Nāthamuni, A.D. 824~924)에 의해 『날라니라 쁘라반담』(Nālāyira-Prabandham)이라는 제목으로 편찬된다. 몇몇 학자들은 이 나타무니를 『요가라하스야』(yogarahasya)를 포함한 여러 작품의 저자인 슈리 나타(Śri Nātha)와 동일시한다. 흥미롭게도 나타무니의 계보는 그의 손자 야무나(Yamuna)에서 끄리슈나마차르야(Krishnamacharya)

대한 신애 운동의 시기는『요가야갸발꺄』의 성립 시기와 맞물린다. 비슈누에 대한 신애 운동은『요가야갸발꺄』가 성립하는데 있어 영향을 미쳤으리라 여겨진다.『요가야갸발꺄』에서 나타난 비슈누 파는 다음과 같다.

첫째,『요가야갸발꺄』의 도입부에서 우주의 주인(jagat-nātha)은 나라야나, 곧 비슈누로 설정된다.(YY.1.12~13)

야갸발꺄는 비슈누가 가르쳐 준 요가를 가르기와 현자들에게 전달하는 다음 문장인 16~17에서 비슈누의 이름은 브라흐마로 표현된다. 그리고 다음 구절에서 "이와 같이 나는 세상을 스스로 유지하는 드루히나(druhiṇa)에게 물었다."(YY.1.19)라고 말한 바와 같이, 질문의 대상은 세상을 유지하는 비슈누의 별칭인 드루히나(druhiṇa)로 나온다. 그리고 후반부에 다시 한 번 비슈누는 바수데바로 호칭되어 세계의 근원(jāta)임을 천명한다.(YY.12.45) 이와 같이『요가야갸발꺄』에서 비슈누는 우주의 근원이며 우주의 창조·유지·파괴를 위해 브라흐마, 나라야나, 바수데바 등으로 나타난 것을 알 수 있다.

둘째,『요가야갸발꺄』에서 비슈누는 바수데바이며 아쯔유따(Acyuta)인 나라야나, 바이슈바나라(Vaiśvānara)[88], 하리(Hari), 쉬바로 불리며 유속성 명상(saguṇa dhyāna)의 대상이 된다. 이 때 비슈누는 유속성 브라흐만(Saguṇa Brahman)으로 표현된다. 유속성 브라흐만은

로 끄리슈나마차르야에서 그의 아들 데시까차르로 이어진다. Feuerstein(1989), p.288.

88)『리그 베다』3.2.1~15와 3.3.1~11에서 언급되는 '바이슈바나라'는 '모두에게 공통되는' 불 또는 '보편적인' 아그니(Agni)를 뜻한다. '바이슈바나라'라는 호칭은 원래 거의 전적으로 아그니에게 독점되었으나, 나중엔 아그니의 한 양상으로 인정되어 독립된 신격으로 간주되기에 이른다. 정승석(1984), p.56.

실재적 형태와 이름을 가진 존재로 신앙의 대상이 된다. 『요가야갸 발꺄』는 『요가야갸발꺄』 9장에서는 비슈누를 인격적 색채를 가진 브 라흐만에 두고 명상을 통해 궁극적인 합일에 이르고자 한다.

셋째, 해탈의 직접적인 기반이 되는 수슘나(suṣumṇā)를 '바이슈 나비'(vaiṣṇavī)로 표현하고 있다. (YY.4.31)

수슘나를 표현하는 용어 가운데 '해탈의 통로'를 제외하면 앞서 비슈누를 표현할 때 사용된 용어들이다. 특히 '바이슈나비[89]'는 매 우 독특한 표현으로 다른 문헌에서 잘 발견되지 않는다. 『요가야 갸발꺄』에서 이 용어에 대한 해설이나 부연 설명은 따로 제시되지 않는다. 수슘나는 각성된 꾼달리니가 상승하는 통로로써 비슈누를 체험하게 해주는 주체가 되므로 '바이슈나비'라는 용어를 사용한 것이라 추측된다.

이와 같이 『요가야갸발꺄』는 비슈누에 대한 '열렬한 사랑과 헌 신적인 믿음'(bhakti, 信愛)을 통한 해탈을 논하지 않는다. 어떠한 욕 망과 내적 동기 없이 4성 계급과 인생의 네 주기에 따른 의무를 행 하고 요가의 계율을 지키며 호흡수련과 비슈누를 우주의 근원으로 두고 명상을 하는 등 요가수행에 정진하여 스스로 해탈에 이를 것 을 강조한다.

---

89) 'vaiṣṇavī'의 사전적 의미는 '비슈누에 속하는', '비슈누와 관련된'이다. Monier (1986), p.1027.

4. 선행 연구 및 저본

1) 『요가야갸발꺄』의 출판본

『요가야갸발꺄』의 초판은 1893년(Bengali Saṃvat 1300)에 캘커타Calcutta(현재의 콜카타Kolkata)에서 베니마다브 니야랏뜨나Venimadhav Nyayaratna가 벵골어로 번역하여 'Yogi Yājñavalkyaṃ'이라는 제목으로 벵골 문자로 출판하였다. 그리고 이 출판본은 1897년(Bengali Saṃvat 1304)에 동일한 곳에서 다시 출판되었다.

그 후 1901년 구자라뜨(Gujart)의 나디아드(Nadiad)에서 산스끄리뜨 학자 마닐랄Manilal, N. Dvivedi이 데바나가리 문자로 된 한 개의 필사본에 의거해서 'Śrī Yājnavalkyasaṃhitopaniṣat'라는 제목으로 구자라뜨(Gujarti)어로 번역되어 독자적으로 출판되었다. 이 판본은 1902~03년(Bengali Saṃvat 1959) 봄베이의 Gujarati Printing Press에서 'Yājñavalkya Saṃhitā'라는 제목으로 다시 출판되었다. 이 판본은 데바나가리 문자로 된 작은 책으로 어떠한 해설이나 번역이 없다.

위의 동일한 판본이지만 1938년 샤르마Sharma, Ramachandra에 의해 Muradabad의 Sanatan Dharma Press에서 'Yogī Yājñavalkya'라는 제목으로 힌디어로 출간되었다. 이 텍스트와 번역본의 내용은 마닐랄의 Śrī Yājnavalkyasaṃhitopaniṣat와 동일하다.

1938년에 Trivandrum Sanskrit 도서관의 큐레이터 샤스뜨리Śāstrī, K. Śāmbhaśiva가 Trivandrum Sanskrit Series No. CXXXIV로 출판한 'Yoga Yājñavalkya'가 있다. 이 출판본은 서

문에서 『요가야갸발꺄』를 산스끄리뜨와 영어로 설명하고 있어서
위의 출판본과 다소 차이가 있다. 이 판본은 말라얄람(Malayalam)
문자로 된 패엽 필사본을 저본으로 한다. 샤스뜨리는 서문에 이 필
사본은 500년 정도 된 것이라고 서술하였다.[90] 여러 필사본을 분석
한 디반지는 이 필사본이 매우 오래되고 부분적으로 훼손되었으며
VIII장의 중요한 구절들이 소실되었다고 지적한다.[91] 디반지가 지적
한 VIII장 이외에도 다른 장에서도 누락된 부분은 …… 또는 ++++++
로 표시되어 있다.[92]

디반지의 교정본은 학계에서 권위 있는 출판본으로 알려진 판
본이다. 이 교정본은 위에서 언급한 출판본과 16개의 필사본의 엄
밀한 조사를 기반으로 하여 1954년 봄베이의 B.B.R.A(Bombay
Branch of the Royal Asiatic Society)에서 *Yoga-Yājnavalkya*'이라는
제목으로 출판되었다.

2) 『요가야갸발꺄』의 필사본

디반지는 교정본을 만들기 전에 앞서 말한 출판본과 16개의 필
사본을 의거하여 기존의 사본들에 대해 서술하였다. 디반지는 상
술한 16개의 필사본 외에 다른 필사본의 존재에 대해서도 밝히
고 있다. 상술한 16개의 필사본의 재질은 종이와 패엽으로 되어
있으며 언어는 데바나가리(Deva-Nāgarī), 그란타(Grantha), 뗄루구

---

90) Śāstrī(1938), p.iv; Mohan(2000), p.136.
91) Divanji(1954), p.99.
92) 1.27, 5.14, 6.28, 7.4와 5, 8.9, 9.6, 11.14와 20, 12.9, 18, 29, 38 등 몇 부분이 소
실되었다.

(Telugu) 그리고 깐나다(Kannaḍa)의 4종류로 나누어진다.[93]

(1) 데바나가리(Deva-Nāgarī) 필사본

① Ms. No.   Title(Author)

91   Yogī Yājñavalkya Smṛti

위의 필사본은 뿌나Poona(현재 뿌네)의 Bhandarkar Oriental Institute에서 소장한 것으로 고유번호는 1899/1915의 No.91이다. 21"×16½" 크기의 종이에 데바나가리 문자로 작성되었으며 17폴리오로 14행, 39음절로 구성되어 있다. 필사 연도는 기재되어 있지 않다.

② Ms. No.   Title(Author)

388   Yogī Yājñavalkya Smṛti

이 사본(②)도 ①과 동일한 협회에서 소장한 것으로 고유번호는 1899/1915의 388이다. 12¼"×6¼" 크기의 종이에 데바나가리 문자로 작성되었으며 13폴리오로 17행, 44음절로 구성되어 있다. 필사 연도는 표기되어 있지 않다.

③ Ms. No.   Title(Author)

5414   Yoga Yājñavalkyagītopaniṣadaḥ(Nāthaka)

위의 사본은 바로다Baroda(현재 바로다라Barodara)의 Oriental Institute에 소장된 것으로 8"×3½" 종이에 데바나가리 문자로 작

---

93) 필사본의 정보는 디반지의 교정본에 의거해서 정리하였다. Divanji(1954), pp.96~99.

성되었으며 25폴리오로 10행, 40음절로 구성되어 있다. 필사 연도
는 A.D. 1628년(Fālgun saṃvat 1684)이며 필사자의 이름은 나타까
Nāthaka이다. 기록한 사람의 이름은 바라티 슈리 라젠드라Bhārathī
Śri Rājendra이다. 8장 22ᶜᵈ에서 9장 5ᵃᵇ가 소실되었다.

④ Ms. No.　　　Title(Author)

　4503　　　　　Yoga Yājñavalkyagītopaniṣadaḥ(Ātmārām)

이 사본④도 ③과 동일한 협회에 소장된 것으로 8"×4" 크기의
종이에 데바나가리 문자로 작성되었으며 35폴리오로 9행, 25음절
로 구성되어 있다. 필사 연도는 A.D. 1736년(saṃvat 1792년) 필사자
의 이름은 아뜨마람Ātmārām이다.

⑤ Ms. No.　　　Title(Author)

　1736　　　　　Yoga Yājñavalkyagītopaniṣadaḥ

위 사본도 ③과 동일한 협회에 소장된 것으로 29폴리오로 8행,
45음절로 구성되어 있으며 9½"×4" 크기의 종이에 데바나가리 문자
로 작성되었다. 필사 연도나 필사자의 이름은 기재되어 있지 않다.

⑥ Ms. No.　　　Title(Author)

　6391　　　　　Yoga Yājñavalkyagītopaniṣadaḥ

위 사본은 Thanjavur(Tanjore라고도 함)의 Sarafoji Saraswati
Mahal Palace Library에 소장된 사본이다. 표지의 제목은
"Yoga Yājñavalkyagītopaniṣadaḥ"이지만 콜로폰은 "Yoga
Yājñavalkyagīta"이다. 다른 상세한 사항은 제공되지 않는다.

⑦ Ms. No.　　　　Title(Author)

　71　　　　　　　Yoga Yājñavalkyagītopaniṣadaḥ

위 사본은 캘커타Calcutta의 Goverment Sanskrit College에서 소장된 사본으로 필사본의 고유번호는 Veda 71이다. 27폴리오로 7행, 15음절로 구성되어 있으며 12″×4″ 크기의 기계한지(機械韓紙)에 데바나가리 문자로 작성되었다. 필사 연도는 A.D. 1885/86(saṃvat 1942년)이다.

⑧ Ms. No.　　　　Title(Author)

　B 522　　　　　Yoga Yājñavalkya

위의 사본은 마이소르Mysore(공식적으로 Mysuru)의 Oriental Research Institute에서 소장된 사본으로 8″×6½″ 크기의 종이에 데바나가리 문자로 작성되었으며 76폴리오로 14행, 18음절로 구성되어 있다. 필사 연도는 나타나지 않는다.

(2) 그란타(Grantha) 필사본

① Ms. No.　　　　Title(Author)

　27　　　　　　　Yoga Yājñavalkyagīta

이 사본은 마드라스Madras, 아디야르Adyar의 Oriental Manu-scripts Library에서 소장된 것으로 17폴리오로 8행에서 10행, 40음절로 구성되어 있다. 17″×1″ ×3″ 크기의 패엽경에 그란타 문자로 작성되었다. 필사자의 이름과 필사된 연도는 기재되어 있지 않다. 1장 1~18구절이 누락되어 있다.

② Ms. No.　　　Title(Author)

　4362　　　　　Yoga Yājñavalkyagīta

위 사본은 마드라스Madras의 Government oriental Manuscr-
ipts Library에 소장된 사본으로 패엽경(Palm leaf)에 그란타 문자
로 작성되었다. 다른 상세한 사항은 제공되지 않는다.

③ Ms. No.　　　Title(Author)

　9716　　　　　Yoga Yājñavalkyopaniṣat

위 사본은 탄자부르Thanjavur의 Sarafoji Saraswati Mahal
Palace Library에서 소장된 사본이다. 표지의 제목은 "Yoga Yājñ
avalkyopaniṣat"이지만 콜로폰에는 "Yoga Yājñavalkyagītopani
ṣadaḥ"이다. 다른 상세한 사항은 제공되지 않는다.

④ Ms. No.　　　Title(Author)

　3892　　　　　Yoga Yājñavalkya Smṛti

위 사본은 티루파티Tirupati의 Vyankateśvara Research
Institute에서 소장된 사본으로 56폴리오로 7행, 44음절로 구성되
었다. 13¾"×1¼" 크기의 패엽경에 그란타 문자로 작성되었다. 필사
연도나 필사자의 이름은 기재되어 있지 않다.

⑤ Ms. No.　　　Title(Author)

　3857　　　　　Yoga Yājñavalkya Smṛti

이 사본(⑤)은 ④와 동일한 협회에서 소장된 사본으로 46폴리오
로 34행, 23음절로 구성되었으며 종이에 그란타 문자로 작성되었
다. 폴리오는 12¼"×7⅝" 크기의 책의 형태로 묶어져있다. 필사 연

도는 기재되어 있지 않다.

⑥ Ms. No.   Title(Author)

   6676(A)   Yoga Yājñavalkyaṃ(Venkaṭa Nārāyaṇan)

위 사본은 바로다Baroda의 Oriental Institute에서 소장된 사본
으로 13"×1½" 크기의 패엽경에 그란타 문자로 작성되었으며 28폴
리오로 9행, 39음절로 구성되었다. 연대 표시에 따른 기록은 다음
과 같다.

raktākṣī nāma saṃvatsare vaiyāsī śu, 10 somavāraṃ(!), divi
28 nādikāyāṃ likhitvā pūrtimagat,

필사한 연도에 관해 명백한 결론을 이끌어내 수 있는 것이 발견
되지 않는다. 사본은 곳곳이 훼손되어있고 글은 상당한 시간의 경
과로 인하여 희미해져 있다.

(3) 뗄루구(Telugu) 필사본

① Ms. No.   Title(Author)

   4364   Yoga Yājñavalkyagītā

마드라스Madras의 Goverment Oriental Manuscripts Library
에서 소장된 사본으로 패엽경에 뗄루구 문자로 작성되었다. 다른
상세한 사항은 제공되지 않는다.

(4) 까나다(Kannaḍa) 필사본

① Ms. No   Title(Author)

   A604   Yoga Yājñavalkya

마이소르Mysore의 Oriental Research Institute에서 소장된 사본으로 42폴리오로 16행, 16음절로 구성되어 있다. 이 사본은 1장 1~15, 4장 19~41, 5장 15^c~22^{ab}, 6장 1~40, 57~81, 9장 15~44, 10장 1~16^{ab} 구절이 기재되어 있고 12장 전부가 누락되어 있는 아주 오래된 패엽경(Palm leaf) 필사본을 필사한 것으로 보인다. 필사 연도는 기재되어 있지 않다.

(5) 그 외 필사본

디반지가 교정본을 출간하기 위해 작업한 필사본 외에 6개의 사본이 더 있다. 그것은 3개의 데바나가리 필사본, 2개의 그란타 필사본, 1개의 뗄루구 필사본이다.

데바나가리로 된 필사본은 바로다Baroda의 Oriental Institute에 소장된 두 개의 필사본과 잠무Jammu의 Raghunath 사원 도서관에 소장된 한 개의 필사본이다. 그란타로 된 필사본은 마드라스 Madras의 Government Of Manuscripts Library에 소장된 한 개의 필사본과 마이소르Mysore의 Oriental Research Institute에 소장된 한 개의 필사본이다. 뗄루구로 된 필사본은 마드라스 Madras의 Government Of Manuscripts Library에 소장된 한 개의 필사본이다.

디반지는 이 필사본들을 교정본에 포함시키지 않은 이유에 대해 필사본들을 다시 필사한 것으로 교정본을 출판하는 데 있어 자료의 의심스러운 부분을 확인하는 것으로 활용하였다고 밝힌다.[94] 16개의 필사본은 언어에 따라 다음과 같이 정리된다.

언어	번호	고유번호	필사연도	명칭
데바나가리	द१	91	-	Yogī Yājñavalkyagītā Smṛti
	द२	388	-	Yogī Yājñavalkyagītā Smṛti
	द३	5414	A.D. 1628	Yoga Yājñavalkyagītopaniṣadaḥ
	द४	4503	A.D. 1736	Yoga Yājñavalkyagītopaniṣadaḥ
	द५	1736	-	Yoga Yājñavalkyagītopaniṣadaḥ
	द६	6391	-	Yoga Yājñavalkyagītopaniṣadaḥ
	द७	71	A.D. 1885/6	Yoga Yājñavalkyagītopaniṣadaḥ
	द८	B522	-	Yoga Yājñavalkya
그란타	ग१	27	-	Yoga Yājñavalkyagīta
	ग२	4362	-	Yoga Yājñavalkyagīta
	ग३	9716	-	Yoga Yājñavalkyopaniṣat
	ग४	3892	-	Yoga Yājñavalkya Smṛti
	ग५	3857	-	Yoga Yājñavalkya Smṛti
	ग६	6676(A)	-	Yoga Yājñavalkyaṃ
뗄루구	त१	4364	-	Yoga Yājñavalkyagītā
깐나다	क१	A604	-	Yoga Yājñavalkya

디반지의 교정본에 밝히고 있는 필사본과 샤스뜨리의 출판본이 저본으로 하는 말라얄람 문자로 된 필사본 이외에 다른 필사본에 대해 논의하고 있는 것은 이글링Eggeling의 *Catalogue of the Sanskrit Manuscripts in the Library of the India Office*에서 소개된 필사본이다.

이 필사본은 India Office에 소장된 산스끄리뜨 필사본으로 필

---

94) Divanji(1954), p.99.

사본의 명칭은 Yājñavalkyagīta이다. 고유번호 No. 790b이며, 27 폴리오로 구성되어 있다. 각 장마다 데바나가리 문자로 10줄씩 기록되어있으며 필사 연도와 필사자는 기재되어 있지 않다.[95]

『요가야갸발꺄』의 필사본과 출판본을 종합해보면, 다양한 명칭, 다양한 문자의 필사본과 다양한 언어의 출판본이 있다는 것을 확인하였다. 이것은 『요가야갸발꺄』가 인도 전역에 널리 알려져 있는 문헌임을 의미한다. 특히 분포된 범위를 보면 남인도에서 더 많이 읽혀진 것으로 추정된다.

3) 『요가야갸발꺄』의 번역본

현재 출판되는 『요가야갸발꺄』는 기네스Geenes의 프랑스어 번역본과 데시까차르와 모한의 영어 번역본이다. 기네스는 2000년에 파리(Paris)에서 'Yogayajñavalkyam'이라는 제목으로 프랑스어 번역본을 출간하였다. 데시까차르와 모한은 『요가야갸발꺄』를 중요한 요가문헌으로 여기는 끄리슈나마차리야(Krishnamacharya, Tirumalai 1888~1989년)의 제자이다. 끄리슈나마차리야는 '현대 요가의 아버지'로도 불리는 인물로 이엥가B.K.S.Iyengar와 팟따비 조이스Pattabhi Jois를 제자로 배출한 것으로도 유명한 현대 요가의 거장이다.[96]

끄리슈나마차리야의 아들이자 제자인 데시까차르는 2000년에 KYM(Krishnamacharya Yoga Mandiram)에서 영역본으로 『요가야갸발꺄 상히따』(*Yogayajñavalkya Saṃhitā*)를 출간하였다.

---

95) Eggeling(1887), p.785.
96) 끄리슈나마차리야에 대한 자세한 내용은 정승석(2021), pp.1127~1130 참조.

데시까차르에 의하면, 1967년에 부친이자 스승인 *끄리슈나마차리야*는 샤스뜨리의 출판본으로 『요가야갸발꺄』를 가르쳤으며, 산스끄리뜨 교재를 뗄루구(Telugu)어로 기재하였고, 이후 기억을 통해 한 구절 한 구절 구전으로 설명하였다고 말한다. 그리고 *끄리슈나마차리야*의 구전을 글로 옮긴 자신의 기록을 근거로 출판되었다고 서문에서 밝히고 있다.[97]

데시까차르의 번역은 원문의 출처가 명확하지 않은데다가 *끄리슈나마차리야*가 손으로 수정한 교정본에 의거한 영어번역으로 디반지의 교정본보다 게송 수가 적다.[98] 이 점에 대해서 데시까차르도 자신의 교정본이 불완전하다는 것을 인정한다.[99] 데시까차르의 번역본에는 무시하기에 꽤 많은 단어들이 누락되어 있다.[100]

모한은 1971년부터 1988년까지 17년 동안 *끄리슈나마차리야*를 사사했던 것으로 알려져 있다. 그는 B.B.R.A에서 출판된 Divanji의 교정본을 근거로 영역본을 2000년도에 출간하였다. 그 후 2013년에 아들 Ganesh Mohan과 함께 재편집하여 재출간하였다.

본 번역은 디반지의 교정본에 의거했지만 그 외 다음과 같은 네 교정본(번역 포함)에 의거했다. 주요 판본의 서지(書誌) 사항은 다음

---

97) Desikachar(2000), p.xix.
98) *끄리슈나마차리야*를 사사(師事)했던 것으로 알려진 모한은 이 부분에 대해 "끄리슈나마차리야는 1934년에 Madural CMV Press에 의해 깐나다(Kannaḍa)어로 출간된 *끄리슈나마차리야*의 저서 *Yoga Makaranda* part I 의 서문에서 『요가야갸발꺄』의 원문을 그의 수첩에 옮겨 적었다."라고 말한다. Mohan(2010), p. i.
99) Desikachar(2000), p.xix.
100) Desikachar(2000), p.xviii.

과 같다.

저본

YYD Prahlad C. Divanji,
Yoga-Yājnavalkya: A Treatise on Yoga as Taught by
Yogi Yajnavalkya, Bombay Branch of the Royal Asiatic
Society, Monograph No.3, 1954.

참고 자료

YYŚ K. Sāmbaśiva Śāstrī,
The Yogayajñavalkya Saṃhitā, Trivandrum Sanskrit Series
No. CXXXXIV, ŚrīCitrodayamajarīno. XXIII, Trivandrum:
The superintendent, Government Press, 1938.
YYM1 A. G. Mohan,
Yoga Yajnavalkya, translated by Chennai, India: Ganesh &
Co, 2000.

YYSD T.K.V. Desikachar
Yogayajñavalkya Saṃhita, translated by, Chennai:
Krishnamacharya Yoga Mandiram, 2000.

YYM2 A. G. Mohan with Ganesh Mohan,
Yoga Yajnavalkya, translated by Ganesh, California:
Svastha Yoga, 2013(2ed).

제2장 『요가야갸발꺄』의 구성과 내용

1. 구성

　『요가야갸발꺄』는 출판본과 번역본이 있지만 판본에 따라 전체 게송 수의 차이가 있다. 게송의 수의 차이가 발생하는 이유는 서로 다른 지역에서 전승되는 암송이 문자로 정착된 과정에서 게송 수의 편차가 발생하였거나 필사 과정에서 누락되거나 오류와 오탈자를 다시 필사하면서 발생한 것으로 보인다.

　주요 출판본의 게송의 수는 다음과 같이 비교된다.

장	게송의 수							
	그룹 A				그룹 B			
	YYD 1954	YYŚ 1938	YYD의 누락된 게송	YYŚ의 누락된 게송	YYM 2000, 2013	YYSD 2000	YYM의 누락된 게송	YYSD의 누락된 게송
제1장	70	68½	-	37, 53^{ab}	70	68½	-	37, 53^{ab}
제2장	19	19	-	-	19	19	-	-
제3장	18	18	1^{ab}	-	18	18	1^{ab}	-
제4장	72	70½	-	31^{cd}, 53	72	70½	29^{ab}	53
제5장	22	21	-	3^{cd}, 15^{ab}, 16^{ab}	22	21	-	3^{cd}, 15^{ab}, 16^{ab}

제6장	92	80	-	7^{cd}, 62, 별첨 10게송	92	80	-	7^{cd}, 56^{cd}, 62,별첨 10게송
제7장	37	30	-	5, 6, 7, 9, 10^{ab}, 19^{cd}, 25, 26	37	30	-	5, 6, 7, 9, 10^{ab}, 19^{cd}, 25, 26
제8장	40	23	-	1^{cd}, 4^{cd}, 11~25, 37^{cd}, 38^{ab}	40	23	-	1^{cd}, 4^{cd}, 11^{cd}, 12~25, 37^{b}, 38^{a}
제9장	44	44	-	-	44	44	-	-
제10장	24	23	-	17^{ab}	24	23	-	17^{ab}
제11장	22	21½	-	-	22	21½	-	-
제12장	46	46	-	-	46	46	-	-
합계	506	464½	1개의 반송	34게송과 14개의 반송	506	464½	2개의 반송	33게송과 13개의 반송

출판년도의 시점으로 두 그룹으로 나누어 보면 YYŚ는 YYD에 비해 34게송과 14개의 반송(half verse)의 누락이 발견된다. YYD 또한 YYŚ에 비해 1개의 반송의 차이가 있다.[101] YYSD는 YYM 에 비해 33게송과 13개의 반송의 누락이 있다. YYM 또한 YYSD 에 비해 2개의 반송의 차이가 발견된다.

---

101) YYŚ.3.1^{ab}, "중요한 좌법은 여덟 개가 뛰어난데 그 중 세 개가 가장 중요하다." (āsanānyutta mānyaṣṭau traya steṣuttamattamāḥ)라는 구절이 디반지의 출판본 에는 실려 있지 않다. 이 게송을 실은 샤스뜨리의 출판본에서는 여덟 개의 좌 법을 열거하지만 중요한 좌법이 무엇인지 설명되지 않는다.

2. 내용

『요가야갸발꺄』는 전체 12장 506게송(śloka)으로 구성되어 있다. 기본 구조는 요가의 여덟 갈래(aṣṭāṅga-yoga)를 각 장마다 서술하는 형태이다. 『요가야가발꺄』의 여덟 갈래의 명칭은 고전 요가와 동일하지만 내용을 살펴보면 아드바이따 베단따 사상과 나디(nāḍī), 깐다(kanda), 생기(vāyu) 등 미세신체론을 기반한 요가 수행법을 담고 있다. 이에 대해 라자람Rajaram은 『요가야가발꺄』가 아드바이따 베단따와 하타 요가의 관점에서 『요가경』의 '8가지 요가 수행법'을 해석하고 있다고 지적한다.[102] 『요가야갸발꺄』의 각 장에서 제시하고 있는 내용은 다음과 같다.

제1장 도입부, 윤회의 길과 해탈의 길, 요가의 정의, 금계(禁戒)

1. 야갸발꺄의 자질	1.1~5.
2. 요가의 정수를 알려달라는 가르기의 요청	1.6~8.
3. 브라흐마에게 질문하는 야갸발꺄	1.9~19.
4. 윤회의 길(pravartaka)과 해탈의 길(nivartaka)	1.20~29^{ab}.
5. 4성 계급과 인생의 네 주기의 의무	1.29^{cd}~40.
6. 지혜와 요가	1.41~45.
7. 요가의 여덟 갈래	1.46~50^{ab}.
8. 열 개의 금계	1.50^{cd}~70.

---

102) Rajaram(2020), p.7.

제2장 권계(勸戒)

   1. 열 개의 권계   2.1~19.

제3장 좌법(坐法)

   1. 여덟 개의 좌법   3.1~16.

   2. 나디(nāḍī) 정화 후 호흡 수련의 당부   3.17~18.

제4장 미세신체론

   1. 나디, 생기(vāyu), 나디 정화에 대한 가르기의 질문   4.1~6^{ab}.

   2. 쁘라나(prāṇa)의 활동 범위   4.6^{cd}~8.

   3. 몸 안에 있는 불과 쁘라나의 결합   4.9~11^{ab}.

   4. 몸의 중앙에 위치한 내적인 불   4.11^{cd}~15.

   5. 깐다(kanda)의 위치, 형태, 크기   4.16~17.

   6. 물라 짜끄라(mūla-cakra)   4.18~20.

   7. 꾼달리니(kuṇḍalinī)의 위치와 특성   4.21.

   8. 꾼달리니의 각성과 상승   4.22~24.

   9. 열네 개의 나디   4.25~28.

     - 수슘나(suṣumnā) 나디   4.29~31^{ab}.

     - 이다(īḍā) 나디와 삥갈라(piṅgalā) 나디   4.31^{cd}~35^{ab}.

     - 기타 11개의 나디   4.35^{cd}~46.

   9. 열 개의 생기   4.47~49.

     - 쁘라나(prāṇa) 생기의 위치   4.50~51.

     - 아빠나(apāna) 생기의 위치   4.52~53.

     - 비야나(vyāna) 생기의 위치   4.54.

     - 우다나(udāna) 생기의 위치   4.55^{ab}.

    - 사마나(samāna) 생기의 위치   4.55^{cd}~57.

    - 기타 다섯 생기의 위치   4.58^{ab}.

  10. 생기의 기능   4.58^{cd}~71^{ab}.

  11. 미세신체론을 알고 나디를 정화할 것을 강조   4.71^{cd}~72.

제5장 나디 정화

  1. 나디 정화의 가르침 개시   5.1~2.

  2. 요가 수행의 장소와 조건   5.3~9.

  3. 요가 수행 시 생활 태도   5.10~11.

  4. 나디 정화의 순서   5.12~16.

  5. 나디 정화의 방법   5.17~20.

  6. 나디 정화의 결과   5.21~22.

제6장 호흡조절(調息)

  1. 호흡조절의 정의와 구성   6.1~3.

  2. 옴 염송이 포함된 호흡조절   6.4~8^{ab}.

  3. 가야뜨리 만뜨라가 포함된 호흡조절   6.8^{cd}~13^{ab}.

  4. 호흡조절 시 병행해야 할 만뜨라   6.13^{cd}~21^{ab}.

  5. 호흡조절의 효과   6.21^{cd}~23.

  6. 들숨, 숨 멈춤, 날숨의 정의   6.24~25^{ab}.

  7. 호흡조절의 3단계   6.25^{cd}~28^{ab}.

  8. 사히따 꿈바까와 께발라 꿈바까   6.28^{cd}~35.

  9. 호흡을 정복하는 방법   6.36.

    - 마음으로 숨을 세 부위에 집중하는 방법   6.37~49.

    - 샨무키 무드라(ṣaṇmukhī-mudrā)를 동반하는 방법   6.50~58.

    - 세 번째 방법   6.59~64.

  10. 꾼달리니의 각성과 쁘라나의 수승   6.65~75^{ab}.

  11. 이신해탈(videha-mukti)   6.75^{cd}~78.

  12. 호흡 수련의 중요성   6.79~82.

  13. 디반지에 의해 발견된 추가 구문   6.1~10.

제7장 감각철회(制感)

  1. 외적 수단과 내적 수단의 구분   7.1.

  2. 감각철회의 유형   7.2~7.

  3. 열여덟 개의 생명점   7.8~11.

  4. 생명점 사이의 거리   7.12~20^{ab}.

  5. 열여덟 개의 생명점의 상승법   7.20^{cd}~21.

  6. 열여덟 생명점의 하강법   7.22~30^{ab}.

  7. 열여덟 생명점을 이용한 감각철회의 효과   7.30^{cd}~32^{ab}.

  8. 특정 생명점에 숨을 고정하는 방법   7.32^{cd}~37.

제8장 정신집중(凝念)

  1. 정신집중에 대한 가르침의 개시   8.1.

  2. 첫 번째 정신집중법: 아뜨만에 마음을 고정하는 것   8.2.

  3. 두 번째 정신집중법: 심장의 연꽃에 아뜨만을 집중하는 것   8.3~4.

  4. 세 번째 정신집중법: 다섯 가지 거친 요소에 대한 정신집중   8.5~25.

  5. 네 번째 정신집중법: 결과물을 각각의 원인에 귀멸   8.26~27.

  6. 다섯 번째 정신집중법: 옴 염송으로 결과물을 각각의

     원인으로 귀멸   8.28~31.

  7. 정신집중과 세 도샤   8.32~39^{ab}.

    8. 정신집중 수행의 당부 $8.39^{cd}{\sim}40.$

제9장 명상(瞑想)

    1. 명상의 정의 $9.1{\sim}2^{ab}.$

    2. 명상의 종류 $9.\ 2^{cd}{\sim}3.$

    3. 명상을 위한 조건 $9.4.$

    4. 무속성 명상 $9.5{\sim}11.$

    5. 나라야나(Nārāyaṇa)에 대한 유속성 명상 $9.12{\sim}18^{ab}.$

    6. 바이슈바나라(Vaiśvānara)에 대한 유속성 명상 $9.18^{cd}{\sim}24.$

    7. 하리(Hari)에 대한 유속성 명상 $9.25{\sim}30^{ab}.$

    8. 내적 자아에 대한 유속성 명상 $9.30^{cd}{\sim}32^{ab}.$

    9. 쉬바에 대한 유속성 명상 $9.32^{cd}{\sim}34.$

    10. 자기 자신에 대한 유속성 명상 $9.35{\sim}39.$

    11. 명상의 효과 $9.40{\sim}41.$

    12. 명상 수행에 대한 당부 $9.42{\sim}44.$

제10장 삼매(三昧)

    1. 삼매의 정의 $10.1{\sim}5.$

    2. 삼매 성취의 선행 조건 $10.6{\sim}9^{ab}.$

    3. 삼매 성취 후 임종 과정 $10.9^{cd}{\sim}21^{ab}.$

    4. 여덟 갈래 요가 수행의 당부 $10.21^{cd}{\sim}24.$

제11장 후기

    1. 삼매와 베다의 의무 $11.1{\sim}10^{ab}.$

    2. 각자의 수행처로 돌아가는 현자들 $11.10^{cd}{\sim}16^{ab}.$

3. 가르침의 요약에 대한 가르기의 요청과 야갸발꺄의 승낙 1.16^{cd}~22.

제12장 가르침에 대한 요약

1. 첫 번째 단계: 생기에 의한 몸속의 불의 점화   12.1~7.

2. 두 번째 단계: 꾼달리니 각성   12.8~13.

3. 세 번째 단계: 쁘라나의 수승   12.14~20.

4. 네 번째 단계: 미간 사이로 불과 쁘라나를 끌어올림   12.21.

5. 다섯 번째 단계: 미간 사이에 있는 쁘라나를 집중   12.22~26.

6. 여섯 번째 단계: 미간 명상   12.27~29.

7. 일곱 번째 단계: 해탈의 도달   12.30~35.

8. 요가 수행의 이점   12.36~40.

9. 요가 수행의 권유   12.41.

10. 종결   12.42~46.

이상에서 살펴보았듯이 『요가야갸발꺄』는 여덟 갈래 요가를 중심으로 각 장에 무슨 주제를 다루고 있는지 파악된다. 『요가야갸발꺄』의 내용에서 모순적인 부분은 제4장, 제6장, 제12장이다. 제4장은 제5장의 나디 정화와 제6장에서 설명할 호흡조절을 위한 예비적 지식을 담고 있다. 제6장은 호흡조절을 설명하는 장이지만 호흡조절에 관한 내용이 아닌 명상에 관한 게송이 추가된다. 제12장은 제11장에서 가르침을 요약해달라는 가르기의 요청에 대한 답변이 아니라 꾼달리니의 각성 및 상승에 대한 내용을 다룬다. 앞선 내용의 보충인지는 알 수 없으나 꾼달리니의 각성 및 상승에 대한 자세한 설명은 눈여겨 볼 만하다.

제3장 『요가야갸발꺄』의 운율

『요가야갸발꺄』 506게송에서 사용된 운율(chandas)은 11종류이다. 11종류는 기본형과 4종류의 확장형과 같은 아누쉬뚜브-쉴로까(anuṣṭubh-śloka)를 비롯해서 인드라바즈라(Indravajrā), 우뺀드라바즈라(Upendravajrā), 우빠자띠(Upajāti), 스바가따(Svāgatā), 인드라방샤(Indravaṃśa), 방샤스타(Vaṃśastha)와 같은 6종류의 동일운율(samavṛtta)이다. 이렇게 다양한 종류의 운율을 사용하여 작성한 것은 운율적 제약으로 인한 결과로 보인다.

1. 운율에 따른 용어 사용

『요가야갸발꺄』는 동일한 단어가 아닌 대체되는 다양한 단어를 사용하고 있다. 예를 들면『요가야갸발꺄』에서 동일 인물로 지칭되는 가르기(Gārgī)와 마이뜨레이(Maitreyī)라는 용어가 동일 게송 내에서 혼용되고 있다. 이것은 전형적인 아누쉬뚜브-쉴로까의 예로 둘 수 있다.

I.6^a tamevaṃ guṇasampannaṃ   ^b nārīṇāmuttamā vadhūḥ,

$$\cup - - \quad \cup\cup - - - \qquad\qquad - - - - \cup - \cup -$$

i   ii   iii   iv

1 2 3 4 5 6 7 8   1 2 3 4 5 6 7 8

I.6^c maitreyī ca mahābhāgā   ^d gārgī ca brahmavidvarā.¹⁰³⁾

$$- - - \cup \quad \cup - - - \qquad\qquad - - - \quad - \cup - \cup -$$

i   ii   iii   iv

1 2 3 4 5 6 7 8   1 2 3 4 5 6 7 8

아누쉬뚜브-쉴로까의 경우 홀수 구인 '첫 번째 구'(pada^a)와 '세 번째 구'(pada^c)의 첫 번째 자리(i)와 세 번째 자리(iii)의 장단 구조는 자유롭지만 두 번째 자리(ii)의 장단 구조는 $\cup - - x$이어야 하고, 네 번째 자리(iv)의 장단 구조는 $\cup - \cup x$이다. 여기서 x는 장–단음 다 사용가능한 자유로운 음절이다.¹⁰⁴⁾

마이뜨레이와 가르기는 장음(長音, guru)으로 구성된 단어이지만, 마이뜨레이는 장–장–장(— — —)이고 가르기는 장–장(— —)으로 각각 3음절과 2음절이 된다. 연성 법칙에 의거하면서 운율의 규칙을 따라야 하는 운문에서 장음 구조가 다른 두 단어는 선택적일 뿐만 아니라 사용될 수 있는 위치 또한 제한적일 수밖에 없다.

---

103) "이와 같이 사람들 중 훌륭한 인격을 [가진] 그(야갸발꺄)에게 최고의 아내 (vadhū) 마이뜨레이(=가르기)가 있다. 그리고 가르기는 브라흐만의 지혜를 갈 망한다."

104) Brown(2007), p.4. 첫 번째 구(pada^a)와 세 번째 구(pada^c)의 5-6-7번째 음 절(akṣara)은 $\cup - -$(야-운각, Yagaṇa)이고, 두 번째 구'(pada^b)와 '네 번째 구'(pada^d)의 5-6-7번째 음절은 $\cup - \cup$(자-운각, Jagaṇa)이다.

그 외에도 『요가야갸발꺄』는 쁘라나(prāṇa), 이다(iḍā), 삥갈라(piṅgalā), 꾼달리니(kuṇḍalinī), 마음(citta)의 대체어를 다양한 단어들로 사용하고 있다.[105] 이것 역시 운율적 제약에 따른 결과로 여겨진다. 대체되는 동의어들은 사전적 동의어로 문제시 될 것은 없다.[106]

『요가야갸발꺄』에 나타난 음절 수와 장단 구조를 맞추기 위해 대체된 언어들은 다음과 같이 다양하게 나타난다.

Agni(불, 열)의 대체어	음절 수	장단 구조
Vahni	2	—U
Vahna	2	—U
Pāvakī	3	—U—
Śikhin	2	——
Ātapa	3	—UU
Jvalana	3	UUU
Hutabhuj	3	U——
Dhūmadhvaja	4	——UU

---

105) 마음을 세분화하면 외부 대상에 대한 감각적 기능은 manas, 지성적 기능은 buddhi와 dhī, 정신적 기능은 cetas를 사용할 가능성이 있다. 역자는 이 부분을 문제로 보고 검토해봤지만 마음을 세분화하여 사용되었을 규칙을 발견하지 못하였다. 『요가야갸발꺄』에서 manas, citta, dhī, buddhi, cetas 등은 특정 전문 용어의 의미를 강조하기보다 '포괄적인 의미로서 마음'이라는 의미로 사용된 것으로 여겨진다. 이것은 『요가야갸발꺄』의 저자가 manas, citta, dhī, buddhi, cetas를 하나의 용어로 국한하지 않고 넓은 관점에서 다양한 용어를 선택한 것으로 보인다.
이 부분에 대해 지적해주신 문을식 교수님과 『하타쁘라디삐까』를 번역하면서 먼저 고민하고 해답을 제시해주신 박영길 교수님께 감사의 마음을 전한다.

106) 박영길은 prāṇa, vāyu처럼 비교되는 단어의 음절 수가 동일하고 동일한 장단 구조를 지니더라도 위치 및 격어미의 형태에 따라 장단 구조는 물론이고 음절 수조차 전혀 다르게 바뀐다고 지적한다. 박영길(2015), p.124 각주 4번.

Jala(물)의 대체어	음절 수	장단 구조
Udaka	3	UUU
Vāri	2	—U
Āpas	2	——
Āpa	2	—U

Prāṇa(호흡, 숨, 쁘라나)의 대체어	음절 수	장단 구조
Vāyu	2	—U
Anila	3	UUU
Māruta	3	—UU
Śvāna	2	—U
Nikāya	3	U—U
Ātman	2	——
Samīraṇa	4	U—UU

Iḍā의 대체어	음절 수	장단 구조
Candrā(달)	2	——
Rātri(밤)	2	—U
Savya(왼쪽)	2	—U

Kuṇḍalinī(꾼달리니)의 대체어	음절 수	장단 구조
Kuṇḍalī(꾼달리)	3	—UU
Nāgendra(뱀)	3	——U
Ahi(뱀)	2	UU
nāga(뱀)	2	——
Cakrin(뱀)	2	——

Deha(몸, 신체)의 대체어	음절 수	장단 구조
Ātman	2	——
Kāraṇa	3	—UU
Tanu	2	UU

Piṅgalā의 대체어	음절 수	장단 구조
Ravi(태양)	2	UU
Divā(낮)	2	U—
Dakṣiṇa(오른쪽)	3	—UU
Dakṣa(오른쪽)	2	—U

Citta(마음)의 대체어	음절 수	장단 구조
Manas	2	U—
Cetas	2	——
Dhī	1	—
budhi	2	UU

산스끄리뜨에서 운율은 시형을 이루는 단어를 풍성하게 할 뿐만 아니라 청자가 시송을 기억하여 구전으로 전하는데 도움을 준다. 그리고 부정확한 음역으로 인해 모호하게 표현된 문장들을 판독하는데 있어 대단히 유용하다.[107]

2. 아누쉬뚜브-쉴로까(anuṣṭubh-śloka)

『요가야갸발꺄』에서 가장 많이 사용된 운율은 8음절의 4구(句, pāda)로 구성된 아누쉬뚜브-쉴로까이다. 이 운율은 479송으로 전체 게송의 약 95%로 사용되었다.

---

107) Brown(2007), p.v.

1) 기본형(Pathyā)

16개의 음절로 구성된 아누쉬뚜브 쉴로까의 2행은 각각 네 부분 (i, ii, iii, iv)으로 나눌 수 있고 이 네 부분은 각각 4음절로 구성되어 있다. 각 행의 첫 번째 부분과 세 번째 부분은 장-단 규칙에서 자유로운 반면, 두 번째는 일반적으로 $\cup--x$이고 네 번째 부분은 $\cup-\cup x$이다. 여기서 x는 장-단 사용할 수 있는 자유로운 음절이다.[108]

$$\text{pāda}^{a,c}\ x\ x\ x\ x\quad \cup--x \qquad \text{pāda}^{b,d}\ x\ x\ x\ x\quad \cup-\cup x$$

$$\text{i} \qquad \text{ii} \qquad\qquad \text{iii} \qquad \text{iv}$$

$$1\ 2\ 3\ 4\quad 5\ 6\ 7\ 8 \qquad\qquad 1\ 2\ 3\ 4\quad 5\ 6\ 7\ 8$$

『요가야갸발꺄』의 479개의 아누쉬뚜브-쉴로까 중에서 425개의 게송이 기본형이다.

2) 확장형(Vipulā)[109]

479개의 아누쉬뚜브-쉴로까 중에서 54개의 게송은 네 종류의 확장형으로 작성되었다. 네 종류는 31개의 나-비뿔라(Na-vipulā), 18개의 마-비뿔라(Ma-vipulā), 7개의 바-비뿔라(Bha-vipulā), 1개의 라-비뿔라(Ra-vipulā)로 총 57개 구에서 사용되었다.

---

108) Brown(2007), p.4.
109) 확장형에 대한 규칙은 Brown(2007), pp.5~6 참조.

(1) 나-비뿔라(Na-vipulā, 이하 NV)

$$\mathrm{pāda}^{a,c} \quad x \quad x \quad x - \cup \cup \cup x$$

$$\qquad\qquad \mathrm{i} \qquad\quad \mathrm{ii}$$

$$\qquad 1\ 2\ 3\ 4\ \ 5\ 6\ 78$$

나-비뿔라는 $\mathrm{pāda}^{a,c}$에서 5-6-7번째 음절이 $\cup \cup \cup$(나 운각, Nagaṇa)으로 구성된다. $\mathrm{pāda}^{a,c}$에서 같이 사용된 1, 2, 3번째 음절의 형식은 — — —(마 운각, Magaṇa), $\cup$ — —(야 운각, Yagaṇa), — $\cup$ —(라 운각, Ra-gaṇa), — — $\cup$(따 운각, Ta-gaṇa)이다. 나-비뿔라는 『요가야갸발꺄』에서 모두 31번 사용되었다.

1.	YY 1.9[a]	Magaṇa+NV	2.	YY 1.15[a]	Magaṇa+NV

1. YY 1.9[a] Magaṇa+NV   2. YY 1.15[a] Magaṇa+NV

3. YY 1.23[c] Ragaṇa+NV   4. YY 1.32[c] Magaṇa+NV

5. YY 1.43[c] Yagaṇa+NV   6. YY 4.47[c] Magaṇa+NV

7. YY 4.62[c] Yagaṇa+NV   8. YY 4.63[c] Ragaṇa+NV

9. YY 4.66[a] Yagaṇa+NV   10. YY 5.2[c] Yagaṇa+NV

11. YY 5.4[c] Yagaṇa+NV   12. YY 5.10[a] Ragaṇa+NV

13. YY 5.12[c] Ragaṇa+NV   14. YY 6.45[a] Magaṇa+NV

15. YY 6.72[c] Yagaṇa+NV   16. YY 6.73[c] Magaṇa+NV

17. YY 6.3[c](Appendix)Magaṇa+NV

18. YY 7.17[a] Ragaṇa+NV

19. YY 7.20[c] Magaṇa+NV   20. YY 8.16[c] Yagaṇa+NV

21. YY 8.18[c] Yagaṇa+NV   22. YY 8.20[c] Yagaṇa+NV

23. YY 8.21[c] Yagaṇa+NV   24. YY 8.24[a] Ragaṇa+NV

25. YY 9.13^a Magaṇa+NV　　26. YY 9.25^c Magaṇa+NV

27. YY 11.3^c Yagaṇa+NV　　28. YY 11.5^c Ragaṇa+NV

29. YY 11.8^a Ragaṇa+NV　　30. YY 11.11^c Ragaṇa+NV

31. YY 11.18^c Magaṇa+NV

예) 4.47^c nāgaḥ kūrmo'tha kṛkaro

$\quad$ — —　　— — ∪ ∪ ∪ —　Magaṇa+NV

$\quad$ 8.24^a sarvāyudhodyatakaraṃ

$\quad$ — — ∪ — ∪ ∪ ∪ —　　Ragaṇa+NV

(2) 마—비뿔라(Ma-vipulā, 이하 MV)

pāda^{a,c} x — ∪ —　　— — — x

$\qquad\qquad$ i $\qquad\qquad$ ii

$\qquad$ 1 2 3 4　　5 6 7 8

마—비뿔라는 pāda^{a,c}에서 5—6—7번째 음절이 — — — —(마 운각,
Magaṇa)으로 『요가야갸발꺄』에서 모두 18번 사용되었다. pāda^{a,c}
에서 같이 사용된 1, 2, 3번째 음절의 형식은 — ∪ —(라 운각,
Ragaṇa)이다.

1. YY 1.16^c Ragaṇa+MV　　2. YY 1.21^a Ragaṇa+MV

3. YY 1.21^c Ragaṇa+MV　　4. YY 1.24^c Ragaṇa+MV

5. YY 1.25^c Ragaṇa+MV　　6. YY 1.30^c Ragaṇa+MV

7. YY 2.13^a Ragaṇa+MV　　8. YY 3.10^a Ragaṇa+MV

9. YY 4.35^a Ragaṇa+MV   10. YY 4.60^a Ragaṇa+MV

11. YY 4.64^a Ragaṇa+MV   12. YY 4.67^c Ragaṇa+MV

13. YY 5.8^a Ragaṇa+MV   14. YY 8.34^a Ragaṇa+MV

15. YY 8.35^a Ragaṇa+MV   16. YY 9.24^c Ragaṇa+MV

17. YY 9.44^c Ragaṇa+MV   18. YY 11.7^c Ragaṇa+MV

예) 4.60^a svayaṃ hyapānaṃ samprāpya

　　　∪ −　　∪ − −　− − ∪ Ragaṇa+MV

9.24^c vaiśvānaratvaṃ samprāpya

　　　− ∪ − − −　　− ∪　Ragaṇa+MV

(3) 바─비뿔라(Bha-vipulā, 이하 BhV)

pāda^{a,c} x x x −　− ∪ ∪ x

　　　　　　i　　　　ii

　　　1 2 3 4　5 6 7 8

바─비뿔라는 pāda^{a,c}에서 5─6─7번째 음절이 − ∪ ∪(바 운각,
Bhagaṇa)으로 구성된다. pāda^{a,c}에서 같이 사용된 1, 2, 3번째 음절
의 형식은 − − −(마 운각, Magaṇa), ∪ − −(야 운각, Yagaṇa), −
∪ −(라 운각, Ra-gaṇa), − − ∪(따 운각, Ta-gaṇa)이다. 바─비뿔라
는 『요가야갸발꺄』에서 모두 7번 사용되었다.

1. YY 2.7^a Ragaṇa+BhV   2. YY 6.34^a Ragaṇa+BhV

3. YY 8.24^c Ragaṇa+BhV   4. YY 8.35^a Ragaṇa+BhV

5. YY 11.1^a Ragaṇa+BhV   6. YY 11.10^c Ragaṇa+BhV

7. YY 11.12^c Ragaṇa+BhV

예) 6.34^a manojavatvaṃ labhate

　　　　∪－∪－－∪　∪－　Ragaṇa+BhV

　　8.24^c umārdhadehaṃ varadaṃ

　　　　∪－ ∪－－∪∪－　Ragaṇa+BhV

(4) 라-비뿔라(Ra-vipulā, 이하 RV)

pāda^{a,c} x x x － － ∪ － x

　　　　　i　　　　　ii

　　　　1 2 3 4 5 6 7 8

라-비뿔라는 pāda^{a,c}에서 5-6-7번째 음절이 － ∪ ∪(라 운각, Ragaṇa)으로 구성된다. pāda^{a,c}에서 같이 사용된 1, 2, 3번째 음절의 형식은 － － －(마 운각, Magaṇa), ∪ － －(야 운각, Yagaṇa), －∪ －(라 운각, Ra-gaṇa), － － ∪(따 운각, Tagaṇa), ∪ ∪ －(사 운각, Sagaṇa)이다. 라-비뿔라는 『요가야갸발꺄』에서 모두 1번 사용되었다.

1. YY 6.53^a Ragaṇa+RV

예) 6.53^a nāsāpuṭau madhyamābhyām

　　　　－－∪－　－　∪－　－　Ragaṇa+RV

아누쉬뚜브-쉴로까는 기본형과 4개의 확장형은 다음과 같이 정리된다.

아누쉬뚜브-쉴로까(Anuṣṭubh-śloka)		
구분		**게송수/구(padā)**
기본형(Pathyā)		425
확장형 (Vipulā)	나-비뿔라(Navipulā)	30½/31
	마-비뿔라(Mavipulā)	16½/18
	바-비뿔라(Bhavipulā)	6/7
	라-비뿔라(Ravipulā)	1/1
합계		479

확장형의 54/57 값은 나/마/바/라 비뿔라 네 행을 묶는다.

3. 동일운율(samavṛtta)

『요가야갸발꺄』에서 동일운율은 6종류의 운율로 모두 24의 게송과 12개의 구에서 사용되었다. 동일운율은『요가야갸발꺄』12장에서 주로 사용되었고 가장 빈번하게 사용된 것은 11음절이다.

1) 11음절(Triṣṭubh)

『요가야갸발꺄』의 24개의 게송과 8개의 구가 11음절로 작성되었다. 2개의 게송과 5개의 구는 인드라바즈라, 3개의 구는 우뻰드라바즈라, 5게송은 스바가따, 17개의 게송은 우빠자띠로 되어있다.

인드라바즈라, 우뻰드라바즈라, 스바가따는 4구의 장단 구조가 동일한 동일 운율이다. 우빠자띠는 인드라바즈라와 우뻰드라바즈라의 일부 구만 동일한 형태로 사용된 위치에 따라 명칭은 14종류로 세분화된다.[110] 그리고 인드라바즈라와 우뻰드라바즈라는 12음절(Jagatī)과 같이 사용되기도 한다. 거론된 11음절은 뜨리쉬뚜브(Triṣṭubh) 범주에 속한다. 11음절의 세부 운율의 용례는 다음과 같다.

1. YY 12.1   Upajāti   (Indravajrā[a,b,c]   Upendravajrā[d])
2. YY 12.8   Upajāti   (Indravajrā[c,d]   Upendravajrā[a,b])
3. YY 12.9   Upajāti   (Indravajrā[b]   Upendravajrā[a,c,d])
4. YY 12.10   Upajāti   (Indravajrā[c,d]   Upendravajrā[a,b])
5. YY 12.11   Svāgata[a,b,c,d]
6. YY 12.13   Upajāti   (Indravajrā[a,b]   Upendravajrā[c,d])
7. YY 12.15   Indravajrā[a,b,c,d]
8. YY 12.16   Svāgata[a,b,c,d]
9. YY 12.17   Upajāti   (Indravajrā[b,d]   Upendravajrā[a,c])
10. YY 12.20   Upajāti   (Indravajrā[b,c,d]   Upendravajrā[a])
11. YY 12.21   Svāgata[a,b,c,d]
12. YY 12.23   Svāgata[a,b,c,d]
13. YY 12.24   Upajāti   (Indravajrā[b,c]   Upendravajrā[a,d])
14. YY 12.27   Upajāti   (Indravajrā[c]   Upendravajrā[a,b,d])
15. YY 12.28   Upajāti   (Indravajrā[b,c,d]   Upendravajrā[a])
16. YY 12.29   Upajāti   (Indravajrā[b,c,d]   Upendravajrā[a])
17. YY 12.30   Upajāti   (Indravajrā[a,c,d]   Upendravajrā[b])
18. YY 12.31   Indravajrā[a,b,c,d]

---

110) 명칭의 종류는 (3)에서 설명한다.

19. YY 12.32 Upajāti   (Indravajrā[a,b,c] Upendravajrā[d])

20. YY 12.33 Upajāti   (Indravajrā[b] Upendravajrā[a,c,d])

21. YY 12.34 Upajāti   (Indravajrā[c,d] Upendravajrā[a,b])

22. YY 12.35 Svāgata[a,b,c,d]

23. YY 12.42 Upajāti   (Indravajrā[a,c] Upendravajrā[b,d])

24. YY 12.43 Upajāti   (Indravajrā[b,c] Upendravajrā[a,d])

25. YY 12.44 Indravajrā[a] Upendravajrā[b,d]

26. YY 12.45 Indravajrā[a,b,c]

27. YY 12.46 Indravajrā[c] Upendravajrā[b]

(1) 인드라바즈라(Indravajrā)

pāda: x − ∪ − − ∪ ∪ − ∪ − −
　　　 1 2 3 4 5 6 7 8 9 10 11

인드라바즈라는 11음절로 된 운율로 구(pāda)의 첫 번째 음절 x
는 장음도 가능하고 단음도 가능하다. 장-단 구조의 형식은 따 운
각(Ta-gaṇa, − ∪ −), 따 운각(Ta-gaṇa, − ∪ −), 자 운각(Ja-gaṇa, ∪ −
∪), 장음(Guru)이 2개(− −)이며 5번째 음절 다음이 편의상 가벼운
휴지부(休止部)이다.

『요가야갸발꺄』에서 인드라바즈라 운율로 작성된 게송은 2개와
5개의 구이다.

1. YY 12.15[a,b,c,d] Indravajrā　　2. YY 12.31[a,b,c,d] Indravajrā

3. YY 12.44[a]　　Indravajrā　　4. YY 12.45[a,b,c] Indravajrā

5. YY 12.46^c Indravajrā

예) YY 12.15^a vāyuryathā vāyusakhena sārdhaṃ

— — U —   — U U — U — —

12.15^b nābhiṃ tvatikramya gataḥ śarīre

— —   U — —   U U — U — —

12.15^c rogaśca naśyanti balābhivṛddhiḥ

— — U — — U   U — U — —

12.15^d kāntistadānīmabhavatprabuddhe.

— — U — — U U — U — —

그 외에도 인드라바즈와 우뼨드라바즈라가 혼용된 운율인 우빠자띠의 17게송 중 37구(pāda)에서 인드라바즈라가 사용되었다.

1. YY 12.1   Upajāti   (pāda^{a,b,c} Indravajrā)

2. YY 12.8   Upajāti   (pāda^{c,d} Indravajrā)

3. YY 12.9   Upajāti   (pāda^{b} Indravajrā)

4. YY 12.10   Upajāti   (pāda^{c,d} Indravajrā)

5. YY 12.13   Upajāti   (pāda^{a,b} Indravajrā)

6. YY 12.17   Upajāti   (pāda^{b,d} Indravajrā)

7. YY 12.20   Upajāti   (pāda^{b,c,d} Indravajrā)

8. YY 12.24   Upajāti   (pāda^{b,c} Indravajrā)

9. YY 12.27   Upajāti   (pāda^{c} Indravajrā)

10. YY 12.28   Upajāti   (pāda^{b,c,d} Indravajrā)

11. YY 12.29   Upajāti   (pāda^{b,c,d} Indravajrā)

12. YY 12.30   Upajāti   (pāda[a,c,d]   Indravajrā)

13. YY 12.32   Upajāti   (pāda[a,b,d]   Indravajrā)

14. YY 12.33   Upajāti   (pāda[b]   Indravajrā)

15. YY 12.34   Upajāti   (pāda[c,d]   Indravajrā)

16. YY 12.42   Upajāti   (pāda[a,c]   Indravajrā)

17. YY 12.43   Upajāti   (pāda[b,c]   Indravajrā)

(2) 우뻰드라바즈라(Upendravajrā)

pāda: ∪ − ∪ − − ∪ ∪ − ∪ − −
       1 2 3 4 5 6 7 8 9 10 11

우뻰드라바즈라는 11음절로 된 운율로 구(pada)의 첫 번째 음절이 인드라바즈라와 다르게 단음(Laghu)으로 되어 있다. 장–단 구조의 형식은 자 운각(Ja-gaṇa, ∪ − ∪) 따 운각(Ta-gaṇa, − ∪ −), 자 운각(Ja-gaṇa, ∪ − ∪), 장음(Guru)이 2개(− −)이며 5번째 음절 다음이 편의상 가벼운 휴지부(休止部)이다.

『요가야갸발꺄』에서 우뻰드라바즈라 운율로 작성된 게송은 발견되지 않는다. 인드라바즈라와 우뻰드라바즈라가 혼용된 운율인 우빠자띠의 18게송 중 31구(pāda)에서 우뻰드라바즈라가 사용되었다.

1. YY 12.1   Upajāti   (pāda[d]   Upendravajrā)

2. YY 12.8   Upajāti   (pāda[a,b]   Upendravajrā)

3. YY 12.9   Upajāti   (pāda[a,c,d]   Upendravajrā)

4. YY 12.10　　Upajāti　　(pāda[a,b]　　Upendravajrā)

5. YY 12.13　　Upajāti　　(pāda[c,d]　　Upendravajrā)

6. YY 12.17　　Upajāti　　(pāda[a,c]　　Upendravajrā)

7. YY 12.20　　Upajāti　　(pāda[a]　　Upendravajrā)

8. YY 12.24　　Upajāti　　(pāda[a,d]　　Upendravajrā)

9. YY 12.27　　Upajāti　　(pāda[a,b,d]　　Upendravajrā)

10. YY 12.28　　Upajāti　　(pāda[a]　　Upendravajrā)

11. YY 12.29　　Upajāti　　(pāda[a]　　Upendravajrā)

12. YY 12.30　　Upajāti　　(pāda[b]　　Upendravajrā)

13. YY 12.32　　Upajāti　　(pāda[d]　　Upendravajrā)

14. YY 12.33　　Upajāti　　(pāda[a,c,d]　　Upendravajrā)

15. YY 12.34　　Upajāti　　(pāda[a,b]　　Upendravajrā)

16. YY 12.42　　Upajāti　　(pāda[b,d]　　Upendravajrā)

17. YY 12.43　　Upajāti　　(pāda[a,d]　　Upendravajrā)

예) YY 12.34[a]　prabhañjanaṃ mūrdhnigataṃ savahniṃ

∪ − ∪ −　　−　∪ ∪ −　∪ − −

Upendravajrā

YY 12.34[b]　dhiyā samāsādya gurūpadeśāt,

∪ − ∪ − − ∪　∪ − ∪ − − Upendravajrā

YY 12.34[c]　mūrdhānamudbhidya punaḥ khamadhye

− − ∪ −　− ∪ ∪　−　∪ − −

Indravajrā

YY 12.34[d]　prāṇāstyajoṅkāramanusmaraṃstvam.

− −　∪ − − ∪ ∪ − ∪ −　−　Indravajrā

그 외에도 우뻰드라바즈라 운율은 2게송 중 3개의 구(pāda)에서 12음절과 같이 사용되었다.

1. YY 12.44^{b,d} Upendravajrā 2. YY 12.46^{b} Upendravajrā

(3) 우빠자띠(Upajāti)

우빠자띠는 인드라바즈라와 우뻰드라바즈라가 혼용된 게송인데『요가야갸발꺄』에서 모두 17게송에서 사용되었다. 인드라바즈라와 우뻰드라바즈라가 사용된 구의 위치에 따라 14개 종류로 분류된다. 명칭과 해당 게송은 아래의 표와 같다.

우빠자띠(Upajāti)의 구성과 세부 명칭[111]				
번호	인드라바즈라가 사용된 구	우뻰드라바즈라가 사용된 구	세부 명칭	해당 게송
1	pāda^{a}	pāda^{b,c,d}	Buddhi	-
2	pāda^{a,b}	pāda^{c,d}	Rāma	12.13.
3	pāda^{a,c}	pāda^{b,d}	Bhadrā	12.42.
4	pāda^{a,d}	pāda^{b,d}	Māyā	-
5	pāda^{a,b,c}	pāda^{d}	Bālā	12.1; 32.
6	pāda^{a,b,d}	pāda^{c}	Sālā	-
7	pāda^{a,c,d}	pāda^{b}	Vāṇī	12.30.
8	pāda^{b}	pāda^{a,c,d}	Ṛddhi	12.9; 33.
9	pāda^{b,c}	pāda^{a,d}	Ārdrā	12.24; 43.
10	pāda^{b,d}	pāda^{a,c}	Haṃsī	12.17,
11	pāda^{b,c,d}	pāda^{a}	Kīrti	12.20; 28; 29.
12	pāda^{c}	pāda^{a,b,d}	Premā	12.27,
13	pāda^{c,d}	pāda^{a,b}	Mālā	12.8; 10; 34.

111) 찰스 필립 브라운 저; 박영길 옮김(2014), p.180에 의거하여 구성하였다.

14	pāda[d]	pāda[a,b,c]	Chāya	-

pāda[a] = 첫 번째 구 pāda[b] = 두 번째 구
pāda[c] = 세 번째 구 pāda[d] = 네 번째 구

(4) 스바가따(Svāgatā)

pāda: − ∪ − ∪ ∪ ∪ − ∪ ∪ − −
　　　 1　2　3　4　5　6　7　8　9　10　11

스바가따의 장·단 구조의 형식은 라 운각(Ra-gaṇa, − ∪ −), 나 운각(Na-gaṇa, ∪ ∪ ∪), 바 운각(Bha-gaṇa, − ∪ ∪), 장음(Guru)이 2개 (− −)이며, 3번째 음절 다음이 편의상 가벼운 휴지부(休止部)이다.

『요가야갸발꺄』에서 스바가따 운율로 작성된 게송은 5게송이다.

1. YY 12.11[a,b,c,d]　Svāgata　2. YY 12.16[a,b,c,d]　Svāgata
3. YY 12.21[a,b,c,d]　Svāgata　4. YY 12.23[a,b,c,d]　Svāgata
5. YY 12.35[a,b,c,d]　Svāgata

예) YY 12.11[a]　vāyunā vihṛtavahniśikhābhiḥ

　　　　　− ∪ − ∪ ∪ ∪ − ∪ ∪ − −

　　12.11[b]　kandamadhyagatanāḍīṣu saṃsthām,

　　　　　− ∪ − ∪ ∪ ∪ − − ∪ 　 − 　 −

　　12.11[c]　kuṇḍalīṃ dahati yastvahirūpāṃ

　　　　　− ∪ − ∪ ∪ ∪ − ∪ ∪ − −

　　12.11[d]　saṃsmarannaravarastu sa eva.

　　　　　− 　 ∪ − ∪ ∪ ∪ − ∪ ∪ − −

2) 12음절

『요가야갸발꺄』에서 12음절로 구성된 운율(Jagatī)은 인드라방샤와 방샤스타이다. 인드라방샤는 3게송 가운데 3구에서, 방샤스타는 1게송 가운데 1구에서 작성되었다. 『요가야갸발꺄』에서는 이 두 운율로만 구성되거나 11음절의 우빠자띠처럼 혼용된 형태인 방샤말라(Vaṃśamāla)운율로 구성된 게송은 발견되지 않는다. 여기서 인드라방샤와 방샤스타는 11음절인 인드라바즈라와 우뼨드라바즈라와 같이 게송을 구성한다. 이것은 독특한 구성방식이다.

(1) 인드라방샤(Indravaṃśa)

pāda: $-\,-\,\cup\,-\,-\,\cup\,\cup\,-\,\cup\,-\,\cup\,-$
　　　 1　2 3　4 5　6　7 8　9 10 11 12

인드라방샤의 장-단 구조의 형식은 따-운각(Ta-gaṇa, $-\,-\,\cup$), 따-운각(Ta-gaṇa, $-\,-\,\cup$), 자-운각(Ja-gaṇa, $\cup\,-\,\cup$), 라-운각(Ra-gaṇa, $-\,\cup\,-$)이다.

『요가야갸발꺄』에서 인드라방샤는 3게송에서 각 1구씩 총 3구가 사용되었다.

1. YY 12.44^c　Indravaṃśa　2. YY 12.45^d　Indravaṃśa
3. YY 12.46^d　Indravaṃśa

예) YY 12.44^c saṃsāramutsṛjya sadā mudānvitā

$$- \ -\cup - - \cup \quad \cup - \cup - \cup -$$

(2) 방샤스타(Vaṃśastha=Vaṃśastha=Vaṃśanita)

pāda: $\cup - \cup - - \cup \cup - \cup - \cup -$
    1 2 3 4 5 6 7 8 9 10 11 12

방샤스타는 인드라방샤의 운율에서 첫 번째 음절이 장음이 아
닌 단음으로 된 운율이다. 방샤스타의 장–단 구조의 형식은 자 운
각(Ja-gaṇa, $\cup - \cup$), 따 운각(Ta-gaṇa, $- - \cup$), 자 운각(Ja-gaṇa, $\cup -$
$\cup$), 라 운각(Ra-gaṇa, $- \cup -$)이다. 5번째 음절 다음이 편의상 가벼
운 휴지부(休止部)이다.
『요가야갸발꺄』에서 방샤스타는 1게송 가운데 1구가 사용되었
다.

1. YY 12.46^{a} Vaṃśastha

예) YY 12.46^{a} yadekamavyaktamanantamacyutaṃ
      $\cup - \cup - - \quad \cup \cup - \cup - \quad \cup -$

번역과 역주

제1장(prathamo 'dhyāyaḥ)

[야갸발꺄의 자질(1.1-5)]

1.1.

야갸발꺄는 현자들 가운데 가장 뛰어난 자이며 전지자(全知者)이
며, 청정하며, 모든 교전의 진실을 꿰뚫고 있으며, 항상 궁극적
인 목적을 위해 명상을 하고,

yājñavalkyaṃ muni-śreṣṭhaṃ sarvajñaṃ jñāna-nirmalam,

sarva-śāstrārtha-tattvajñaṃ sadā dhyāna-parāyaṇam.

1.2.

베다와 베다의 부속 학문의 정수를 알며, 요가에 대해 통달하며,
감각 기관을 억제하고, 분노가 없으며, 음식에 대한 욕구를 극복
하고, 질병으로부터 자유롭고,

veda-vedāṅga-tattva-jñaṃ yogeṣu pariniṣṭhitam,

jitendriyaṃ jita-krodhaṃ jitāhāraṃ jitāmayam.

[해설]

여기서 베다는 네 베다를 가리킨다. 네 베다는 『리그 베다』, 『야주르 베다』, 『사마 베다』, 『아타르바 베다』이다. 베다의 부속 학문은 음성학(音韻學, śikṣā), 문법학(文法學, vyākaraṇa), 어원학(語源學, nirukta), 천문학(天文學, jyotiṣa), 제식학(祭式學, kalpa), 운율학(韻律學, chandas) 등 6개이다.[112]

'질병으로부터 자유롭고(jitāmaya)'에서 질병은 정신적·신체적 질병을 포함한 것이다. 아유르베다에 따르면 질병의 큰 원인은 독소(āma) 또는 독소를 유발하는 소화되지 않는 음식이다. 독소는 정신적으로도 축적될 수 있다. 'jitāmaya'는 정신적·신체적 독소를 제거하는 것을 의미한다.[113]

---

112) 모한은 베다의 부속 학문을 인간의 형태로 비유하여 다음과 같이 설명한다.
  "6개의 부속 학문 가운데 음성학은 코, 문법학은 입 또는 얼굴, 어원학은 귀, 천문학은 눈, 제식학은 손, 운율학은 발 등 인간의 모습으로 비유적으로 표현된다. 음성학이 코로 표현되는 것은 코로 냄새를 맡는 것이 아니라 생명을 유지하는 호흡의 관점에서 매우 중요하다. 이런 의미에서 음성학은 베다 만뜨라의 생명을 유지하는 호흡과 같다. 문법학이 입 또는 얼굴로 여기는 것은 언어를 말하는데 입이 중요하기 때문이다. 어원학은 베다 언어의 사전이다. 그것은 단어의 파생, 어근, 베다 언어의 의미를 다룬다. 모든 의미를 가진 언어가 우리에게 도달하는 것은 귀를 통해서이기 때문에 어원학은 귀와 같다. 눈이 가깝거나 먼 사물을 인지하는데 도움을 주듯이 천문학은 의식과 행위에 적합한 시간을 보거나 계산하는데 도움을 주므로, 천문학은 눈에 비유된다. 손이 매우 많은 행위를 수행하는 도구이듯이 제식학은 베다 의식을 수행하는 방법을 알려주므로 제식학은 손으로 비유된다. 운율학은 발로 표현된다. 베다는 다양한 운율이 있는 시의 형태로 작성되었으며 만뜨라를 암송할 수 있는 운율이 포함되어 있다." Mohan(2013), p.3 각주 1번.
113) Mohan(2013), p.3 각주 2번.

1.3.

금욕적이며, 장애가 없으며. 브라흐마나에게 존경과 사랑을 받으며. 숲에 거주하며, 평온하며, 아침·점심·저녁 명상에 완전히 몰두한다.

tapasvinaṃ jitāmitram brahmaṇyaṃ brāhmaṇa-priyam,

tapovana-gataṃ saumyaṃ saṃdhyopāsana-tatparam.

[해설]

여기서 장애는 내적 장애로 6가지 탐욕(ṣaṣ-ūrmi)이다. 6가지 탐욕은 성욕(kāma), 분노(krodha), 식탐(lobha), 망상(moha), 오만(mada), 질투(mātsarya)이다. 이 끊임없는 탐욕은 인간을 윤회의 바다 속으로 더 깊게 이끈다.[114]

모한은 saṃdhyopāsana를 아침·점심·저녁 하루 세 번 거행하는 의식인 saṃdhyāvandana로 풀이한다. 가야뜨리 만뜨라(gāyatrī mantra) 염송과 호흡 수련이 saṃdhyāvandana의 본질적인 부분을 형성하며 그 기법은 6장에 서술되어 있다고 설명한다.[115]

1.4.

[야갸발꺄는] 브라흐만을 아는 위대한 브라흐마나에 의해 둘러싸여 있으며, 모든 존재들을 평등하게 대하며, 평화로우며, 진실을 구현하며, 권태롭지 않고,

brahmavidbhir mahābhāgair brāhmaṇaiś ca samāvṛtam,

sarvabhūta-samam śāntaṃ satya-sandhaṃ gataklamam.

---

114) Mohan(2013), p.3 각주 3번.
115) Mohan(2013), p.4 각주 5번.

1.5.

모든 존재에 대한 특성을 알며, 열렬히 고행하는 현자들에게 최고의 대상인 최고의 자아(=브라흐만)에 대해 설명한다.

guṇajñaṃ sarvabhūteṣu parārtha-ika-prayojanam,

bruvantaṃ paramātmānam ṛṣīṇām ugra-tejasām.

[요가의 정수를 알려달라는 가르기의 요청(1.6-8)]

1.6.

이와 같이 사람들 중 훌륭한 인격을 가진 그(야갸발꺄)에게 아내 마이뜨레이가 있다. 그리고 저명한 가르기(=마이뜨레이)는 브라흐만의 지혜를 갈망한다.

tam evaṃ guṇa-saṃpannaṃ nārīṇām uttamā vadhūḥ,

maitreyī ca mahābhāgā gārgī ca brahmavid varā.

1.7.

그리고 가르기는 열렬히 고행하는 현자들의 모임의 중앙으로 가서 그(야갸발꺄)에게 무릎을 꿇고 바닥에 엎드려서 다음과 같이 말하였다.

sabhā-madhya-gatā ceyam ṛṣīṇām ugra-tejasām,

praṇamya daṇḍavad bhūmau gārgy etad vākyam abravīt.

1.8.

가르기가 말하길, 모든 교전을 알며 모든 존재에게 즐거움을 주는 존자여! 저에게 [네 베다와 베다에] 따른 부속 학문과 보조 학문과 함께 요가의 정수(=지혜)를 알려주십시오.

gārgy uvāca-

bhagavan sarva-śāstra-jña sarva-bhūta-hite rata,

yoga-tattvaṃ mama brūhi sāṅgopāṅgaṃ vidhānataḥ.

[해설]

베다의 보조 학문은 역사(Purāṇa), 논리학(Nyāya), 제식학(Mīmā-
ṃsāa), 그리고 법전(Dharmaśāstra)이다. 이 네 가지 외에 부차적인
지식은 4개로 아유르베다(āyurveda), 정치학(arthaśāstra), 무기론
(dhanurveda), 음악학(gāndharvaveda)이 있다.

[브라흐마에게 질문하는 야갸발꺄(1.9-19)]

1.9.

이와 같이 그 여인(가르기)이 모임 가운데에서 질문하였다. 그
존자(야갸발꺄)는 두 눈으로 모임에 모인 현자들을 보고 다음과
같이 말하였다.

evam pṛṣṭaḥ sa bhagavān sabhā-madhye striyā tayā,

ṛṣīnā lokya netrābhyāṃ vākyam etad abhāṣata.

1.10.

야갸발꺄가 말하길, 브라흐만의 지혜을 갈망하는 이들 중 가장
뛰어난 가르기여! 나는 이제 브라흐마(Brahmā)가 [나에게] 알려
준 요가의 모든 것을 말하고자 하니

yājñavalkya uvācauttiṣṭhottiṣṭha bhadraṃte gārgi brahmavidāṃ vare,

vakṣyāmi yoga-sarvasvaṃ brahmaṇā kīrtitaṃ purā.

[해설]

야갸발꺄와 아내 가르기 사이의 대화는 선인전승계보(仙人傳承
系譜, vaṃśa-ṛṣi-paraṃparā)로『요가야갸발꺄』의 가르침은 브라흐마
(Brahmā) → 야갸발꺄 → 가르기로 전승되고 있다. 이것은『브리하
드아란야까 우빠니샤드』의 야갸발꺄와 아내 마이뜨레이 사이의 대
화인 사자상승(師資相承, sampradāya)과 구별된다.

1.11.

그대는 내 말을 주의 깊게 들어야 합니다. 가르기여! 라고 말한
후 브라흐만의 지혜를 아는 자들 중 가장 탁월한 고행자 야갸발
꺄는

samāhitamanā gārgi śṛṇu tvaṃ gadato mama,

ity uktvā brahmavic chreṣṭho yājñavalkyas taponidhi.

[해설]

여러 문헌에서 여성들이 글을 읽고 요가를 수행한 것이 발견된
다. 예를 들면,『라마야나』에서는 라마(Rāma)의 어머니인 까우살야
(Kausalya)의 호흡 수련이 언급된다.[116] 또한『마하바라따』V.175.26
~36에서는 까쉬(Kāśi)왕국의 세 공주 중 큰 딸인 암바(Ambā)가 숲
속으로 가서 수행자들과 함께 고행하였다고 말한다.[117]『브리하다란

---

116) Mohan(2013), p.6 각주 8번.
117) 자세한 내용은 남승호(2020), pp.249~251 참조.

야까 우파니샤드』에 등장하는 야갸발꺄의 아내 마이뜨레이는 브라
흐만에 대해 논의할 수 있는 종교와 철학적 지식이 학습된 여성이
다. 『요가야갸발꺄』에서 가르기는 교전에 능통하고 학식을 가진 인
물로 등장한다.

1. 12~13.
우주의 주인이며, 모든 존재의 심장에 거주하며 바수데바이며
세상의 근원이며 요가 수행자의 명상 대상이며 순수이며 환희
이며 불멸이며 항상(恒常)이며 최고의 자아이며 자재신(īśvara)이
며 감각 기관의 지배자인 나라야나를 [야갸발꺄의] 심장에 [두
고] 마음으로 명상하[고 나서]

nārāyaṇaṃ jagan-nāthaṃ sarvabhūta-hṛdi sthitam,

vāsudevaṃ jagad-yoniṃ yogi-dhyeyaṃ nirañjanam.

ānandam amṛtaṃ nityaṃ paramātmānam īśvaram,

dhyāyan hṛdi hṛṣīkeśaṃ manasā susamāhitaḥ.

1. 14.
[야갸발꺄는] 두 눈으로 그녀(가르기)를 보고 다음과 같이 말하였
다. 모든 교전에 능통하며 모든 것을 아는 가르기여! 앞으로 나
오십시오.

netrābhyāṃ tāṃ samālokya kṛpayā vākyam abravīt,

ehy ehi gārgi sarvajñe sarvaśāstra-viśārade.

1. 15~17.
나(야갸발꺄)는 [만물의] 창조자 빠라메스티(Parameṣṭhin, 비슈누의

별칭)가 알려준 요가를 말하고자 하니 여기에 있는 현자들은 가르기와 함께 들으십시오. 나(=야갸발꺄)는 네 개의 얼굴을 하고 연화좌로 앉아 있으며 불멸이며 만물의 창조자이며 지고한 브라흐마에게 간 후 그(브라흐마)에게 엎드려서 경배하였다. 그 때 [나는] 그(브라흐마)에게 그대(=가르기)가 나에게 질문한 것에 대해 물어보았다.

yogaṃ vakṣyāmi vidhivad dhātroktaṃ parameṣṭhinā,

munayaḥ śrūyatām atra gārgyā saha samāhitāḥ.

padmāsane samāsīnaṃ caturānanam avyayam,

carācarāṇāṃ sraṣṭāraṃ brahmāṇaṃ parameṣṭhinam.

kadācit tatra gatvāhaṃ stutvā stotraiḥ praṇamya ca,

pṛṣṭavān imam evārtham yan māṃ tvaṃ paripṛcchasi.

1.18~19.

신(神)들 중 신(deva)이며, 우주의 주인이며, 네 개의 얼굴을 가진 삐따마하(Pitāmaha, 브라흐마의 별칭)여! 제가 어떤 행위를 해야 열반, 해탈, 불멸, 지혜, 최고의 비밀을 [얻을 수 있는지] 저에게 알려주십시오. 이와 같이 나는 세계를 스스로 창조하는 드루히나(druhiṇa, 비슈누의 별칭)에게 물어 보았다.

deva-deva jagan-nātha catur-mukha pitāmaha,

yenāhaṃ yāmi nirvāṇaṃ karmaṇā mokṣam avyayam.

jñānaṃ ca paramaṃ guhyaṃ yathāvad brūhi me prabho,

maya ivam ukto druhiṇaḥ svayaṃ bhūr lokanāyakaḥ.

[해설]

YYM에는 1.19^{cd}가 누락되어 있다.

데시까차르의 번역본에서 1.19 후송은 "이와 같이 나는 세계를 스스로 창조하는 세계의 신 브라흐마에게 물어 보았다."(evam ukto mayā brahmā svayamṃ bhūr loka-nāyakaḥ)로 기재되어 있다.

[윤회의 길(pravartaka)과 해탈의 길(nivartaka)(1.20-27^{ab})]

1.20~21.

[브라흐마는] 나를 자애롭게 보고 나서, 지혜와 행위에 대해 설명하였다. 베다에 따르면 지혜는 두 개가 있다고 알려져 있다. 현자들에 의하면, 그것은 윤회의 길(pravartaka)과 해탈의 길(nivartaka)이다. 앞의 것(=윤회의 길)은 욕망과 내적 동기를 가지고 4성 계급과 인생의 네 주기에 따른 의무를 행하는 것이다.

mām ālokya prasannātmā jñāna-karmāṇy abhāṣata,

jñānasya dvividhau jñeyau panthānau vedacoditau.

anuṣṭhitau tau vidvadbhiḥ pravartaka-nivartakau,

varṇāśramoktaṃ yat karma kāma-saṃkalpa-pūrvakam.

[해설]

데시까차르의 번역본에는 1.20 후송의 부분이 "브라흐마가 말하길, 베다에서 출생은 두 종류가 있다고 알려져 있다."(brahmovāca-jātasya dvividhau jñeyau panthānau vedacoditau)로 기재되어 있다.

1.22.

이 윤회의 길은 다시 태어나는 원인이 된다. 규정된 의무를 욕
망[과 내적 동기] 없이 행해야 한다.

pravartakaṃ bhaved etat punar-ā-vṛtti-hetukam,

kartavyam iti vidhyuktaṃ karma kāma-vivarjitam.

1.23.

그와 같이(욕망과 내적 동기 없이) 행위를 하는 것이 올바른 지혜
를 동반한 해탈의 길이다. 해탈의 길은 윤회로부터 사람을 해방
시켜 준다.

yena yat kriyate samyak jñāna-yuktaṃ nivartakam,

nivartakaṃ hi puruṣaṃ nivartayati janmataḥ.

[해설]

'윤회의 길'과 '해탈의 길'은 윤회와 해탈의 관점에서 『찬도갸 우
빠니샤드』(*Chāndogya Upaniṣad*) 5.10.1~4에서 천명한 조도(祖道,
pitṛ-loka)와 신도(神道, devayāna)의 개념이 포함되어 있다.

"그러므로 이와 같이 알고 숲속에서 '고행이 신앙이다.'라고 명상하
는 이들은 [죽어서 불에 태워져서] 불길(arcis)[의 형태]로 들어가며,
불길에서 낮(ahan)의 [모습으로], 낮으로부터 [달의] 차오르는 보름으
로 들어가며, [달의] 차오르는 보름으로부터 북쪽으로 태양(āditya)
이 지나가는 6개월로 들어가며 6개월로부터 1년(saṃvatsara)으로
들어가며, 1년으로부터 태양으로 들어가며, 태양으로부터 달로 들
어가며, 달로부터 번개(vidyut)로 들어간다. 그곳에서 인간이 아닌

(amānava) 사람이 그 [번개의 모습으로 나타난] 것들을 브라흐만에
게 데리고 간다. 이것이 신도(devayāna)이다. 그러나 마을에 살며
'제사와 보시를 우선한다.'고 명상하는 사람들은 [죽어서 불에 태워
져서] 연기[의 모습]으로 들어가며, 연기로부터 밤(rātra)[의 형태]로
나타나고, 밤으로부터 달의 기울어가는 보름으로 들어가며, 달의 기
울어 가는 보름으로부터 남쪽으로 태양이 지나가는 그 [6]개월로 들
어간다. 그래서 그들은 1년이라는 시간에 도달하지 못한다. 그들은
한 달 뒤에 조도(pitṛ-loka)에 도달한다."[118]

앞서 '윤회의 길'에서 말한 바와 같이 제사나 보시와 같은 행위
를 할 때 행위에 대한 내적 동기나 욕망을 가진 경우 사후에 천계
(天界)를 거쳐 지상에서 재생하는 것이다. 그리고 '해탈의 길'에서
나타난 바와 같이 브라흐만의 지혜를 가지고 내적 동기나 욕망 없
이 인생의 네주기에 따라 행위를 하고 요가와 같은 고행을 실행한
경우 사후 천계에 가서 윤회하지 않는다. 전자는 생천(生天)의 길이
요 후자는 해탈의 길이다.[119] 이 내용은 『기따』 8.24~25[120]에서도 나

---

118) ChU.5.10.1~4, tadya itthaṃ viduḥ ye ceme 'raṇye śraddhā tapa ity upās-
ate te 'rciṣam abhisaṃbhavanty arciṣo 'har-ahna āpūryamāṇapakṣam
āpūryamāṇapakṣād yān ṣaḍ udaṅṅeti māsāṃs tān, māsebhyaḥ
saṃvatsaraṃ saṃvatsarādād ity amād ity āccandramasaṃ ca ndramaso-
vidyutaṃ tat puruṣo 'mānavaḥ sa enān brahma gamayaty eṣa devayānaḥ
panthā iti. atha ya ime grāma iṣṭāpūrte dattam ity upāsate te dhūmam
abhisaṃbhavanti dhūmād rātriṃ rātrer aparapakṣam aparapakṣād yān ṣaḍ
dakṣiṇa iti māsāṃs tān na ite saṃvatsaram abhiprāpnuvanti, māsebhyaḥ
pitṛlokaṃ.

119) 정승석(2001), p.102.

120) BG.8.24~25, "불, 빛, 낮, [달의] 밝음, [태양의] 북쪽 진로(uttarāyaṇa)의 6개
월, 그때 떠난 자들은 브라흐만에게로 가며 브라흐만을 아는 사람들이다. 연

타난다. 『요가야갸발꺄』는 전자보다 후자를 궁극의 이상으로 취급
한다. 『요가야갸발꺄』에서 '윤회의 길'과 '해탈의 길'은 우빠니샤드의
이도설(二道說)과 의미를 같이 하고 있다.[121]

1.24.

윤회의 길은 언제나 다시 태어나는 원인이 된다. 4성 계급과 인
생의 네 주기에 따른 규정된 의무를 욕망[과 내적 동기] 없이 이
행해야 한다.

pravartakaṃ hi sarvatra punar-ā-vṛtti-hetukam,

varṇāśramoktaṃ karma iva vidhy uktaṃ kāma-varjitam.

[해설]

'윤회의 길'은 행위에 대한 욕망과 행위의 결과에 대한 내적 동
기를 가지고 4성 계급과 인생의 네 주기에 따른 규정된 의무를 하
는 것이다. 행위에 대한 욕망과 행위의 결과에 대한 내적 동기를
지닌 채 규정된 의무를 행하는 것은 윤회의 원인이 된다. 반면 '해
탈의 길'은 올바른 지혜를 동반한 것으로 자신이 최고의 자아이고
브라흐만임을 깨닫게 되면 행위에 대한 욕망과 행위의 결과에 대
한 내적 동기가 발생하지 않는다. 욕망과 내적 동기 없이 4성 계급
과 인생의 네 주기에 따른 규정된 행위를 하면 윤회로부터 벗어나

기, 밤, 그리고 [달의] 어두움, [태양의] 남쪽 진로(dakṣiṇāyana)의 6개월, 거기
에서 요가행자는 달빛을 얻어 재생한다."(agnir jyotir ahaḥ śuklaḥ ṣaṇmāsā
uttarāyaṇam, tatra prayātā gacchanti brahma brahmavido janāḥ, dhūmo rātris
tathā kṛṣṇaḥ ṣaṇmāsā dakṣiṇāyanam, tatra cāndramasaṃ jyotir yogī prāpya
nivartate)
121) 임혜정(2021), pp. 75~76.

게 된다.

1.25.
가르기여! 앞서 언급한 바와 같이 4성 계급과 인생의 네 주기에
따른 의무를 욕망[없이] 행하면 해탈에 도달하게 된다.

vidhivat kurvatas tasya muktir gārgi kare sthitā,
varṇāśramoktaṃ karma iva vidhivat kāma pūrvakam.

1.26~27^{ab}.
자궁에 머무는 것은 그(욕망)에 따라 행위를 한 것이다. 그러므
로 윤회를 두려워하는 자는 항상 욕망 없이 지혜와 함께 규율에
따른 행위를 해야 한다.

yena yat kriyate tasya garbhavāsaḥ kare sthitaḥ,
saṃsāra-bhīrubhis tasmāt vidhy uktaṃ kāma varjitam.
vidhivat karma kartavyaṃ jñānena saha sarvadā,

[해설]

지혜는 행위의 전제 조건이 된다. 지혜를 가진 자가 욕망과 내
적 동기 없이 4성 계급과 인생의 네 주기에 따른 행위를 한다면 해
탈에 도달하지만 그렇지 않다면 다시 윤회하게 된다.

[인간의 세 가지 빚과 그것을 극복하는 수단(1.27^{cd}-29^{ab})]

1.27^{cd}~29^{ab}.
인간들은 삼계(三界, tri-loka)에서 자연스럽게 태어난다. 그(인간)

들은 신들과 현자들과 조상(pitṛ)들에게 은혜를 입는다. 베다를 배움으로써 현자들로부터 그와 같이 [은혜를 갚는다.] 자손(suta) [을 낳음]으로써 조상들로부터 그와 같이 [은혜를 갚는다.] 공물 (yajña)을 바치며 자신의 인생의 주기의 의무를 이행함으로 신으로부터 [은혜를 갚는다.]

jātāś ca triṣu lokeṣu ānulomyena mānavāḥ.

te devānām ṛṣīṇāṃ ca pitṛṇām ṛṇinas tathā,

ṛṣibhyo brahmacaryeṇa pitṛbhyaś ca sutais tathā.

kuryād yajñena devebhyaḥ svāśramaṃ dharmam ācaran,

[해설]

윤회는 사람이 현생에서 내생으로 가는 것이다. 신과 현자 그리고 조상들에게 은혜를 갚지 않은 자는 윤회와 그에 따른 고통이 늘어난다.

[4성 계급과 인생의 네 주기의 의무(1. 29^{cd}-40)]

1. 29^{cd}~30.

계시서에 따르면 브라흐마나는 인생의 네 주기가 있다고 말한다. 끄샤뜨리야는 3주기(범행기, 가주기, 임서기)가 있고 바이샤는 2주기(범행기, 가주기)가 있고 슈드라는 1주기(가주기)가 있다. [브라흐마나는 ① 범행기에] 규율에 따라 베다와 베다에 따른 부속 학문과 보조 학문을 공부한 후

catvāro brāhmaṇasyoktā āśramāḥ śruticoditāḥ.

kṣatriyasya trayaḥ proktā dvāv ekau vaiśya-śūdrayoḥ,

adhītya vedaṃ vedārthaṃ sāṅgopāṅgaṃ vidhānataḥ.

1.31.~32^{ab}.

정해진 규율에 따라 범행기의 규칙을 따른다. 그리고 나서 [② 가주기에] 동일한 계급[의 여인]과 결혼하여 자손을 낳아야 한다. 규율에 따라 아내와 함께 또는 아내 없이 아그니(Agni)에게 제사를 지내야 한다.

snāyād vidhyukta-mārgeṇa brahmacarya-vrataṃ caran,

saṃskṛtāyāṃ savarṇāyāṃ putram utpādayet tataḥ.

yajed agnau tu vidhivat bhāryayā saha vā vinā,

[해설]

‘아내 없이’는 ‘아내가 임신하거나 몸이 아프거나, 월경 중일 때’ 이다.[122]

1.32^{cd}~33^{ab}.

[③ 임서기에] 홀로 숲속 한적한 장소에서 과일과 뿌리와 물을 먹으며 [불의 신] 아그니에게 희생제(agni-hotra)를 지내며 항상 고행을 하며 살아야 한다.

kāntāre vijane deśe phala-mūlodakānvite.

tapaś caran vasen nityaṃ sāgnihotraḥ samāhitaḥ,

---

122) Desikachar(2000), p.12.

[해설]

아그니는 베다에서 불의 신으로 불린다. 아그니에게 하는 희생제(agni-hotra)는 『마누법전』 6.4와 6.9에 나온다. 아그니에게 하는 희생제는 불에 우유, 기름, 씨앗 등을 바치는 의식으로 불을 유지하는 것, 속죄를 위한 절차, 수행자에게 불멸을 부여하는 의식 등 다양한 절차가 있다.[123]

1.33^{cd}~34.

그리고 나서 [세 종류의] 불[124]을 아뜨만에게 바치고 규율에 따라 ④ 유행기에 들어간다. 유행기를 따르면서 밭(kṣetrī=몸)[을 소유] 하는 동안 항상 행위를 하면서 마음을 아뜨만에 귀의해야 한다.

ātmany agnīn samāropya saṃnyāsed[125] vidhinā tataḥ.

saṃyāśrama-saṃyukto nityaṃ karma samācaran,

yāvat kṣetrī bhavet tāvat yajed ātmānam ātmani.

1.35~36.

그리고 끄샤뜨리야는 이와 같이 유행기를 제외한 [단계를] 언제나 따라야 한다. 바이샤는 실로 임서기로부터 [이전 단계를] 따라야 한다. 슈드라는 들었던 바에 따라 항상 가주기를 따라야 한다. 몇몇 현자들은 슈드라 또한 범행기를 따라야 한다고 여긴다.

kṣatriyaś ca cared evam ā-saṃnyāsāśramāt sadā,

---

123) agni-hotra에 대한 내용은 Bodewitz(1976), pp.5~14 참조.

124) 세 종류의 불은 집의 불(Gārhapatya), 제사의 불(Āhavanīya), 제식의 선물(Dakṣiṇa)이다. Monier(1986), p.890.

125) saṃnyāsed은 sannyāsed로도 쓸 수 있다.

vānaprasthāśramād evaṃ cared vaiśyaḥ samāhitaḥ.

śūdraḥ śuśrūṣayā nityaṃ gṛhasthāśramaṃ ācaret,

śūdrasya brahmacaryaṃ ca munibhiḥ kaiścid iṣyate.

[해설]

인생의 네 주기는 모든 계급에 해당되지 않는다. 브라흐마나는 ①~④까지 인생의 4주기를 따른다. 끄샤뜨리야는 ① ② ③까지 3주기를 따르며, 바이샤는 ① ②까지 2주기를 따르며, 슈드라는 ②의 1주기를 따라야 한다. 슈드라 계급에게도 베다를 공부를 할 수 있는 학습 기회를 제공해야 한다는 내용은 『마누법전』 1.88-91과 『기따』 18.42-44에서 4성 계급에 대한 내용과 상이하다.

"슈드라는 진심으로 이 [세] 계급에게 봉사하는 것이다."[126]
또한 [세 계급에게] 봉사의 성질을 지닌 행위는 본성적으로 슈드라
에 속한다.[127]

이 두 문헌에서 슈드라는 상위 계급에게 봉사해야 한다는 의무만을 말할 뿐 다른 내용은 서술하지 않는다. 『요가야갸발꺄』가 서술된 시대에 종성에 대한 관념의 변화를 읽을 수 있다. 베다 공부를 통한 해탈의 기회를 세 계급에게만 국한하지 않고 모든 계급에게 제공할 것을 권한다. 이것은 다른 문헌에서 보기 드문 내용이다.

șo bhāgaṃ tyaktvā saṅgān parivrajet.

126) MS.1.91, ekam eva tu śūdrasya prabhuḥ karma samādiśat, eteṣām eva varṇāṃ śuśūṣām anasūyayā.

146) BG.18.44ᶜᵈ, paricaryātmakaṃ karma śūdrasyā 'pi svabhāvajam.

1.37.

현자는 3[성 계급(=끄샤뜨리야)]의 후손들은 3주기를 따라야 하고,
슈드라의 후손인 슈드라는 [슈드라의] 규율을 따라야 한다고 말
한다.

ānulomya prasūtānāṃ trayāṇām āśramās trayaḥ,

śūdravac chūdra jātānāṃ ācāraḥ kīrtito budhaiḥ.

[해설]

데시까차르의 번역본에는 이 게송이 없다.

1.38.

[4성 계급과] 인생의 네 주기에 속한 사람들은 [각각] 규율에 따
른 의무를 욕망과 내적 동기를 포기한 채 이행해야 한다.

caturṇām āśramasthānām ahany ahani nityaśaḥ,

vidhyuktaṃ karma kartavyaṃ kāma-saṃkalpa-varjitam.

1.39.

그러므로 요긴드라(=야갸발꺄)여! 그대 또한 자신의 [4성 계급과]
인생의 네 주기에 따른 의무를 신념으로 규율에 따라 온전히 행
한[다면], 그대는 지혜를 가진 행위[에 의해 해탈에] 도달할 것이
다.

tasmāt tvam api yogīndra svāśramaṃ dharmam ācaran,

śraddhayā vidhivat samyak jñāna-karma samācara.

[해설]

4성 계급과 인생의 네 주기의 의무를 지혜와 결합된 행위인 지행합일(知行合一)에 의해 행해야 한다고 말한다.

1.40.

이처럼 나(야갸발꺄)에게 모든 행위와 요가의 정수(=지혜)를 가르쳐주고 난 후, 브라흐마는 스스로 요가에 몰두하였다.

iti me karma-sarvasyaṃ yoga-rūpaṃ ca tattvataḥ,

upadiśya tato brahmā yoga-niṣṭho 'bhavat svayam.

[지혜와 요가(1.41-45)]

1.41.

야갸발꺄의 이 말을 듣고, 가르기는 큰 기쁨을 얻었다. 아름다운 얼굴을 가진 이(=가르기)는 우수한 수도자들과 현자들이 있는 가운데 다시 말하였다.

śrutva itad yājñavalkyoktaṃ vākyaṃ gārgī mudānvitā,

punaḥ prāha muni-śreṣṭham ṛṣi-madhye varānanā.

1.42.

가르기가 말하길, 요긴드라(=야갸발꺄)여! 당신은 지혜와 함께 규율에 따른 행위를 한 자에게 해탈이 있다고 하였습니다. 그 둘(지혜와 행위) 중 지혜를 말해주십시오!

gārgy uvāca-

jñānena saha yogīndra vidhyuktaṃ karma kurvataḥ,

tvayoktaṃ muktir astīti tayor jñānaṃ vada prabho.

1.43.

이와 같이 아내가 물어보자, 탁월한 고행자 야갸발꺄는 그녀(가르기)를 다정하게 바라본 후 지혜[를 얻는] 방법을 설명하였다.

bhāryayā tv evam uktas tu yājñavalkyas taponidhiḥ,

tāṃ samālokya kṛpayā jñāna-rūpam abhāṣata.

1.44.

야갸발꺄가 말하길, 그대는 지혜가 요가의 본질임을 알아야 한다. 그리고 요가는 여덟 갈래로 구성된다. 요가는 '개별적 자아와 최고의 자아의 결합'이라 한다.

yajñavalkya uvāca-

jñānaṃ yogātmakaṃ viddhi yogaś cāṣṭāṅga saṃyutaḥ,

saṃyogo yoga ity ukto jīvātma-paramātmanoḥ.

[해설]

이 게송에서 요가의 정의는 『요가야가발꺄』성립 당시 변화된 요가 사상을 나타낸다. 『요가야가발꺄』는 "요가란 마음의 작용을 억제하는 것"(『요가경』(*Yoga-Sūtra*) 1.2)이라는 이원론적 사고에서 "요가란 개별적 자아와 최고의 자아의 결합"이라는 아드바이따 베단따적 입장으로 요가를 정의한다. 이 게송은 『전철학강요』 2.108에서 인용된다.[128]

---

128) 부이는 『요가야갸발꺄』가 『전철학강요』에 인용된 점에서 『요가야갸발꺄』의 권위를 짐작케 한다고 평가한다. Bouy(1994), p.84.

야갸발꺄는 '요가는 개별적 자아와 최고의 자아의 결합'이라고 말했다.[129]

1.45.
나는 분명히 이전에 내가 들었던 [요가의 여덟] 갈래를 그대(가르기)에게 설명하고자 한다. 가르기여! 현자들과 같이 주의 깊게 들으십시오.

vakṣyāmy aṅgāni te samyag yathā pūrvaṃ mayā śrutam,
samāhita manā gārgī ṛṣibhiḥ saha saṃśṛṇu.

[해설]
요가의 여덟 갈래를 구체적으로 나열한 문헌은 B.C.E. 3세기~C.E. 4세기에 성립된 것으로 알려진[130] 『마하바라따』이다. 『마하바라따』 XII. 304. 7은 베다의 가르침으로 여덟 갈래의 요가를 거론한다.[131] 『마하바라따』에서 말한 요가의 여덟 갈래는 두 가지 다른 도식(圖式)으로 다르마(dharma)의 여덟 갈래와 요가를 성취하는 여덟 갈래를 제시한다.

"다르마의 여덟[갈래]는 ① 희생제 ② 베다 공부 ③ 보시 ④ 고행 ⑤ 진실 ⑥ 평등심 ⑦ 자기통제 ⑧ 견고함이다."[132]

---

129) SDS. 2. 150~151, ata evoktaṃ yājñavalkyena-saṃyogo yoga ity ukto jīvātma-paramātmanoḥ, iti.
130) Austin(2019), p. 21; Brockington(1998), p. 26.
131) MBh. XII. 304. 7, "현자(manīṣiṇa)는 베다에서 요가의 여덟 갈래를 말하였다."(vedeṣu ca aṣṭa-guṇitaṃ yogam āhur manīṣiṇaḥ)
132) MBh. III. 2. 71, ijyādhyayana-dānāni tapaḥ satyaṃ kṣamā damaḥ, alobha iti

"[요가를 성취하는 여덟 갈래는] ① 완전한 집중 ② 완전한 감각제어
③ 올바른 준수 ④ 스승에 대한 온전한 존경 ⑤ 바른 식이요법 ⑥
올바른 베다 공부 ⑦ 완전한 무욕행 ⑧ 완전한 마음 억제이다."[133]

이 두 가지 도식에 열거된 항목은 『요가경』의 여덟 갈래 요가의
항목과 다소 차이가 있다. 요가의 구체적인 수행체계는 『슈베따슈
바따라 우빠니샤드』(Śvetāśvatara Upaniṣad) 2.8~10에서 발견된다.
구체적인 술어를 언급하지는 않지만, 좌법·호흡조절(調息)·감각철회
(制感)·정신집중(凝念)에 해당하는 수행법이 나타난다.

"몸의 세 부분(몸통, 몸, 머리)을 곧게 펴서 견고하게 고정시키고, 감
각 기관과 마음을 심장으로 들어가게 하면, 현자는 모든 두려움을
일으키는 강(srota)을 브라흐만(=옴)이라는 배(uḍupa)로 건널 것이다.
숨을 여기(몸 안)에 억제해서 몸을 움직이지 않게 하고 콧구멍으로
미세하게 숨을 쉬어라. 현자라면 길들이지 않은 말이 끄는 마차를
몰듯이 조심스럽게 자신의 마음을 억제해야 한다. 평평하고 깨끗하
며, 조약돌이나 자갈이 없고 바람을 피할 수 있는 은신처 같은 그런
곳에서 요가를 수행해야 한다."[134]

---

mārgo 'yaṃ dharamasyāṣṭabidhaḥ smṛtaḥ.

133) MBh. III. 2.74~75, samyak saṃkalpa-saṃbandhāt samyak cendriya-nigra
hāt, samyag vrata-viśeṣāc ca samyak ca guru-sevanāt. samyag āhārayogāc
ca samyak cāddhyayanāgamāt, samyak karmopasaṃnyāsāt samyak citta-
nirodhāt.

134) ŚvU. 2.8~10, trirunnataṃ sthāpya samaṃ śarīraṃ hṛd-indriyāṇi manasā
saṃniveśya, brahmoḍupena pratareta vidvān srotāṃsi sarvāṇi
bhayānakāni. prāṇān prapīḍyeha saṃyukta ceṣṭaḥ kṣīṇe prāṇe nāsikayo
'cchvasīta, duṣṭāśva yuktam iva vāham enaṃ vidvān mano dhārayetā pra-

요가 수행의 구체적인 술어는 『마이뜨리 우빠니샤드』(*Maitrī Upaniṣad*) 6.17~18에서 "이 세상은 애초에 브라흐만이었다. …… 그는 최고아이며 가늠할 수 없으며 태어나지 않으며 추론할 수 없으며 이해할 수 없다. …… 그래서 이렇게 말한다. 불 속에 든 그, 심장 속에 든 그, 태양 속에 든 그, 그러한 그는 모두 하나이다. 누구든 그렇게 아는 이는 실로 하나된 것의 하나인 상태로 나아가게 된다. 이 합일을 성취하기 위한 규칙은 이것이다. 호흡조절, 감각철회, 명상(瞑想), 정신집중, 사색(tarka, 觀想), 삼매(三昧)를 여섯 갈래 요가라고 한다."[135]라고 거론된 바와 같이, 호흡조절, 감각철회, 명상, 정신집중, 사색, 삼매 등이다. 여기서 나열된 수행법은 브라흐만과의 합일을 목적으로 한다. 이 여섯 갈래 요가는 『요가경』의 여덟 갈래 요가의 선구(先驅)로 볼 수 있다.

[요가의 여덟 갈래(1.46-50^{ab})]

1.46~47.

아름다운 얼굴의 가르기여! ① 금계(禁戒, yama)[136] ② 권계(勸戒,

---

mattaḥ. same śucau śarkarā-vahnivālukā-vivarjite śabda-jalāśrayādibhiḥ, mano 'nukūle na tu cakṣu-pīḍane guhā- nivātāśrayaṇe prayojayet.

135) Mai-Up.6.17~18, brahma ha vā idam agra āsīt, …… paramātmā 'parimito 'jo 'tarkyo 'cintya …… hy āha; yaścaiṣo 'gnau yaś cāyaṁ hṛdaye yaś cāsāv āditye sa eṣa ekā ity ekasya haikatvam eti ya evaṁ veda. tathā tat-prayoga-kalpaḥ prāṇāyāmaḥ pratyṇhāro dhyānaṁ dhāraṇā tarkaḥ samādhiḥ saḍaṅgā ity ucyate yogaḥ.

136) yama는 √yam(제지하다, 억제하다)에서 나온 명사이다. 금계는 하지 말아야 할 행동 규범을 뜻한다. 예를 들어 금계의 덕목 가운데 불상해는 직접적 불상해 뿐만 아니라 소극적 불상해도 포함시킨다. 언어폭력, 상대방에 대해 업신여기는 것과 같이 정서적 상해도 상해에 포함된다. 금계는 이런 상해를 하지 말

niyama)[137] ③ 좌법(坐法, āsana)[138] ④ 호흡조절(prāṇāyāma)[139] ⑤ 감
각철회(pratyāhāra)[140] ⑥ 정신집중(dhāraṇā)[141] ⑦ 명상(dhyāna)[142]
⑧ 삼매(samādhi)[143] 이것이 여덟 갈래의 요가이다. 권계와 금계
는 [각각] 열 종류가 있다.

yamaś ca niyamaś ca iva āsanaṃ ca tatha iva ca,

prāṇāyāmas tathā gārgī pratyāhāraś ca dhāraṇā.

아야 할 행동 규범이다.
137) niyama는 ni(아래, 안)+√yam(제지하다, 억제하다)에서 나온 명사이다. 권계는
　　권장하는 행동 규범을 뜻한다. 권계의 덕목 중 고행은 신체적 고통이 아니라
　　고행을 통해 수행자의 의식을 정화시킨다. 권계는 수행자의 습관과 태도를 정
　　화하여 의식을 정돈한다.
138) āsana는 √ās(앉다)에서 나온 명사이다. 호흡 수련과 명상을 하기 위해서 앉는
　　자세가 중요하다. 좌법은 이를 위한 첫 단계이다. 좌법은 하타 요가의 기반이
　　거나 라자 요가와 하타 요가의 공통기반이 된 것으로 이해된다. 정승석(2004),
　　p. 250.
139) prāṇāyāma는 prāṇa와 āyāma의 복합어이다. prāṇa는 pra(앞, 앞으로)+√an(숨
　　쉬다)에서 나온 단어로 뜻은 호흡, 氣, 활기이다. āyāma는 ā(~에, ~까지)+√
　　yam(제지하다, 억제하다)에서 나온 단어로 뜻은 확장, 억제, 정지이다. 이 복합
　　어의 정확한 의미는 '호흡을 멈추는 것'이다. 박영길(2015), p. 295.
140) pratyāhāra는 prati(반대방향)+ā(~에, ~까지)+hāra의 복합어이다. hāra는
　　√hṛ(데리고 가다, 유지하다, 붙들다)에서 나온 명사이다. 감각철회는 감각 기관
　　이 감각 대상과 결합하지 않고 감각 대상에 대한 작용을 거두어들이는 것이다.
　　한 감각 기관이 철회되더라도 다른 감각 기관을 제어하기 위해서는 그에 대한
　　다른 노력이 필요하다. 감각철회는 꾸준한 수행에 의해 가능하다.
141) dhāraṇā는 √dhṛ(유지하다, 지속하다)에서 나온 명사로 집중, 총지(總持), 응념
　　(凝念), 전념(專念), 집지(執持)로 번역된다. 정신집중은 특정한 대상을 택해서
　　거기에 마음을 결박해 놓는 것이다. 마음을 결박해 놓는 것은 구체적인 대상에
　　마음을 고정시키는 것을 의미한다.
142) dhyāna는 √dhyai(명상하다, 생각하다)에서 나온 명사이다. 명상은 의식이 한
　　결같이 지속되면서 명상 대상에 대한 의식의 영역이 확대되어가는 상태이다.
143) samādhi는 sam(함께)+ā(이쪽)+dhi(√dhā 두다, 놓다)에서 나온 명사이다. 명상
　　은 주관과 객관이 각각 존재하는 반면 삼매는 주관과 객관의 구분이 사라진 상
　　태이다.

dhyānaṃ samādhir etāni yogāṅgāni varānane,

yamaś ca niyamaś ca iva daśadhā samprakīrtitaḥ.

1.48~50[ab].

좌법은 여덟 개가 뛰어난데 그 중 세 개가 가장 중요하다. 호흡
조절은 세 종류가 있고 감각철회는 다섯 종류가 있다. 정신집중
은 다섯 종류가 있다. 명상은 여섯 종류가 있는데, 그 중 세 개
가 가장 중요하다. 삼매는 하나뿐이다. 어떤 사람들은 [삼매에]
많은 종류가 있다고 말한다.[144] 그대(가르기)는 [여덟 갈래의 요가
를] 각각 상세히 들어야 한다.

āsanāny uttamāny aṣṭau trayaṃ teṣūttamottamaḥ,

prāṇāyāmas tridhā proktāḥ pratyāhāraś ca pañcadhā.

dhāraṇā pañcadhā proktā dhyānaṃ ṣoḍhā prakīrtitam,

trayaṃ teṣūttamāḥ proktāḥ samādhis tv ekarūpataḥ.

bahudhā kecid icchanti vistareṇa pṛthak śṛṇu,

[해설]

『요가야갸발꺄』에서 설하는 여덟 갈래 요가의 각각의 명칭은
『요가경』 2.29에서 언급되고 있는 여덟 갈래 요가와 동일하다. 여
덟 갈래 요가의 세부 항목과 수를 살펴보면『요가주』(*Yogasūtra-Bhāṣya*) 2.30에서 금계가 다섯 종류, 2.32에서 권계는 다섯 종류,
2.46에서 좌법은 열두 종류, 2.49~50에서 호흡조절은 세 종류, 2.54

---

144) 『요가주』(*Yogasūtra-Bhāṣya*) 1.2에서 유상 삼매, 무상 삼매, 1.42-43에서 유심
    삼매, 무심 삼매, 1.44에서 유사 삼매, 무사 삼매, 1.46에서 유종 삼매, 1.51에서
    무종 삼매가 열거된다.

~3.3에서 감각철회·정신집중·명상·삼매를 언급하지만 이것들의 종류는 나오지 않는다. 이와 달리『요가야갸발꺄』의 여덟 갈래 요가의 세부 항목과 수를 살펴보면 권계는 열 개, 금계는 열 개, 좌법은 여덟 개, 호흡조절은 세 종류, 감각철회는 다섯 종류, 정신집중은 다섯 종류, 명상은 여섯 종류, 삼매는 한 개이다. 그리고『요가야갸발꺄』의 내용을 살펴보면『요가경』과 깊은 관련성은 보이지 않는다. 그 이유는『요가야갸발꺄』의 궁극적 목적이 아뜨만과 브라흐만의 합일이므로 그 목적에 따른 내용을 담고 있기 때문이다.『요가야갸발꺄』의 사유 체계가 상캬 요가 사상이 아닌 아드바이따 베단따 사상을 근거로 하고 있음을 나타낸다.

[열 개의 금계(1.50^{cd}-51^{ab})]

1.50^{cd}~51^{ab}.

금계는 ① 불상해(ahiṃsā) ② 진실(satya) ③ 불투도(asteya) ④ 범행(brahmacarya) ⑤ 인자(dayā) ⑥ 정직(ārjava) ⑦ 평등심(kṣamā) ⑧ 안정(dhṛti) ⑨ 소식(mitāhāra) ⑩ 청정(śauca)으로 열 개이다.

ahiṃsā satyam asteyam brahmacaryaṃ dayārjavam.

kṣamā dhṛtir mitāhāraḥ śaucaṃ tv ete yamā daśā,

[불상해(1.51^{cd}-53^{ab})]

1.51^{cd}~53^{ab}.

① 불상해는 요가 수행자들은 언제나 모든 존재에게 행위로도, 마음으로도, 말(語)로도 사람들에게 상해를 가하지 않는 것이다. 규정된 행위가 생명체에게 고통을 [주지 않는]다면 불상해라 한다.

베다에 규정되어 있더라도 [상대방에게 해를 끼치는 의도로 행해지는] 마술(abhicāra) 등[과 같은] 행동들은 상해(hiṃsā)라 한다.

karmaṇā manasā vācā sarvabhūteṣu sarvadā.

akleśa-jananaṃ proktam ahiṃsātvena yogibhiḥ,

vidhyuktaṃ ced ahiṃsā syāt kleśa-janma iva jantuṣu.

vedenokte 'pi hiṃsā syād abhicārādi karma yat,

[진실(1.53^cd)]

1.53^cd.

② 진실은 단지 사실을 있는 그대로 말하는 것이 아니라, 모든 존재에게 이로운 말을 하는 것이다.

satyaṃ bhūtahitaṃ proktaṃ na yathārthābhibhāṣaṇam.

[해설]

『요가야갸발꺄』에서는 사실 그대로 말하는 것이 존재들을 해치는 것에 지나지 않는다면 그것은 진실로 볼 수 없다고 말한다.

[불투도(1.54)]

1.54.

③ 불투도는 행위로도, 마음으로도, 말(語)로도 다른 재물에 대한 욕망으로부터 자유로운 것이다.

karmaṇā manasā vācā paradravyeṣu niḥspṛhā,

asteyam iti sā proktā ṛṣibhis tattvadarśibhiḥ.

[범행(1.55-62)]

1.55.

[④ 범행은 두 가지로 나누어 설명한다. 그것은 금욕과 스승에 대한 공경이다. 첫 번째 범행인] 금욕은 언제 어디서나 몸과 마음의 어떤 상황에서든 행위로도, 마음으로도, 말(語)로도 성적 결합을 하지 않는 것이다.

karmaṇā manasā vācā sarvāvasthāsu sarvadā,

sarvatra maithuna-tyāgo brahmacaryaṃ pracakṣate.

1.56.

범행기, 마지막 고행기(naiṣṭhika yati=유행기), 숲(araṇya)속에 머무는(=임서기) 거주자는 금욕을 [지켜야] 한다.

brahmacaryāśrama-sthānāṃ yatīnāṃ naiṣṭhikasya ca,

brahmacaryaṃ tu tat proktaṃ tathaivāraṇya-vāsinām.

[해설]

범행기에 있는 학생들을 우빠꾸르바나(Upakurvāṇa)와 나이슈티까(Naiṣṭhika) 두 가지 형태로 구분된다. 우빠꾸르바나는 범행기 동안 금욕한 다음 가주기로 들어가는 반면, 나이슈티까는 죽을 때까지 그들의 스승을 섬기며 가주기로 들어가지 않는다.[145] 나이슈티까는 평생동안 범행기에 있는 학생을 의미한다. 그들은 독신 생활을 유지하고 스승을 섬기며 베다를 공부해야 한다.

---

145) Desikachar(2000), p.18.

1.57.

가주기의 거주자(=가장)[의 경우] 규율에 따라 존중하고 사랑하는
마음으로 자신의 아내와 성적 결합을 하는 것을 금욕이라 한다.

ṛtā-vṛtau svadāreṣu saṃgatiryā[146] vidhānataḥ,

brahmacaryaṃ tu tat proktaṃ gṛhasthāśrama-vāsinām.

1.58.

몇몇 학자들은 재가자의 왕(rājña)도 바이샤(viśa)도 금욕을 지켜
야 한다고 말한다.

rājñaś ca iva gṛhasthasya brahmacaryaṃ prakīrtitam,

viśāṃ vṛttavatāṃ ca iva kecid icchanti paṇḍitāḥ.

1.59.

그리고 슈드라도 금욕을 지켜야 한다고 말한다. 또한 [두 번째]
범행은 항상 스승을 공경하는 것이다.

śuśrūṣa iva tu śūdrasya brahmacaryaṃ prakīrtitam,

śuśrūṣā vā guror nityaṃ brahmacaryam udāhṛtam.

[해설]

『요가야갸발꺄』는 금욕을 생식기에 대한 억제로만 보지 않는다.
금욕은 함부로 성교를 말하거나(kīrtana), 성교를 보면서 유희(keli)
하거나, 성교를 회상하는 것(smaraṇa)을 금하는 것이다.

---

146) YYM에는 saṅgatiryā tatvata로 YYSD에는 gamanaṃ ca로 표기되어 있다.
　　 Mohan(2013), p.12; Desikachar(2000), p.18.

1.60.

계시서(śruti)에 따르면 모든 [인생의] 네 [주기]에는 다섯 스승이 있다. 어머니(mātṛ), 아버지(pitṛ), 선생님(ācārya), 외삼촌(mātula), 그리고 장인(śvaśura)이다.

guruvaḥ pañca sarveṣāṃ caturṇāṃ śruticoditāḥ,

mātā pitā tathācāryo mātulaḥ śvaśuras tathā.

1.61.

이들(다섯 스승) 가운데 선생님과 부모 세 명이 중요하다. 이들(선생님과 부모님) 가운데 가장 중요한 한 명은 최고의 목적을 아는 선생님이다.

eṣu mukhyās trayaḥ proktā ācāryaḥ pitarau tathā,

eṣu mukhyatamas tv eka ācāryaḥ paramārthavit.

1.62.

이와 같이 최고의 브라흐만의 지혜를 알며, 항상 [베다의] 의무를 행하는 탁월한 그(선생님)를 항상 존경해야 한다. 그리하면 스승(선생님)은 즐거워[할 것이다.

tam evaṃ brahmavic chreṣṭhaṃ nitya-karma-parāyaṇam,

śuśrūṣayārcayen nityaṃ tuṣṭo 'bhūd yena vā guruḥ.

[인자(1.63[ab])]

1.63~64[ab].

⑤ 인자는 어디서나 모든 존재에게 호의를 가지고 대하는 것이다.

dayā ca sarvabhūteṣu sarvatrānugrahaḥ smṛtaḥ,

[정직(1.63^{cd}-64^{ab}]

⑥ 정직은 규정되거나 그것이 아닌(규정되지 않은 것)에 대해 마음·말·몸·행위가 일치하는 것이다.

vihiteṣu tadanyeṣu mano-vāk-kāya-karmaṇām.

pravṛttau vā nivṛttau vā ekarūpatvam ārjavam,

[평등심(1.64^{cd}-65^{ab}]

1.64^{cd}~65^{ab}.

⑦ 평등심은 호의적인 사람이건, 비호의적인 사람이건 모든 이들에게 평등하게 대하는 것이라고 베다의 학자와 현자들이 말했다.

priyāpriyeṣu sarveṣu samatvaṃ yaccharīriṇām.

kṣamā sa iveti vidvadbhir gaditā veda-vādibhiḥ,

[안정(1.65^{cd}-66^{ab})]

1.65^{cd}~66^{ab}.

⑧ 안정은 재물을 잃거나 친족의 사망에도 언제나 마음의 안정을 유지하는 것이다.

arthahānau ca bandhūnāṃ viyogeṣv api sampadām.

tayoḥ praptau ca sarvatra cittasya sthāpanaṃ dhṛtiḥ,

[소식(1.66^{cd}-67)]

1.66^{cd}~67.

⑨ 소식은 성자가 여덟 [입] 음식을 먹고, 숲속의 거주자(=임서기 수행자)가 열여섯 [입] 먹고, 가주기[의 가장(家長)]이 서른두 [입] 먹고, 범행기의 학생이 원하는 만큼 먹는 것이다. 그 외 다른 사

람들이 [원하는 것 보다] 적게 먹는 것(alpa-bhojana)이다.

aṣṭau grāsā muner bhakṣyaṃ ṣodaśāraṇyavāsinām,

dvātriṃśac ca gṛhasthānāṃ yатheṣṭaṃ brahmacāriṇām,

eṣām ayaṃ mitāhāro hy anyeṣām alpabhojanam,

[해설]

'입'은 '음식을 손으로 동글동글 말아서 입 안으로 넣는다.'라는
의미로 이해할 수 있다.'

『요가야갸발꺄』에서 제한적으로 음식을 섭취할 것을 권유하는 것은
『마누법전』과 『기따』에 의거한 것으로 보인다. 『마누법전』에서 "음식
을 적게 먹고 조용한 장소(raha)에 앉아서[147], 육체의 불순물은 호흡
조절로, 죄(kilbiṣa)는 정신집중으로, 감각을 애착하는 것은 감각철회
로, [인간이] 자재신과 다르게 [보이는] 속성은 명상을 통해 [태워 없
앤다.][148] 명상 요가를 통해 영원한 브라흐만이 된다."[149]라고 말한 바
와 같이, 소식은 요가 수행에 있어 선제 조건으로 다루어진다. 『기
따』4.30에서 "어떤 이들은 음식의 양을 조절하여 호흡에 호흡을 바
친다."[150]라고 한 바와 같이, 소식은 호흡조절의 조건으로 취급된다.
소식은 몸을 가볍게 하여 호흡조절과 명상에 도움을 주게 된다.

[청정(1.68-70)]

---

147) MS.6.59[ab], alpān nābhyavahāreṇa rahaḥ sthānāsanena ca.
148) MS.6.72, prāṇāyāmair dehād doṣān dhāraṇābhiś ca kilbiṣam, pratyāhāreṇa
saṃsargān dhyānenānīśvarān guṇān.
149) MS.6.79, dhyāna yogena brahmābhyeti sanātanam.
150) BG.4.30[ab], apare niyatāhārāḥ prāṇān prāṇeṣu juhvati.

1.68~69^{ab}.

⑩ 청정은 두 종류가 있다. 외적 [청정]은 물(jala)과 진흙(mṛd)으로 [몸을] 씻는 것이고 내적 [청정]은 마음을 청정하게 하는 것이다. 마음은 도덕적 가치와 내적 자아(adhyātman)의 깨달음에 의해 청정해진다.

śaucaṃ tu dvividhaṃ proktaṃ bāhyam ābhyantaraṃ tathā,

mṛjjalābhyāṃ smṛtaṃ bāhyaṃ manaḥ śuddhis tathāntaram.

manaḥ śuddhiś ca vijñeyā dharmeṇādhyātmavidyayā,

1.69^{cd}~70.

자아에 대한 깨달음과 도덕적 [가치]는 아버지와 선생님에 의해 알게 된다. 그러므로 궁극적인 목적(=해탈)에 대해 갈망하는 모든 사람들은 항시 말(vāc), 생각 등을 통해 계시서에서 [언급된 영원한 진실을 깨달은] 훌륭한 스승들을 존경한다.

ātma-vidyā ca dharmaś ca pitrācāryeṇa vānadhe.

tasmāt sarveṣu kāleṣu sarvair niḥśreyasārthibhiḥ,

guravaḥ śruta-sampannā mānyā vāṅ-manasādibhiḥ.

이와 같이 요가야갸발꺄 제1장을 마친다.

iti śrī yogayājñavalkye prathamo 'dhyāyaḥ.

제2장(dvitīyo 'dhyāyaḥ)

[열 개의 권계(2.1-2^{ab})]

2.1~2^{ab}.

야갸발꺄가 말하길, 권계는 ① 고행(tapas) ② 만족(santoṣa) ③ 믿음(āstikya) ④ 보시(dāna) ⑤ 자재신에 대한 헌신(īśvara-pūjana) ⑥ 정설(定說)의 학습(siddhānta-śravaṇa) ⑦ 수치심(hrī) ⑧ 신념(mati) ⑨ 염송(japa) ⑩ 준수(vrata)이다. 이 모두를 각각 말하겠으니 그대(가르기)는 그것을 들어야 한다.

yājñavalkya uvāca-

tapaḥ santoṣa āstikyaṃ dānam īśvarapūjanam,

siddhāntaśravaṇaṃ ca iva hrī matiś ca japo vratam.

ete tu niyamāḥ proktās tāṃś ca sarvān pṛthak śṛṇu,

[고행(2.2^{cd}-2^{ab})]

2.2^{cd}~2^{ab}.

① 최고의 고행은 [베다의] 규율대로 '끄릿츠라'(kṛcchra), '짠드라야나'(cāndrāyana)[, '싼따빠나'(sāntapana)] 등에 의해 몸을 마르게

하는 것(śarīra-śoṣaṇa)이다.

vidhinoktena mārgeṇa kṛcchra-cāndrāyanādhibhiḥ.

śarīra-śoṣaṇam prāhus tāpasās tapa uttamam,

[해설]

'끄릿츠라', '짠드라야나', '산따빠나'의 방법은『마누법전』에서 설명된다.

> "쁘라자빠띠(=끄릿츠라)[151]를 행하는 재생자(dvija)는 3일간 아침 식사만, 3일간 저녁 식사만, 2일간 스스로 요구하지 않은 음식만, 3일간 단식해야 한다."[152]

> "아띠 끄릿츠라를 행하는 재생자는 3일씩 세 번을 앞선 바와 같이 [먹는다. 하지만] 3일간 [각각] 한 입씩만 [먹는다.] 마지막 [3일은] 금식해야 한다. 땁따 끄릿츠라를 행하는 브라흐마나는 매일 목욕(snāyin)을 하고, 뜨거운(uṣṇa) 물, 뜨거운 우유(kṣira), 뜨거운 기(ghṛta), 뜨거운 공기(anila)를 마셔야 한다. 12일 동안 단식(abhojana)하며 자신을 억제하고 실수를 저지르지 않는 것을 '빠라까 끄릿츠라'라 한다. 이것은 모든 죄를 제거한다."[153]

---

151) '쁘라자빠띠'에 대해 버넬은 "이 문헌에서 '쁘라자빠띠'는 '끄릿츠라'를 표기한 것이다"라고 해석한다. 저자는 문맥상 버넬의 해석에 동의한다. Burnell(2000), p.355 각주 4번.

152) MS.11.212, tryaham prātas tryaham sāyam tryaham adyādayā cittam, tryaham param ca nāśnīyāt prājāpatyam carandvijaḥ.

153) MS.11.214~216, ekaikam grāsamaśnīyāt tryahāṇi trīṇi pūrvavat, tryaham copavased antyam atikṛccram caran dvijaḥ. taptakṛccram caran vipro jala-kṣīra-ghṛta-anilān, pratitryaham pibed uṣṇān sakṛtsnāyī samāhitaḥ. yat ātmano 'pramattasya dvādaśāham abhojanam, parāko nāma kṛccro

"어두워지는 [15일] 동안(=보름달에서 그믐달로) 매일 한 입씩 음식을 줄이고, 밝아지는 [15일] 동안(=초승달에서 보름달로) [한 입씩 음식을] 늘린다. [매일 아침, 점심, 저녁에] 세 번 목욕을 한다. 이것을 짠드라야나라 한다. 밝아지는 15일을 시작으로 [자기 자신을] 억제하는 이 짠드라야나 서약의 규칙은 낟알같은 허리(yava-madhyama)에서도 모두 적용된다."[154]

"쇠오줌, 쇠똥, 우유(kṣīra), 발효유(dadhi), 정제한 버터, 말린 쿠샤 풀만 먹고, 하루 밤낮(ekarātra) 내내 단식하는 것을 '산따빠나 끄릿츠라'라 한다."[155]

『요가야갸발꺄』의 고행 방법인 '끄릿츠라', '짠드라야나', '산따빠나'에 따라 몸을 마르게 하는 것은 극단적인 단식(upavāsa)을 뜻하지 않는다. 모한은 "마음의 안정과 집중이 없는 단식은 고행이 되지 않으며, 단식은 각 개인의 나이와 건강 상태에 따라 고려해야 한다."[156]고 지적한다. 데시까차르도 "몸을 상하게 하는 지나친 수련법은 고행이 아니다."[157]라고 말한다. 즉『요가야갸발꺄』의 단식과 고행은 단순히 신체적인 고통을 뜻하는 것이 아니라, 단식과 고행을 통해 죄를 제거함으로써 수행자의 의식을 정화시킨다.

'yaṃ sarvapāpāpanodanaḥ.

154) MS.11.217~218, ekaikaṃ hṇāsayet piṇḍaṃ kṛṣṇe śukle ca vardhayet, upaspṛśaṃ striṣavaṇam etac cāndrāyaṇam smṛtam. etam eva vidhiṃ kṛtsnamācared yava-madhyame, śukla-pakṣādi-niyataś caraṃś cāndrāyaṇam vratam.

155) MS.11.213, gomūtraṃ gomayam kṣīram dadhi sarpiḥ kuśodakam, ekarātropavāsaś ca kṛcchram sāṃtapanam smṛtam.

156) Mohan(2013), p.17 각주 10번.

157) Desikachar(2000), p.25.

이 게송은 『전철학강요』에서 인용된다.

"야갸발꺄는 고행의 본질을 정의한다. 고행자들은 규율대로 '끄릿츠라'(kṛcchra), '짠드라야나'(cāndrāyaṇa)[, 싼따빠나] 등에 의해 몸을 마르게 하는 것이 최고의 고행이라 한다."[158]

[만족(2.3^{cd}-4^{ab})]

2.3^{cd}~4^{ab}.

② 만족은 사람들이 자연스럽게 일어난 것에 항상 충분하다고 하는 것이다. 현자는 그것을 행복의 표징이라 한다.

yadṛcchālābhato nityam alaṃ puṃso bhaved iti.

yā dhīs tām ṛṣayaḥ prāhuḥ santoṣaṃ sukha-lakṣaṇam,

[믿음(2.4^{cd})]

2.4^{cd}.

③ 믿음은 정의(dharma)와 불의(adharma)에 대한 [자신의] 신념이다.

dharmādharmeṣu viśvāso yas tad āstikyam ucyate.

[보시(2.5)]

2.5.

④ 보시는 정직하게 획득한 재산(dhana), 음식, 다른 것들을 어

---

158) SDS.2.358, tapaḥsvarūpaṃ nirūpitaṃ yajñavalkyena—vidhinoktena mārgeṇa kṛcchra-cāndrāyaṇādibhiḥ, śarīra-śoṣaṇaṃ prāhus tapasāṃ tapa uttamam, iti.

려움에 처한 사람들에게 성심껏 주는 것이다.

nyāyārjitaṃ dhanaṃ cānnam anyad vā yat pradīyate,

arthibhyaḥ śraddhayā yuktaṃ dānam etad udāhṛtam.

[자재신에 대한 헌신(2.6-7)]

2.6.

⑤ 자재신에 대한 헌신은 [두 가지이다. 하나는] 비슈누나 다른 신에게 경의를 표하며 헌신하는 것이다.

yat prapanna-svabhāvena viṣṇuṃ vā ’py anyam eva vā,

yathāśakty arcanaṃ bhaktyā hy etad īśvarapūjanam.

2.7.

[나머지 하나는] 마음이 욕망 등에 자유롭고, 말이 거짓 등에 의해 오염되지 않고, 몸이 폭력 등을 하지 않는 것이다.

rāgādyapetaṃ hṛdayaṃ vāga duṣṭānṛtādinā,

himsādirahitaḥ kāya etad īśvarapūjanam.

[해설]

자신의 헌신을 나타내기 위해서 신에게 헌신하는 것을 필요로 하지 않는다. 다른 사람에게 해를 야기하지 않는 행위가 자재신에 대한 헌신이 된다.

[정설의 학습(2.8-10[ab])]

2.8.

⑥ 정설의 학습은 베단따를 공부하는 것이다. 현자들은 *끄샤뜨*

리야의 [경우] 재생자(dvija=브라흐마나)처럼 정설의 학습(=베단따를 공부하는 것)이라 말한다.

siddhānta-śravaṇaṃ proktaṃ vedānta-śravaṇaṃ budhaiḥ,

dvijavat kṣatriyasyoktaṃ siddhānta-śravaṇaṃ budhaiḥ.

[해설]

정설(siddhānta)은 '확립된 또는 성립된 또는 정본에 속하는 설'이란 뜻으로[159] 확정되거나 인정된 설을 말한다.

2.9~10^{ab}.

몇몇 현자들은 바이샤는 좋은 품성과 행위를 갈망하는 것이고 슈드라, 여자(striyā), 자신의 의무를 다하는 고행자들이 뿌라나 [문헌]을 공부하는 것을 정설의 학습이라 말한다.

viśāṃ ca kecid icchanti śīlavṛttavatāṃ satām,

śūdrāṇāṃ ca striyāś ca iva svadharmastha-tapasvinām.

siddhānta-śravaṇaṃ proktaṃ purāṇa-śravaṇaṃ budhaiḥ,

[수치심(2.10^{cd}-11^{ab})]

2.10^{cd}~11^{ab}.

⑦ 수치심은 베다와 세속적 관습에서 비난받을 행위를 한 것에 대해 부끄러워하는 것이다.

vedalaukikamārgeṣu kutsitaṃ karma yad bhavet.

tasmin bhavati yā lajjā hrīs tu sa iveti kīrtitā,

---

159) Monier(1986) p.1216.

[신념(2.11^{cd})]

2.11^{cd}.

⑧ 신념은 규정된 모든 것에 대한 믿음이다.

vihiteṣu ca sarveṣu śraddhā yā sā matir bhavet.

[염송(2.12-18)]

2.12.

⑨ 염송은 [두 가지로 하나는 스승이] 가르친 방법대로 만뜨라를 수련하는 것이다. 스승이 가르친 것이라 하더라도 베다 밖의 것은 제외한다(=염송해서 안 된다).

guruṇā copadiṣṭo 'pi veda-bāhya-vivarjitaḥ,

vidhinoktena mārgeṇa mantrābhyāso japaḥ smṛaḥ.

2.13.

[또 다른] 염송은 베다, 경전(sūtra), 뿌라나, 역사학을 공부한 후 이것들을 [끊임없이 반복해서] 읽는 것이다.

adhītya vedaṃ sūtraṃ vā purāṇaṃ setihāsakam,

eteṣv abhyasanaṃ yac ca tad abhyāso japaḥ smṛtaḥ.

2.14.

염송은 소리를 내는 것과 마음으로 하는 것 두 종류가 있다. 거기에서 소리를 내는 것은 '작은 소리로 하는 것'(upāṃśu)과 '큰 소리로 하는 것'(ucca) 두 종류가 있다.

japaś ca dvividhaḥ prokto vāciko mānasastathā,

vācika upāṃśur uccaiś ca dvividhaḥ parikīrtitaḥ.¹⁶⁰⁾

2.15.

마음으로 하는 [염송]은 숙고(manana)와 명상 두 종류이다. 작은 소리로 하는 [염송]은 큰소리 하는 [염송]보다 1000배 효과적이다.

mānaso mananadhyānabhedād dvaividhyamāsthitaḥ,

uccair japād upaṃśuś ca sahasraguṇa ucyate.

2.16.

마음으로 하는 [염송]은 작은 소리로 하는 [염송]보다 1000배 효과적이라 한다. 명상은 마음으로 하는(mānasa) [염송]보다 1000배 효과적이라 한다.

mānasas tu tathopāṃśoḥ sahasraguṇa ucyate,

mānasāc ca tathā dhyānaṃ sahasraguṇamucyate.

2.17.

큰소리로 하는 [염송]이 모든 사람에게 [원하는] 결과를 줄 수 있다. 만약 작은 소리로 하는 [염송]을 듣는다면 효과를 얻지 못할 것이다.

uccair japas tu sarveṣāṃ yathoktaphalado bhavet,

nīcaiḥ śruto na cetso 'pi śrutaś cen niṣphalo bhavet.

2.18.

항상 운율[에 맞춰서] 현자, 신을 명상하면서 하는 만뜨라 염송

---

160) YYM에는 parikīrtitataḥ로 표기되어 있다. 운율상 맞지 않다. Mohan(2013), p.19.

이야말로 [원하는] 효과를 가져 올 수 있다. 가르기여!

rṣiṃ chando 'dhidaivaṃ ca dhyāyan mantraṃ ca sarvadā,

yas tu mantra-japo gārgi sa eva hi phalapradaḥ.

[준수(2.19)]

2.19.

⑩ 준수는 훌륭한 스승이 오래전에 가르쳤던 다르마와 재물 그리고 자아(ātman) 실현을 완수하기 위한 방편(upāya)을 따르는 것이다.

prasannaguruṇā pūrvam upadiṣṭaṃ tv anujñayā,

dharmārtham ātmasiddhyartham upāyagrahaṇaṃ vratam.

이처럼 요가야갸발꺄 제2장을 마친다.

iti śrīyogayājñavalkye dvitīyo 'dhyāyaḥ

[해설]

금계와 권계는 아드바이따 베단따에 입문하고자 하는 데 있어 자격을 갖추지 않은 자들에 대한 가르침이기도 하다. 샹까라는 다르마(dharma)에 어긋나게 행동하거나, 일상사에서 부주의하거나(pramāda), 예비적인 지식이 부족하거나, 세속적인 사람에게 관심을 기울이거나 카스트(caste)제도에 자부심을 갖는 학생들에게 여덟 갈래 요가의 금계와 권계를 따를 것을 권유한다.[161] 『요가야갸발

---

161) US. *Padyabandha* 1.4, "화를 내지 않는 것 등, 불상해 등 금계에 의해 그리고 지혜와 모순되지 않는 권계에 의해 ……"(akrodhādibhir ahiṃsādibhiś ca yamair jñānā-viruddhaiś ca niyamaiḥ……) 조나단 베이더 지음, 박영길 옮김

꺄』의 저자는 이 취지를 살려 금계와 권계를 항목을 각각 열 개로
나열하고 내용을 담은 것으로 판단된다.

제3장(tṛtīyo 'dhyāyaḥ)

[여덟 개의 좌법(3.1-2)]

3.1~2.

야갸발꺄가 말하길, 이제 내가 좌법을 말하고자 하니 아름다운 여인(가르기)이여! 잘 들어야 한다. ① 길상좌(svastikāsana) ② 소 얼굴 체위(牛面坐, gomukhāsana) ③ 연화좌(padmāsana) ④ 영웅좌 (vīrāsana) ⑤ 사자좌(siṃhāsana) ⑥ 행운좌(bhadrāsana) ⑦ 해탈좌 (muktāsana) ⑧ 공작 체위(mayūrāsana)이다. 내가 이것들을 하나 씩 말하고자 한다.

yājñavalkya uvāca-

āsanāny adhunā vakṣye śṛṇu gārgi tapodhane,

svastikaṃ gomukhaṃ padmaṃ vīraṃ siṃhāsanaṃ tathā.

bhadraṃ muktāsanaṃ ca iva mayūrāsanameva ca,

tathaiteṣāṃ varārohe pṛthag vakṣyāmi lakṣaṇam.

[해설]

『요가야갸발꺄』에서 좌법의 종류는 여덟 개이지만 길상좌가 두 개, 해탈좌가 두 개인 것을 종합하면 내용적으로 열 개의 좌법이 소개된다.

[길상좌(3.3-5^{ab})]

3.3.

두 무릎과 허벅지 사이에 두 발바닥을 정확히 놓고서 몸을 반듯하게 하고 편안하게 앉는다. 그것을 ①-1길상좌라 한다.

jānorvor antare samyak kṛtvā pādatale ubhe,

rjukāyaḥ sukhāsīnaḥ svastikaṃ tat pracakṣate.

3.4~5^{ab}.

몸(ātman)의 회음부 측면에 양 발목을 대고 왼쪽에 오른쪽 발목을, 오른쪽에 왼쪽 [발목]을 둔다. 이것을 모든 죄를 소멸시키는 ①-2길상좌라 한다.

sīvanyās tv ātmanaḥ pārśve gulphau nikṣipya pādayoḥ,

savye dakṣiṇa-gulphaṃ tu dakṣiṇe dakṣiṇetaram.

etac ca svastikaṃ proktaṃ sarvapāpapraṇāśanam,

[해설]

①-1길상좌는 바짜스빠띠 미쉬라(Vācaspati Miśra, 9~10세기경)의 『따뜨바바이샤라디』(Tattvavaiśāradī)[162]에서 서술된 길상좌와 매우

---

162) Tv. 2.46, "굽힌 왼발을 오른쪽 종아리와 허벅지 사이에, 또한 굽힌 오른발을 왼쪽 종아리와 허벅지 사이에 넣는 것이 길상좌이다."(savyam ākuñcitaṃ caraṇaṃ dakṣiṇa-jaṅghorv-antare dakṣiṇaṃ cākuñcitaṃ vāma-jaṅghorv-antare nikṣiped etat svasthikāsanam)

유사하며 비갸냐 빅슈(Vijñāna Bhikṣu 16세기)의 『요가바르띠까』 (Yoga-vārttika)[163], 『쉬바상히따』(Śivasaṃhitā) 3.95[164]와 동일한 구문 이다. 그리고 『하타쁘라디삐까』(Haṭhapradīpikā) 1.19[165], 『게란다상 히따』(Gheraṇḍasaṃhitā) 2.13[166]와 내용은 유사하다. 차이가 있다면 『요가야갸발꺄』의 ①-1길상좌는 '편안한 자세'(sukhāsīnaḥ)로 나타나 고 『하타쁘라디삐까』와 『게란다상히따』의 길상좌는 '신체를 반듯하 게 하고 올바르게 앉는 것'으로 표현된다.[167] ①-2길상좌는 『요가야 갸발꺄』의 특유한 좌법으로 모든 죄를 소멸시키는 효과가 있다.

[소얼굴 체위(3.5^{cd}-6^{ab})]

3.5^{cd}~6^{ab}.

왼쪽 [엉덩이] 옆에 오른쪽 발목을 둔다. 그와 같이 왼쪽 [발목] 을 위로 하여 오른쪽 [엉덩이 옆]에 둔다. [이것이] 소얼굴을 닮 은 ② 소얼굴 체위이다.

savye dakṣiṇa-gulphaṃ tu pṛṣṭhapārśve niyojayet.

---

163) YV.2.46, "양쪽 무릎과 허벅지 사이에 두 발의 옆구리를 완전히 두고 몸을 똑바로 세우고 안락하게 앉는 것을 길상좌라 한다."(jānūrvor antare samyak kṛtvā pādatale ubhe, ṛjukāyaḥ sukhāsīnaḥ svastikaṃ tat pracakṣate)

164) ŚS.3.95, "양 무릎과 양 허벅지 사이에 양 발바닥을 정확히 놓고서 몸을 편안 하게 앉는 것을 길상[좌]라 한다."(jānūrvorantare samyagdhṛtvā pādatale ubhe, samakāyaḥ sukhāsīnaḥ svastikaṃ tatpracakṣate)

165) Hp.1.19, "양 무릎과 허벅지 안쪽에 양 발바닥을 정확히 놓고서 신체를 곧게 해서 앉는 것을 길상좌라 한다."(jānūrvorantare samyak kṛtvā pādatale ubhe, ṛjukāyaḥ samāsīnaḥ svastikaṃ tat pracakṣate)

166) GhS.2.13, "요가 수행자는 양 무릎과 양 허벅지 안쪽에 양 발바닥을 놓고서 신체를 곧게 해서 앉는 것을 길상[좌]라고 한다."(jānūrvor antare kṛtvā yogī pādatale ubhe, ṛjukāyaḥ samāsīnaḥ svastikaṃ tat pracakṣate)

167) 박영길(2013), p.195.

dakṣiṇe 'pi tathā savyaṃ gomukhaṃ gomukhaṃ yathā,

[해설]

소얼굴 체위는 고전 요가의 초기 전통에 언급되지 않는다. 소
얼굴 체위는 『아히르부드냐상히따』에서 결박연화좌로 나타난다.[168]
『비마나리짜나깔빠』에서 열거된 아홉 개의 좌법 중 하나로 소얼
굴 체위가 설명된다.[169] 참고로 『비마나르짜나깔빠』에서는 아홉 개
의 좌법—브라흐마좌(brahmāsana), 길상좌, 연화좌, 소얼굴 체위, 사
자좌, 해탈좌, 영웅좌, 행운좌, 공작 체위—이 서술된다. 『비마나리
짜나깔빠』에서 설명된 소얼굴 체위는 '왼 무릎 위에 오른 무릎을
압박하라'는 내용만 있을 뿐 구체적이지 않다. 『요가야갸발꺄』에서
좀 더 구체적으로 설명된다.

『요가야갸발꺄』에서 설명된 소얼굴 체위는 『하타쁘라디삐까』
1.20[170], 『게란다상히따』2.16[171]의 소얼굴 체위와 동일한 문장 구조

---

168) AhS.31.45~46, "양 발목을 양쪽 [허벅지] 위에 올리고 양 손(pāṇi)을 [등 뒤
   에서] 교차하여 뻗어 위에 있는 엄지발가락을 잡는다. 이것을 소얼굴 체위
   라 한다."(ubhayorgulphayoḥ kṛtvā pṛṣṭhapārśvāvubhāvapi. vyutkramenātha
   pāṇibhyāṃ vinyastābhyāṃ vigṛya ca, pṛṣṭhagābhyāṃ padā guṣṭhāvetad
   gomukham ucyate)

169) Vck.96, "왼쪽 무릎 위에 오른쪽 무릎을 압박하고 앉아야 한다. 그것이
   소얼굴 체위이다."(dakṣiṇajānuṃ vāmajānuṃ saṃśliṣṭaṃ niviśayet tat
   gomukham)

170) Hp.1.20, "왼쪽 허벅지 위에 오른쪽 발을 올리고 그와 같이 왼쪽[발]을 오른쪽
   허벅지 위에[올리고] 두 손을 등쪽으로 보내고서 두 엄지발가락을 단단히 턱
   을 가슴에 붙이고 코끝을 응시해야 한다. 요가 수행자들은 이것을 질병을 파
   괴하는 연화좌로 부른다."(savye dakṣiṇagulphaṃ tu pṛṣṭhapārśve niyojayet,
   dakṣiṇe 'pi tathā savyaṃ gomukhaṃ gomukhākṛtiḥ)

171) GhS.2.16, "이제 소얼굴 체위를 [설명한다.] [엉덩이] 측면 바닥(bhūm)에 양발
   을 [반대로] 두고 몸을 곧게 해서 앉는 것이 소의 얼굴을 닮은 소얼굴 체위이

이다.

[연화좌(3.6^{cd}-7)]

3.6^{cd}~7.

최고의 브라흐마나이여! 양 발바닥을 [반대쪽] 허벅지 위에 교차하여 올린 후 양 손을 [등 뒤에서] 교차하여 양 엄지발가락을 잡는다. 이것은 모든 이들이 칭송하는 ③ 연화좌이다.

aṅguṣṭhau ca nibadhnīyād dhastābhyāṃ vyutkrameṇa ca.

ūrvor[172] upari viprendre kṛtvā pādatale ubhe,

padmāsanaṃ bhaved etat sarveṣām api pūjitam.

[해설]

『요가야갸발꺄』의 연화좌는 '결박 연화좌'(baddha-padmāsana)로 불리는 연화좌이다.

연화좌는 『요가야갸발꺄』 1.16에서 브라흐마가 취한 좌법으로 나오고, 제9장 하리에 대한 명상에서 하리가 취한 좌법으로 언급된다. 여기서 연화좌가 결박 연화좌인지 설명되지 않는다.

『요가야갸발꺄』의 연화좌는 『하타쁘라디삐까』 1.44, 『게란다상히따』 2.8 그리고 『요가바르띠까』 2.46에서 동일한 게송은 아니지만 손의 위치와 모양 방법이 동일하게 나타난다.

다."(atha gomukhāsanam pādau ca bhūmau saṃsthāpya pṛṣṭhapārśve niyojayet, sthitharakāyaṃ samāsā gomukhaṃ gomukhākṛti)

172) YYM과 YYSD에는 urvor로 표기되어 있다. Mohan(2013), p.23; Desikachar(2000), p.34.

"왼쪽 허벅지 위에 오른쪽 발을 올리고 그와 같이 왼쪽[발]을 오른쪽 허벅지 위에[올리고] 두 손을 등 쪽으로 보내고서 두 엄지발가락을 단단히 잡고 난 후 턱을 가슴에 붙이고 코끝을 응시해야 한다. 요가 수행자들은 이것을 질병을 파괴하는 연화좌로 부른다."[173]

"오른쪽 발을 왼쪽 허벅지 위에 올리고 그와 같이 왼발을 오른쪽 허벅지 위에 [올린 뒤], 뒤쪽에서 두 손으로 두 발의 엄지발가락을 단단히 잡은 다음, 가슴에 턱을 고정시키고 코끝을 바라보아야 한다. 이것을 질병을 제거하고 파괴하는 연화좌라 한다."[174]

"현자여! 양 발바닥을 [반대되는] 양쪽 허벅지위에 올리고 양 손을 [등 뒤로] 교차해서 두 엄지발가락을 단단히 잡는다. 이것은 모든 사람들이 칭송하는 연화좌이다."[175]

『요가야갸발꺄』의 연화좌는 『전철학강요』에서 인용된다.

"양 발바닥을 [반대쪽] 허벅지 위에 교차하여 올린 후 양 손을 [등 뒤에서] 교차하여 엄지발가락을 잡아야 한다. 이것이 모든 이들에게 칭송받는 연화좌이다.'라는 등의 [문장]을 통해 야갸발꺄는 연화좌

---

173) Hp.1.44, vāmorūpari dakṣiṇaṃ ca caraṇaṃ saṃsthāpya vāmaṃ tathā dakṣorūpari paścimena vidhinā dhṛtvā karābhyāṃ dṛḍham, aṅguṣṭhau hṛdaye nidhāya cibukaṃ nāsāgram ālokayet etad vyādhi-vināśa-kāri yamināṃ padmāsanaṃ procyate.

174) GhS.2.8, vāmorūpari dakṣiṇaṃ hi caraṇaṃ saṃsthāpya vāmaṃ tathā dakṣorūpari paścimena vidhinā kṛtvā karābhyāṃ dṛḍham, aṅguṣṭhau hṛdaye cibukaṃ nāsāgram ālokayet etad vyādhi-vināśa-nāśankakaraṃ padmāsanaṃ procyate.

175) Yv.2.46, aṅguṣṭhau sannibandhnīyād hastābhyāṃ vyutkrameṇa tu, ūrvor upari viprendra kṛtvā pādatale ubhe. padmāsanaṃ bhaved etat sarveṣām eva pūjitam.

등의 본질을 설명하였다. 따라서 이 모든 것을 알게 될 것이다."[176]

[영웅좌(3.8)]

3.8.

이와 같이 한쪽 발을 다른 쪽 허벅지 위에 올려 두고, 다른 쪽
[발]을 [반대쪽] 허벅지에 [두는 것을] ④ 영웅좌라 한다.

ekaṃ pādam athaikasmin vinyasyoruṇi saṃsthitam,

itarasmiṃs tathā coruṃ vīrāsanam udāhṛtam.

[해설]

영웅좌는 기원전 1세기에 작성된 흑야주르베다(Kṛṣṇa Yajurveda)
의 따잇띠리야(Taittirīya) 학파의 현존하는 세 개 법전 중 하나인『바
우다야나 다르마수뜨라』(Baudhāyana Dharmasūtra)[177]에서 고행자
가 되는 의식 절차의 부분으로 언급되지만 어떤 자세를 취하는지
설명되지 않는다.[178]『요가야갸발꺄』의 영웅좌는 결가부좌를 의미한
다.[179]『요가야갸발꺄』의 영웅좌는『하타쁘라디삐까』1.21[180],『게란다

---

176) SDS.2.465, pādāṅguṣṭhau nibadhnīyād dhastābhyāṃ vyutkrameṇa tu,
ūrvor upari viprendra kṛtvā pādatale ubhe. padmāsanaṃ bhaved etat
sarveṣām abhipūjitam, ity ādinā yājñavalkyaḥ padmāsanādi-svarūpaṃ
nirūpitavān, tat sarvaṃ tata evāvagantavyam.

177) 나머지 두 개 법전은『아빠스땀바 다르마수뜨라』(Āpastamba Dharmasūtra)와
『히란야께쉰 다르마수뜨라』(Hiraṇyakeśin Dharmasūtra)이다. Lingat(1973),
p.20.

178) Kane(1974), p.957 각주 2187[a].

179) 박영길(2022), p.178.

180) Hp.1.21, "한쪽 발을 다른 쪽 허벅지에 고정하듯이, 다른 쪽 [발]도 [나머지] 허
벅지 위에 고정하는 것을 영웅좌라 한다."(ekaṃ pādaṃ tathaikasmin vinyased
uruṇi sthiram, itarasmiṃs tathā coruṃ vīrāsanam itīritam)

상히따』2.17[181], 『요가바르띠까』2.46[182]에서 설명된 것과 동일하다.

[사자좌(3.9-11[ab])]

3.9~10[ab].

양 발목을 음낭 아래의 회음부의 양 측면에 붙어야 한다. 왼쪽
발목을 오른쪽에, 오른쪽 발목을 다른 쪽(왼쪽)에 [두어야 한다.]
그리고 양 손바닥을 양 무릎 위에 올려놓고 자신의 손가락을 펼
친다.

gulphau ca vṛṣaṇasyādhaḥ sīvanyāḥ pārśvayoḥ kṣipet,

dakṣiṇaṁ savya-gulphena dakṣiṇena tathetaram.

hastau ca jānvoḥ saṁsthāpya svāṅgulīś ca prasārya ca,

3.10[cd]~11[ab].

입을 벌린 채 집중하여 코끝(nāsāgra)을 응시해야 한다. 이것은
항상 요가 수행자들이 칭송하는 ⑤ 사자좌이다.

vyāttavaktro nirīkṣeta nāsāgraṁ susamāhitaḥ.

siṁhāsanaṁ bhaved etat pūjitaṁ yogibhiḥ sadā,

---

181) GhS.2.17, "한쪽 발(오른쪽 발)을 다른 한쪽(왼쪽) 허벅지에 위에 두어야 한다.
그리고 위에 있는 허벅지를 다른 쪽[발]위에 그와 같이 [두는] 것을 영웅좌라 한
다."(ekapādam athaikasmin vinyased ūru-saṁsthitam, itarasmiṁs tathā paścād
vīrāsanam itīritam)

182) Yv.2.46. "한쪽 발을 다른 한쪽 [허벅지] 위에 두고 [다른 쪽] 발을 다른 쪽 [허
벅지] 위에 그와 같이 [두는] 것을 영웅좌라 한다."(ekapādam athaikasmin
viny-ased ūru-saṁsthitam, itarasmiṁs tathā paścād vīrāsanam itīritam)

[해설]

『요가야갸발꺄』의 사자좌는『하타쁘라디삐까』1.50~52[183]에서 설명된 사자좌의 방법과 동일하며 원문도 거의 일치한다. 차이가 있다면『하타쁘라디삐까』의 사자좌는 물라 반다(mūla-bandha), 잘란다라 반다(jālaṃdhara-bandha), 웃디야나 반다(uḍḍiyāna-bandha) 등 세 가지 반다를 결합시키는 자세로 설명되지만『요가야갸발꺄』에서는 나타나지 않는다.

『비마나르짜나깔빠』의 사자좌는 입을 다무는 것으로 설명된다.[184] 입을 다무는 것은 다른 하타 요가 문헌과 비교가 된다.

[행운좌(3.11^cd-12)]

3.11^cd~12.

양 발목을 음낭 아래의 회음부의 양 측면에 붙어야 한다. 그리고 측면에 붙인 두 발을 두 손으로 단단히 움직이지 않고 유지한다. 이것은 모든 질병을 없애는 ⑥ 행운좌이다.

---

183) Hp.1.50~52, "이제 사자좌를 [설명한다.] 양 발목을 음낭 아래 봉합선에 붙여야 한다. 오른쪽에 왼쪽 발목을, 왼쪽에는 오른쪽 발목을 [붙이고서] 양 손을 양 무릎 위에 올려 놓은 후 자신의 손가락을 펼치고 입을 벌려 집중하여 코끝을 응시한다. 이 사자좌는 세 가지 반다를 결합시킨다. 요가의 영웅들이 칭송하는 최고의 좌법이다."(atha siṃhāsanam-gulphau ca vṛṣaṇasyādhaḥ sīvanyāḥ pārśvayoḥ kṣipet, dakṣiṇe savyagulphaṃ tu dakṣagulphaṃ tu savyake. hastau tu jānvoḥ saṃsthāpya svāṅgulīḥ samprasārya ca, vyāttavaktro nirīkṣeta nāsāgraṃ susamāhitaḥ. siṃhāsanaṃ bhaved etat pūjitaṃ yogipuṅgavaiḥ, bandhatritayasandhānaṃ kurute cāsanottamam)

184) Vck.96, "이전과 같이 양 발목을 음낭아래 봉합선에 두고 무릎 위에 양 손바닥을 펼치고 코끝을 바라보고 입을 다물어야 한다. 이것이 사자좌이다."(pūrvavat vṛṣaṇasyā 'dhaḥ sīvanyāḥ pārśvayoḥ gulphau nyasya hastau prasārya jānvoḥ sthāpya nāsāgraṃ nirīkṣya saṃvṛtā˘ syo bhavet etat siṃhāsanam)

gulphau ca vṛṣaṇasyādhaḥ sīvanyāḥ pārśvayoḥ kṣipet

pārśvapādau ca pāṇibhyāṃ dṛḍhaṃ baddhvā suniścalam,

bhadrāsanaṃ bhaved etat sarva-vyādhi-viṣāpaham.

[해설]

『요가야갸발꺄』의 행운좌는『하타쁘라디삐까』1.53~54[185]에서 설명된 행운좌와 동일하며 원문도 거의 일치한다. 하지만『게란다상히따』2.9~10[186]에서 설명된 행운좌는 연화좌처럼 '두 손을 등 뒤로 교차시켜 두 발의 엄지발가락을 잡는 자세'로 설명된다.

[해탈좌(3.13-14)]

3.13.

왼쪽 발목으로 [음낭 아래의] 회음부를 완전히 압박하고 오른쪽 발목으로 왼쪽 [발목]을 [압박하는 것을] ⑦-1해탈좌라 한다.

---

185) Hp.1.53~54, "양 발목을 음낭 아래 솔기의 양 옆에 붙여야 한다. 그와 같이 왼쪽 발목을 [음낭의] 왼쪽에, 오른쪽 발목을 [음낭의] 오른쪽에 붙여야 한다. 그리고 두 손으로 [양 발바닥을] 붙인 두 발을 단단히 붙잡고 유지하는 것이 행운좌이다. 이것은 모든 질병을 파괴한다."(atha bhadrāsanam-gulphau ca vṛṣaṇa-syādhaḥ sīvanyāḥ pārśvayoḥ kṣipte, savya-gulphaṃ tathā savye dakṣa-gulphaṃ tu dakṣiṇe. pārśva-pādau ca pāṇibhyāṃ dṛḍhaṃ baddhvā suniścalam, bhadrāsanam bhaved etat sarva-vyādhi-vināśanam, gorakṣāsanam ity āhur idaṃ vai siddha-yoginaḥ)

186) Ghs.2.9~10, "두 발목이 음낭 아래에서 그와 같은 순서로(교차하여) 결합된 것이다. 두 손을 [등] 뒤에서 [교차하여] 두 발의 엄지발가락을 잡고서 잘란다라 [무드라]에 전념하여 코끝을 바라보아야 한다. 이 행운좌는 모든 질병을 제거할 수 있다."(gulphau ca vṛṣaṇasyādho yat-krameṇa samāhitaḥ, pādāṅguṣṭhau karābhyāñ ca dhṛtvā ca pṛṣṭha-deśataḥ. jālaṃdharaṃ samāsādya nāsāgram avalokayet, bhadrāsanaṃ bhaved etat sarva-vyādhi-vināśakam)

saṃpīḍya[187] sīvanīṃ sūkṣmāṃ gulphena iva tu savyataḥ,

savyaṃ dakṣina-gulphena muktāsanam itīritam,

3.14.
왼쪽 발목을 음낭 위에 두고 [그 발목] 위에 그와 같이 다른(=오른쪽) 발목을 두는 것을 ⑦-2해탈좌라 한다.
meḍhrād upari nikṣipya savyaṃ gulphaṃ tathopari,
gulphāntaraṃ ca nikṣipya muktāsanam idaṃ tu vā.

[해설]

『요가야갸발꺄』에서 첫 번째로 설명되는 해탈좌는『요가야갸발꺄』의 고유한 좌법이다. 두 번째로 설명되는 해탈좌는『하타쁘라디삐까』1.36에서 설명되는 달인좌와 동일한 좌법이다.[188] 해탈좌는『하타쁘라디삐까』에서 설명되는 달인좌의 다른 명칭 중 하나이기도 하다. 두 번째로 설명되는 해탈좌는 호흡을 정복하는 방법(prāṇajayopāya)과 꾼달리니 각성 시 취하는 좌법으로 등장하는 것으로 보아『요가야갸발꺄』의 수행법에서 중요한 위치를 차지하는 것으로 보인다.

---

187) YYM에는 saṃpīḍaya로 표기되어 있다. Mohan(2013), p.24.
188) Hp.1.36~37, "성기 위에 왼쪽 발목을 두고 그와 같이 [그 위에 다른 쪽(=오른쪽) 발목을 고정시켜야 한다. 이것을 달인좌라 한다. 이것을 달인좌로 말하고 다른 사람은 금강좌(vajrāsana)라 한다. 다른 사람들은 해탈좌라 하고 다른 이들은 비밀좌(guptāsana)라고도 부른다."(meṇḍhrādupari vinyasya savyaṃ gulphaṃ tathopari, gulphāntaraṃ ca nikṣipya siddhāsanam idaṃ bhavet. etat siddhāsanaṃ prāhuranye vajrāsanaṃ viduḥ, muktāsanaṃ vadantyeke prādurguptāsanaṃ pare)

[공작 체위(3.15-16)]

3.15~16.

양 손바닥을 바닥에 완전히 짚고 양 손의 팔꿈치를 배꼽의 양쪽
에 대고 막대기처럼 머리와 다리를 공중으로 들어 올려 유지한
다. 이것은 모든 질병을 제거하는 ⑧ 공작 체위이다.

avaṣṭabhya dharāṃ samyak talābhyāṃ tu karadvayoḥ,

hastayoḥ kūrparau cāpi sthāpayan nābhipārśvayoḥ.

samunnataśiraḥpādo daṇḍavad vyomni saṃsthitaḥ,

mayūrāsanam etat tu sarvapāpapraṇāśanam.

[해설]

『요가야갸발꺄』의 공작 체위는 『하타쁘라디삐까』 1.30~31[189]에서
설명된 공작 체위의 방법과 효과에 관한 설명과 동일하다.

　mayūra의 사전적 의미는 '공작'이다.[190] 마치 공작이 뱀을 쪼아
죽이는 모습 같아서 'mayūrāsana'라 한다. 실제로 이 체위를 완
성하면 복부에 압력이 가해지게 된다. 이 압력 때문에 소화의 불
(jāṭharāgni)이 활성화된다.

---

189) Hp.1.30~31, "양 손[바닥]으로 땅을 짚고 양 팔꿈치를 배꼽 근처에 붙이고서 막
　　대기처럼 [몸을] 공중에 들어 올려 자세를 유지한다. 이 자세를 공작 체위라 한
　　다. 공작 체위는 비장(gulma)과 위(udara) 따위 모든 질병들을 없애주고 도샤
　　(doṣa)[의 불균형]을 정복한다. 많은 해로운 음식을 모두 소화시키고 소화의
　　불(jaṭharāgni)을 일으켜서 독성(kālakūṭa)을 소화시킨다."(dharām avaṣṭabhya
　　karad vayena tatkūrparasthāpitanābhipārśvaḥ, uccāsano daṇḍavad utthitaḥ
　　khe māyūram etat pravadanti pīṭham. harati sakalarogānāśu gulmodarādīn
　　abhibhavati ca doṣānāsanaṃ śrīmayūram, bahu kadaśanabhuktaṃ bhasma
　　kuryād aśeṣaṃ janayati jaṭharāgniṃ jārayet kālakūṭam)
190) Monier(1986), p.789.

[나디 정화 후 호흡수련 당부(3.17-18)]

3.17~18.

금계·권계·좌법에 의해 모든 내적 질병과 독소들이 제거된다. 그
대(가르기)는 나디 정화를 하고 난 후 호흡조절을 수행해야 한다.

sarve cābhyantarā rogā vinaśyanti viṣāṇi ca,

yamaiś ca niyamaiś ca iva āsanaiś ca susaṃyutā.

nādīśuddhiṃ[191] ca kṛtvā tu prāṇāyāmaṃ tataḥ kuru.

이처럼 요가야갸발꺄 제3장을 마친다.

iti śrīyogayājñavalkye tṛtīyo 'dhyāyaḥ

[해설]

『요가야갸발꺄』 1.48에서는 여덟 개 좌법 가운데 세 개가 가장
중요하다고 언급되었다. 하지만 그 세 개가 어떤 것인지 3장에서
설명하지 않는다. 다만 꾼달리니 각성 과정에서 설명된 좌법과 호
흡을 정복하는 방법에서 거론되는 좌법이 3.14게송에서 설명된 해
탈좌와 동일한 내용으로 나타나므로, 해탈좌가 세 가지 중요한 좌
법 중 하나일 것이라 추정된다. 좌법의 효과를 종합해보면 신체의
강건함, 죄의 소멸, 질병의 제거이다.

『요가야갸발꺄』의 좌법은 호흡조절을 위한 것이기도 하면서 명

---

191) nādīśuddhi는 나디 정화로 주로 사용되는 nādīśodhana와 의미상 동의어
이다. 요가야갸발꺄는 아누쉬뚜브─쉴로까 운율을 맞추기 위해 nādīśodha-
na(─ ─ ─ ∪ ∪)의 대체어로 4음절인 nādīśuddhi(─ ─ ∪ ∪)와 6음절인 nādīs-
aṃśodhana(─ ─ ─ ─ ∪ ∪)를 사용한다.

상을 위한 것이기 때문에 좌법 전체를 보면 고난도의 체위보다 명상 자세에 더 가깝다. 『요가야갸발꺄』에서 설하는 소얼굴 체위, 사자좌, 공작 체위는 『요가주』[192]에 비해 하타 요가로 진행된 과정임을 보여준다.

---

192) 『요가주』에서 좌법은 12개로 열거된다.
   YBh.2.46, "[좌법이란] 예를 들면 ① 연화좌, ② 영웅좌, ③ 행운좌, ④ 길상좌, ⑤ 장좌(杖坐), ⑥ 보조물 사용, ⑦ 옥좌 [자세], ⑧ 마도요 자세, ⑨ 코끼리 자세, ⑩ 낙타 자세, ⑪ 편한 상태, 그리고 '안락한 그대로'라고 말하는 것과 같은 등(종류)의 것으로서 ⑫ '견고하고 안락한 것'이다."(tad yathā ① padmāsanaṃ ② vīrāsanaṃ ③ bhadrāsanaṃ ④ svastikaṃ ⑤ daṇḍāsanaṃ ⑥ sopāśrayaṃ ⑦ paryaṅkaṃ ⑧ krauñca-niṣadanaṃ ⑨ hasti-niṣadanaṃ ⑩ uṣṭra-niṣadanaṃ ⑪ sama-saṃsthānaṃ ⑫ sthira-sukhaṃ yathā-sukhaṃ cety evamādīni)

제4장(caturtho 'dhyāyaḥ)

[미세신체론에 대한 가르침의 개시(4.1-6[ab])]

4.1.

야갸발꺄의 말을 들은 후 현자의 모임 가운데 저명한 수행자(가르기)가 다시 질문한다.

śrutvaitad bhāṣitaṃ vākyaṃ yājñavalkyasya dhīmataḥ,

punaḥ prāha mahābhāgā sabhāmadhye tapasvinī.

4.2~5[ab].

가르기가 말하길, 존자여! 어떤 방법으로 모든 존재들의 나디를 정화할 수 있는지 저에게 나디 정화에 관한 방법, 나디의 근원, 범위, 깐다(kanda)의 속성, 생기(vāyu)가 몇 개 있는지, 몸에 있는 것으로 알려진 생기의 위치와 기능을 각각 설명해주십시오! 존재들 중에 뛰어난 당신은 그 모든 것을 설명할 수 있습니다. 당신보다 잘 아는 사람이 없습니다.

gārgy uvāca-

bhagavan brūhi me svāmin nāḍīśuddhiṃ vidhānataḥ,

kenopāyena śuddhāḥ syur nāḍayaḥ sarvadehinām.

utpattiṃ cāpi nāḍīnāṃ cāraṇaṃ ca yathāvidhi,

kandaṃ ca kīdṛśaṃ proktaṃ kati tiṣṭhanti vāyavaḥ.

sthānāni ca iva vāyūnāṃ karmāṇi ca pṛthakpṛthak,

vijñatavyāni yānyasmin dehe dehabhṛtāṃ vara.

vaktum arhasi tatsarvaṃ tvat to vettāna vidyate,

[해설]

나디는 뼈, 근육, 신경 그리고 다른 기관에 영양소를 운반하는 통로이다. 나디는 동일한 크기나 성질이 아니다. 그리고 병환 기간 이나 임신 기간에 바뀌기도 한다.[193]

4.5^{cd}~6^{ab}.

이처럼 아내(가르기)가 물어보자, 그(야갸발꺄)의 마음은 그것(아내의 질문)에 몰두하였다. [야갸발꺄는] 그 가르기를 바라본 후 그 모든 것을 설명한다.

ity ukto bhāryayā tatra samyak tad gata mānasaḥ.

gārgīṃ tāṃ susamālokya tat sarvaṃ samabhāṣata,

[쁘라나의 활동 범위](4.6^{ab}-8)

4.6^{cd}~7.

야갸발꺄가 말하길, 사랑하는 이(가르기)여! 모든 사람들의 몸은

---

193) Desikachar(2000), p.41.

자신의 [손가락 한 마디 길이인] 앙굴라(aṅgula)[194]로 96앙굴라의 길이라는 것을 알아야 한다. 쁘라나는 몸에서 [바깥으로] 12앙굴라(22.8cm)로 뻗어나간다.

yājñavalkya uvāca-

śarīraṃ tāvad evaṃ hi ṣaṇṇavatyaṅgulātmakam.

viddhy etat sarvajantūnāṃ svāṅgulībhir iti priye,

śarīrād adhikaḥ prāṇo dvādaśāṅgulam ānataḥ.

4.8.

몇몇 덕망 있는 고행자들은 14앙굴라로 [뻗어나간다] 말한다. [하지만] 현자는 12앙굴라라고 말한다.

caturdaśāṅgulaṃ kecid vadanti munisattamāḥ,

dvādaśāṅgula eveti vadanti jñānino narāḥ.

[해설]

데시까차르는 쁘라나가 보통 바깥으로 뻗어나가는데 요가 수행자의 경우 쁘라나가 밖으로 나가지 않고 몸 안에 있다고 설명한다.[195]

[몸 안에 있는 불과 쁘라나의 결합(4.9-11ab)]

---

194) 앙굴라(aṅgula)는 손가락 한마디 길이로 대략 1.9cm정도이다. 12앙굴라는 vitasti로 9인치(22.86cm)이고, 24앙굴라는 hasta로 18인치(45.7cm)이다. Apte(1985), p.19.

195) Desikachar(2000), p.44.

4.9~11[ab].

요가수행에 의해 몸(ātman) 안에 위치한 불(vahni)과 쁘라나(ani-la)를 결합시키거나 소멸시킨 현자는 '브라흐만을 아는 훌륭한 사람'이며 '최고의 재생족(브라흐마나)'으로 칭송받는다. 그대도 요가를 통해 몸 안에 있는 불과 쁘라나(śvāna)[의 결합을] 통달해야 한다.

ātmastham anilaṃ vidvān ātmasthena iva vahninā,

yogābhyāsena yaḥ kuryāt samaṃ vā nyūnameva vā.

sa eva brahmavic chreṣṭhaḥ sa sampūjyo narottamaḥ,

ātmastha-vahninaiva tvaṃ yogajena dvijottame.

ātmasthaṃ mātariśvānaṃ yogābhyāsena nirjaya,

[몸의 중앙에 위치한 내적인 불(4.11[cd]-13)]

4.11[cd].

몸의 중앙에는 시뻘겋게 달궈진 황금처럼 빛나는 '불의 거주처'(śikhi-sthāna)가 있다.

dehamadhye śikhi-sthānaṃ tapta-jāmbūnada-prabham.

[해설]

몸안에 위치한 불이 자리 잡은 곳은 몸의 중앙이 된다. 몸의 중앙에 있는 불에 대해 모한은 "불(agni)이라는 단어는 '모든 것을 태우고 최종적으로 재가 되는 것'에서 유래된 것으로 볼 수 있다. 베다 사상에서 아그니는 신(神)을 상징한다. 불이 불순물을 태우는 것처럼, 신은 우리 안의 불순물, 즉 무지와 자아의 불순물을 태울

수 있으며, 우리를 의식으로서 궁극적이고 진정한 형태로 이끌 수
있다. 따라서 여기서 언급된 불은 물리적인 불이 아니다."라고 말
한다.[196] 즉, 몸의 중앙에 위치한 불은 실체가 있는 불이 아니라 '체
내에서 생긴 불'로 이해된다.

4.12.

그것(불의 거주처)은 사람의 경우 삼각형(trikoṇa), 네 발을 가진
동물의 경우 사각형(caturasra), 날개를 가진 동물(=새)의 경우 원
형(maṇḍala)이다. 이것이 내가 그대에게 말하는 진실이다.

trikoṇaṃ manujānāṃ ca caturasraṃ catuṣpadām,

maṇḍalam tat pataṅgānāṃ satyam etad bravīmi te.

4.13.

정결한 [수행자의] 그것(몸)의 중앙에 빛나는 불(tanvī)이 항상 머
문다. 만약 그대가 몸의 중앙이 어디에 있는지 알고 싶다면 들
어야 한다.

tanmadhye tu śikhā tanvī sadā tiṣṭhati pāvakī,

dehamadhyaṃ ca kutreti śrotum icchasi cec chṛnu.

[해설]

박영길은 4.11[cd]~13게송이 『하타쁘라디삐까』에 대한 브라흐마
난다(Brahmānanda, 17세기경)의 주석 『월광』(Jyotsnā) 3.66에서 인용
된 점을 들어 '몸의 중앙에 있는 불'은 『월광』에서 언급된 '불꽃수

---

196) Mohan(2013), p.32 각주 20번.

레'(vahni-maṇḍala)와 동일한 것으로 본다.[197]

불꽃수레, 즉 불꽃의 수레는 삼각형이고 배꼽의 아래에 있다. 이 점에 대해 야갸발꺄는 [다음과 같이] 말할 바 있다. "몸의 중앙에는 달구어진 황금처럼 빛나는 '불의 자리'(śikhi-sthāna)가 있다. 인간들의 것은 삼각형이고 동물(네 발을 가진)들의 것은 사각형이며 새(날개를 가진)들의 것은 둥글다. 내가 그대에게 하는 말은 진실이다. 바로 그 정결한 [수행자의] 몸속에는 아름다운 불꽃이 언제나 머문다."[198]

[몸의 중앙(4.14-15)]

4.14~15.

사람인 경우, 항문에서 2앙굴라 위, 음낭에서 2앙굴라 아래 그 둘 사이를 '몸의 중앙'(dehamadhya)이라 일컫는다. 네 발 달린 동물은 심장(hṛd) 안에, 양서류(tiraścā)는 위장(tuṇḍa) 안에, 새(dvijā)는 위장(tuṇḍa) 안에 있다고 한다. 아름다운 여인(가르기)이여!

gudāt tu dvyaṅgulād ūrdhvam adho meḍhrāc ca dvyaṅgulāt,

dehamadhyaṃ tayor madhyaṃ manuṣyāṇām itīritam.

catuṣpadāṃ tu hṛnmadhyaṃ tiraścāṃ tuṇḍamadhyamam,

dvijānāṃ tu varārohe tuṇḍamadhyam itīritam.

---

197) 박영길(2019), p.753.

198) Jt.3.66, vahni-maṇḍala vahner maṇḍalaṃ trikoṇaṃ nābher adhobhāge 'sti, tad uktaṃ yājñavalkuyena- "dehamadhye śikhisthānaṃ taptajāmbūnadaprabham, trikoṇaṃ tu manuṣyāṇāṃ caturasraṃ catuṣpadām. maṇḍalaṃ tu pataṅgānāṃ satyam etad bravīmi te, tanmadhye tu śikhā tanvī sadā tiṣṭhati pāvakī"(YY. 4.11^{cd}~13^{ab}) iti.

[해설]

『요가야갸발꺄』 4.11^{cd}~15에 서술된 불의 거주처의 형태와 몸의 중앙의 위치는 다음의 표로 정리된다.

구분	불의 거주처의 형태	몸의 중앙의 위치
사람	삼각형	항문에서 2앙굴라 위와 음낭에서 2앙굴라 아래 사이
네 발 가진 동물	사각형	심장 안
양서류	-	위장 안
새	원형	위장 안

[깐다의 위치와 형태 그리고 크기](4.16-17)]

4.16~17.

깐다의 위치는 사람의 경우 몸의 중앙에서 [아래 사선 방향의 뒤로]$^{199)}$ 9앙굴라에 있다. 높이는 4앙굴라이고 넓이도 그와 같다. 그것(깐다)[의] 모양 달걀(aṇḍa)과 같고 막(tvac) 등으로 둘러싸여 있다. 네 발을 가진 동물들과 양서류들과 새들의 경우 [깐다는] 위장 안에 있다.

kandasthānaṃ manuṣyāṇāṃ dehamadhyān navāṅgulam,

caturaṅgulam utsedham āyāmaś ca tathāvidhaḥ.

aṇḍākṛtivad ākāraṃ bhūṣitaṃ tattvagādibhiḥ,

catuṣpadāṃ tiraścāṃ ca dvijānāṃ tundamadhyame.

---

199) 게송에서는 '아래 사선 방향의 뒤로'라는 표현은 없지르만 데시까차르 번역본의 그림에는 깐다의 위치는 몸의 중앙에서 아래 사선 방향의 뒤로 9앙굴라에 위치한 것으로 표시되어 있다. Desikarchar(2000), p.48.

[해설]

위 두 게송은『하타쁘라디삐까』의 주석『월광』3.111에서 인용되
었다.

그리고 야갸발꺄는 [깐다에 대해 다음과 같이 말했다.] "사람인 경
우, 항문에서 2앙굴라 위, 음낭에서 2앙굴라 아래, 그 둘 사이를 '몸
의 중앙'이라 일컫는다.(YY. 4.14) 사람의 경우, 깐다의 위치는 '몸의
중앙'에서 9앙굴라에 있다.(YY. 4.16) 그것(깐다)[의] 모양 달걀(aṇḍa)
과 같고 막(tvac) 등으로 둘러싸여있다. 네 발을 가진 동물들과 양서
류들과 새들의 경우 [깐다는] 위장 안에 있다.(YY. 4.17)"[200]

[물라 짜끄라의 위치](4.18-20)

4.18.

그것(깐다)의 중앙을 배꼽(nābhi)이라 한다. 배꼽에서 짜끄라가
발생한다. 그것(짜끄라)은 12개의 바퀴살로 구성되었으며 그것
(짜끄라)에 의해 몸이 유지된다.

tanmadhyaṃ nābhir ity uktaṃ nābhau cakrasamudbhavaḥ,

dvādaśārayutaṃ tac ca tena dehaḥ pratiṣṭhitaḥ.

---

200) Jt. 3.113, yājñavalkyaḥ-"gudāt tu dvyaṅgulād ūrdhvam meḍhrāt tu
dvyaṅgulād adhaḥ / dehamadhyaṃ tayor madhyaṃ manujānām itīritam.
(YY. 4.14) kandasthānaṃ manuṣyāṇāṃ dehamadhyān navāṅgulam,
catur-aṅgula-vistāram āyāmaṃca tathā vidham.(YY. 4.16) aṇḍākṛtivad
ākāra bhūṣitaṃ ca tvagādibhiḥ, catuṣpadāṃ tiraścāṃ ca dvijānāṃ
tundamadhyam(YY. 4.17)

[해설]

nābhi의 사전적 의미는 '배꼽', '중심', '출발점'이다.[201] 여기서 nābhi는 일반적으로 사용되는 몸의 배꼽의 의미보다 '중심'의 의미로 사용된 것으로 보인다. 데시까차르의 번역본의 그림에서 배꼽(navel)은 보통 몸의 배꼽으로 옆면에서 봤을 때 앞쪽에 위치한다. 반면 nābhi는 중앙에 위치한다.[202]

'짜끄라에 의해 몸이 유지된다'는 짜끄라에서 나디가 뻗어 나가기 때문에[203] 12개의 바퀴살로 구성된 짜끄라로 인간의 몸을 지탱한다고 풀이된다.

4.19.

거미가 거미줄(tantu-pañjara)에서 움직이듯이 개별적 자아는 선악(puṇya-pāpa)에 따라 이 짜끄라 안에서 배회한다고 한다.

cakre 'smin bhramate jīvaḥ pāpapuṇyapracoditaḥ,

tantupañjaramadhyasthā yathā bhramati lūtikā.

4.20.

생명의 근원인 쁘라나는 이 물라 짜끄라(mūla-cakra) 아래에서 움직인다. 항상 모든 존재들에 있는 생명은 쁘라나에 올라타 있다.

jīvasya mūlacakre 'sminn adhaḥ prāṇaś caraty asau,

prāṇārūḍho bhavej jīvaḥ sarvebhūteṣu sarvadā.

---

201) Monier(1986), p.535.

202) Desikachar(2000), p.48.

203) YY.4.25[cd], "나디로 알려진 것들은 이 짜끄라에서 사방으로 뻗어나간다."(tiṣṭhanti paritaḥ sarvāścakre 'smin nāḍosaṃjñakāḥ)

[해설]

물라 짜끄라는 배꼽이 있는 복부에 위치한다.

물라 짜끄라는 꾼달리니가 잠들어 있는 곳으로 파악되는데 그 이유는 꾼달리니가 각성된 후 배꼽에 있는 물라 짜끄라에서 쁘라나가 상승하여 출발하기 때문이다.[204]

[꾼달리니의 위치와 특성(4.21)]

4.21.

그것(깐다) 위에 꾼달리니(kuṇḍalinī)가 위치한다. [그곳은] 배꼽으로부터 비스듬히 위·아래(ardha-ūrdhva)이다. 그녀(꾼달리니)의 속성은 여덟 쁘라끄리띠(prakṛti)이며 8번 감긴 나선형 형태이다.

tasyordhvaṃ kuṇḍalīsthānaṃ nābhes tiryag adhordhvataḥ,

aṣṭaprakṛtirūpā sā aṣṭadhā kuṇḍalīkṛtā.

[해설]

『요가야갸발꺄』에서 꾼달리니는 kuṇḍalī, ahi, cakrin 등 여러 단어로 대체되어 사용된다.

여덟 쁘라끄리띠(prakṛti)에 대해 모한은 『기따』 7.4 "나의 [물질적] 본성은 8개로 나누어진다. [그것은] 흙, 물, 불, 바람, 공, 마나스, 지성, 아만이다.(bhūmir āpo 'nalo vāyuḥ khaṃ mano buddhir eva

---

204) YY.6.71, "이리하여 [꾼달리니가] 각성된 후, '쁘라나로 알려진 것'(prāṇa-saṃjñ-aka)은 배꼽에 있는 물라 짜끄라에서 일어나 수슘나로 [상승하면서] 브라흐마란드라를 향해 간다."(prabuddhe saṃsaraty asmin nābhimūle tu cakriṇi, brahmarandhre suṣumnāyāṃ prayāti prāṇasaṃjñakām)

ca, ahaṁkāra itī 'yaṁ me bhinnā prakṛtir aṣṭadhā)"를 인용하며 여덟 쁘라끄리띠를 흙(地), 물(水,) 불(火), 바람(風), 공(空), 마나스(manas), 아만(ahaṃkāra), 지성(buddhi)으로 해설한다. 반면 데시까차르는 '5 감각 기관, 마나스, 아만, 지성'으로 해설한다. 이에 대한 근거는 제시되지 않는다.[205]

[꾼달리니의 각성과 상승(4.22-24)]

4.22~23[ab].

[꾼달리니개] 항상 깐다의 모든 면에서 모든 방향으로 숨(vāyu), 물, 음식 등 움직임을 [차단하면서] 그와 같이 [꾼달리니는] 입으로 브라흐마란드라의 입구를 덮는다.

yathāvad vāyusaṃcāraṃ jalānnādīni nityaśaḥ,

paritaḥ kandapārśveṣu niruddhyaiva sadā sthitā.

mukhena iva samāveṣṭya brahmarandhra-mukhaṃ tathā,

4.23[cd]~24.

요가 수행을 하는 동안 [꾼달리니는] 불과 아빠나(apāna) [생기]에 의해 각성된다. 그리하여 심장의 공간에서 뱀(nāga)의 모습을 하면서 환히 빛나는 쁘라나(vāyu)는 [불의] 도움으로 수슘나(suṣumṇā) [나디]로 진입한다.

yogakāle tv apānena prabodhaṃ yāti sāgninā.

sphurantī hṛdayākāśe nāgarūpā mahojjvalā,

---

205) Mohan(2013), p.34 각주 24번; Desikachar(2000), p.47.

vāyur vāyusakhena iva tato yāti suṣumṇayā.

[열네 개의 나디](4.25-28)

4.25.

깐다의 중앙에 위치한 나디를 수슘나 [나디]라고 부른다. 나디로
알려진 것들은 이 짜끄라(물라 짜끄라)에서 사방으로 뻗어 나간다.

kandamadhye sthitā nāḍī suṣumneti prakīrtitā,

tiṣṭhanti paritaḥ sarvāś cakre 'smin nāḍosaṃjñakāḥ.

[해설]

깐다의 중앙인 배꼽에서 물라 짜끄라가(YY.4.18), 물라 짜끄라에
서 열네 개의 나디가(YY.4.25), 열네 개의 나디에서 나머지 나디들
이 발생한다. (YY.4.45cd~46)

4.26~28.

모든 나디들 가운데 열네 개의 나디가 중요하다. [그것들은] ①
이다(iḍā) [나디] ② 삥갈라(piṅgalā) [나디] ③ 수슘나 [나디] ④
사라스바띠(sarasvatī) [나디] ⑤ 바루니(vāruṇī) [나디] ⑥ 뿌샤
(pūṣā) [나디] ⑦ 하스띠지흐바(hastijihvā) [나디] ⑧ 야샤스비니
(yaśasvinī) [나디] ⑨ 비슈보다라(viśvodarā) [나디] ⑩ 꾸후(kuhū)
[나디] ⑪ 샹키니(śaṅkhini) [나디] ⑫ 빠야스비니(payasvinī) [나디]
⑬ 알람부샤(alambuṣā) [나디] ⑭ 간드하리(gāndhārī) [나디]이다.
이 14개의 나디 중에서 중요한 것은 [이다, 삥갈라, 수슘나 나디
인] 세 개이고 이 세 개의 [나디] 중에서 한 개의 [나디]가 매우

중요하다.

nāḍīnām api sarvāsāṃ mukhyās tv etāś caturdaśa,

iḍā ca piṅgalā ca iva suṣumṇā ca sarasvatī.

vāruṇī ca iva pūṣā ca hastijihvā yaśasvinī,

viśvodarā kuhūś ca iva śaṅkhino ca payasvino.

alambuṣā ca gāndhārī mukhyāś caitāś caturdaśa,

āsāṃ mukhyatamās tistras tisṛṣv ekottamouttamā.

[해설]

『요가야갸발꺄』에서 나디는 72,000개이다.(YY.4.56) 이 중에서 중요한 것이 열네 개의 나디이고 열네 개의 나디 중에 중요한 것이다, 삥갈라, 수슘나 나디이다. 이 세 나디 가운데 가장 중요한 것이 수슘나 나디이다.

[수슘나 나디(4.29-31[ab])]

4.29.

그 수슘나 나디는 '해탈의 통로'(mārga)이자 '만물의 유지자'(viśv-adhārin)라 불린다. 가르기여! 수슘나 [나디]는 깐다의 중앙에 위치한다.

mukti-mārgeti sā proktā suṣumnā viśvadhāriṇī,

kandasya madhyame gārgi suṣumṇā supratiṣṭhitā.

4.30~31[ab].

그(수슘나) 나디는 [척추] 뒤쪽 중앙에서 정수리까지 이어진다. 그 수슘나 [나디]는 해탈의 통로이자 브라흐마란드라로 일컬어진다.

바로 이것(수슘나 나디)이 [여러 문헌에서] 전해 내려오는 바로 '미
현현'(avyakta), '미세한 것'(sūkṣmā), '바이슈나비'(vaiṣṇavī)이다.

pṛṣṭhamadhye sthitā nāḍī sā hi mūrdhni vyavasthitā,

mukti-mārgaḥ suṣumṇā sā brahmarandhreti kīrtitā.

avyaktā sa iva vijñeyā sūkṣmā sā vaiṣṇavī smṛtā,

[해설]

YYM에는 4.29[ab]게송이 4.31[ab]에 기재되어 있다.

수슘나가 중요한 이유는 해탈과 밀접한 관련이 있기 때문이다.[206]

[이다 나디와 삥갈라 나디(4.31[cd]-35[ab])]

4.31[cd]~32.

이다 [나디]와 삥갈라 [나디]는 [각각] 그녀(수슘나 나디)의 왼쪽과
오른쪽에 위치한다. 이다 [나디]는 왼쪽 코끝에 끝나고 삥갈라
[나디]는 오른쪽 코끝에 끝난다. 이다 [나디]와 삥갈라 [나디]에
서 달(candra)과 태양(bhāskara)이 움직인다.

iḍā ca piṅgalā ca iva tasyāḥ savye ca dakṣiṇe.

iḍā tasyāḥ sthitā savye dakṣiṇe piṅgalā sthitā,

iḍāyāṃ piṅgalāyāṃ ca carataś candrabhāskarau.

4.33.

달(candramas)은 이다 [나디]로, 태양(ravi)은 삥갈라 [나디]로 전
해진다. 달은 '암질'(tāmasa)이며, 태양은 '동질'(rājasa)로 불린다.

---

206) 수슘나 나디는 쁘라나(prāṇa)를 옮기는 미세한 통로로 모든 나디들 중에서 해
  탈과 밀접한 관련이 있다. 김재민(2008), p.200.

iḍāyāṃ candramā jñeyaḥ piṅgalāyāṃ raviḥ smṛtaḥ,

candrastāmasa ity uktaḥ sūryo rājasa ucyate.

4.34~35[ab].

태양은 독(viṣa)을 가지고 있고 달은 감로(amṛta)를 가지고 있다
고 전해졌다. 바로 그 둘(달과 태양)은 밤(rātri)과 낮(diva)에 속
하는 모든 시간을 관장한다. 수슘나 [나디]는 시간을 먹는 자
(bhoktṛ)이다. 이것은 비밀(guhya)에 부쳐진 것이다.

viṣabhāgo raver bhāgaḥ somabhāgo 'mṛtaṃ smṛtam,

tāv eva dhattaḥ sakalaṃ kālaṃ rātridivātmakam.

bhoktrī suṣumṇā kālasya guhyam etad udāhṛtam,

[해설]

모한과 데시까차르는 태양으로 표현되는 삥갈라 나디는 몸의
독소를 제거하고 달로 표현되는 이다 나디는 몸을 마르지 않게 하
는 것으로 풀이한다.[207] 삥갈라 나디와 이다 나디를 통해 들숨을 통
해 공기가 체내로 들어가고 날숨을 통해 활성 산소와 같은 독소가
체외로 나가게 되어 생명 활동을 하게 된다.

‘수슘나 나디는 시간을 먹는 자’는 호흡의 흐름이 멈추고 시간에
대한 인식이 멈추는 마음의 완전한 흡수된 상태인 삼매를 나타내
는 것으로 보인다. ‘달과 태양이 밤과 낮에 속하는 모든 시간을 관
장한다’는 이다 나디와 삥갈라 나디에 숨이 흘러들어감으로써 마
음은 흩어지고 분산되며 시간에 대한 인식이 계속 진행된다. 이에

---

207) Mohan(2000), p.61; Desikachar(2000), p.52.

따라 낮과 밤으로 구성된 시간을 만든다고 풀이된다.

[기타 11개의 나디(4.35^{cd}-46)]

4.35^{cd}.

사라스바띠 [나디]와 꾸후 [나디]는 수슘나 [나디] 양옆에 [각각]
위치한다.

sarasvatī kuhuścaiva suṣumnā pārśvayoḥ sthite.

4.36.

간다리 [나디]와 하스띠지흐바 [나디]는 이다 [나디]의 뒤와 옆에
[각각] 위치한다. 비슈보다라 [나디]는 꾸후 [나디]와 하스띠지흐
바 [나디] 사이에 위치한다.

gāndhārī hastijihvā ca iḍāyāḥ pṛṣṭhapārśvayoḥ,

kuhoś ca hastijihvāyā madhye viśvodarā sthitā.

4.37.

바루니 [나디]는 야샤스비니 [나디]와 꾸후 [나디]사이에 위치하
며 빠야스비니 [나디]는 뿌샤 [나디]와 사라스바띠 [나디] 사이에
위치한다.

yaśasvinyāḥ kuhor madhye vāruṇī ca pratiṣṭhitā,

pūṣāyāś ca sarasvatyāḥ sthitā madhye payasvinī.

4.38.

샹키니 [나디]는 간드하리 [나디]와 사라스바띠 [나디] 사이에 위
치한다. 알람부샤 [나디]는 깐다의 중앙아래(adhas)에 위치한다.

최고의 브라흐마나(가르기)여!

gāndhāryāś ca sarasvatyāḥ sthitā madhye ca śaṅkhinī,

alambusā ca viprendre kandamadhyād adhaḥ sthitāḥ.

4.39.

꾸후 [나디]는 수슘나 [나디] 앞에서 음낭 끝까지 위치한다. 바루
니 [나디]는 꾼달리니의 위와 아래, 전신으로 퍼진다.

pūrvabhāge suṣumṇāyā āmedhrānte kuhūḥ sthitā,

adhaś cordhvaṃ ca kuṇḍalyā vāruṇī sarvagāminī.

4.40.

야샤스비니 [나디]는 오른쪽 엄지발가락 끝까지 이어진다. 삥갈
라 [나디]는 위로 올라가서 오른쪽 코끝으로 뻗어 나간다. 사랑
하는 이(가르기)여!

yaśasvinī ca yāmyasthā pādāṅguṣṭhāntam iṣyate,

piṅgalā cordhvagā yāmye nāsāntaṃ viddhi me priye.

4.41.

뿌샤 [나디]는 삥갈라 [나디]의 뒤에서 올라가 오른쪽 눈꼬리로
[이어진다.] 그와 같이 빠야스비니 [나디]는 오른쪽 귀까지 뻗어
나간다. 가르기여!

yāmye pūṣā ca netrāntaṃ piṅgalāyās tu pṛṣṭhataḥ,

payasvinī tathā gārgi yāmyakarṇāntim iṣyate.

4.42.

사라스바띠 [나디]는 혀 위로 이어진다. 샹키니 [나디]는 위로 올라가 왼쪽 귀로 뻗어 나간다. 최고의 브라흐마나(가르기)이여!

sarasvatī tathā cordhvam ā-jihvāyāḥ pratiṣṭhitā,

ā-savya-karṇād viprendre śaṅkhinī cordhvagā matā.

4.43.

간드하리 [나디]는 이다의 뒤에서 왼쪽 눈으로 뻗어 올라가며 이다[나디] 는 [수슘나 나디의] 왼쪽에서 [시작해서] 왼쪽 코끝까지 이어진다.

gāndhārī savyanetrāntam iḍāyāḥ pṛṣṭhataḥ sthitā,

iḍā ca savyanāsāntaṃ savyabhāge vyavasthitā.

4.44.

하스띠지흐바 [나디]는 왼쪽 엄지발가락까지 퍼져 나간다. 비슈보다라 [나디는 복부 중앙에 머문다.

hastijihvā tathā savyapādāṅguṣṭhāntam iṣyate,

viśvodarā tu yā nāḍī tundamadhye vyavasthitā.

4.45^{ab}.

알람부샤 [나디]는 항문에서 아래로 뻗어나간다.

alambuṣā mahābhāge pāyumūlād adhogatā,

4.45^{cd}~46.

그 외 모든 나디들도 [위에서 말한 열네 개의] 나디에서 생겨난 것이다. 보리수 나뭇잎(aśvattha-dala) 또는 연꽃잎(abja-pātra)에 있는 잎맥처럼 이 나디들이 온 몸에 [펴져 있는 것을] 알아야 할 것이다. 위대한 고행자(가르기)여!

etās tv anyāḥ samutpannāḥ śirāścānyāś ca tāsv api.

yathāśvatthadale tadvad abjapātreṣu[208] vā śirāḥ,

nāḍiṣv etāsu sarvāsu vijñātavyās tapodhane.

[해설]

열네 개의 나디의 위치와 영역은 다음의 도표로 정리된다.

나디의 명칭	시작하는 위치	끝나는 위치
① 수슘나(suṣumnā)	깐다의 중앙	정수리(mūrdhan)
② 이다(iḍā)	수슘나의 왼쪽	왼쪽 코끝(savya-nāsānta)
③ 삥갈라(piṅgalā)	수슘나의 오른쪽	오른쪽 코끝(yāmye nāsānta)
④ 사라스바띠(sarasvatī)	수슘나의 옆	혀 위(urdhvamā-jihvāya)
⑤ 꾸후(kuhu)	수슘나의 앞	음낭 끝(ā-meḍhrānta)
⑥ 간다리(gāndhārī)	이다의 뒤쪽	왼쪽 눈(savya-netrānta)
⑦ 하스띠지흐바 (hastijihvā)	이다의 옆	왼발의 엄지발가락 (savya-pādāṅguṣṭha)
⑧ 비슈보다라 (viśvodara)	꾸후와 하스띠지흐바 사이	복부의 중앙(tunda-madya)
⑨ 바루니(vāruṇī)	꾼달리니 위와 아래	전신에 퍼짐
⑩ 야샤스비니(yaśasvinī)	-	오른쪽 엄지발가락 끝 (pādāṅguṣṭhānta)

---

208) YYD, YYM, YYSD에서 abja-patra로 표기되어 있다. 하지만 patra로는 사전적 의미가 발견되지 않는다. pātra의 필사과정에서 오류가 발생한 것으로 보인다.

⑪ 빠야스비니(payasvinī)	뿌샤와 사라스바띠 사이	오른쪽 귀(yāmya-karṇa)
⑫ 뿌샤(pūṣā)	삥갈라의 뒤쪽	오른쪽 눈(yāmye-netrānta)
⑬ 샹키니(śankhinī)	간드하리와 사라스바띠 사이	왼쪽 귀(āsavya-karṇa)
⑭ 알람부샤(alambuṣā)	깐다의 중앙의 아래	항문에서 아래로 (pāyumūlād adhas)

[열 개의 생기(4.47-49)]

4.47.

[열 개의 생기는] ① 쁘라나(prāṇa) [생기] ② 아빠나(apāna) [생기] ③ 사마나(samāna) [생기] ④ 우다나(udāna) [생기] ⑤ 비야나(vyāna) [생기] ⑥ 나가(nāga) [생기] ⑦ 꾸르나(kūrma) [생기] ⑧ 끄리까라(kṛkara) [생기] ⑨ 데바닷따(devadatta) [생기] ⑩ 다난자야(dhanañjaya) [생기]이다.

prāṇo 'pānaḥ samānaś ca udāno vyāna eva ca,

nāgaḥ kūrmo 'tha kṛkaro devadatto dhanañjayaḥ.

[해설]

열 개의 생기는 후대 문헌인 『게란다상히따』와 『쉬바상히따』에서 동일하게 언급된다.

"[열 개의 생기는] ① 쁘라나 [생기] ② 아빠나 [생기] ③ 사마나 [생기] ④ 우다나 [생기] ⑤ 비야나 [생기] 다섯 개가 [주요하고 그 외] ⑥ 나가 [생기] ⑦ 꾸르마 [생기] ⑧ 끄리까라 [생기] ⑨ 데바닷따 [생기] ⑩ 다난자야 [생기]이다."[209]

"[열 개의 생기는] ① 쁘라나 [생기] ② 아빠나 [생기] ③ 사마나 [생기] ④ 우다나 [생기] ⑤ 비야나 [생기] 다섯 개가 [주요하고 그 외] ⑥ 나가 [생기] ⑦ 꾸르마 [생기] ⑧ 끄리까라 [생기] ⑨ 데바닷따 [생기] ⑩ 다난자야 [생기]이다."[210]

4.48.

이 열 개의 생기는 모든 나디에서 움직인다. 이들 중에서 쁘라나 [생기] 등 다섯 생기가 중요하다고 전해졌다.

ete nāḍīṣu sarvāsu caranti daśa vāyavaḥ,

eteṣu vāyavaḥ pañcā mukhyāḥ prāṇādayaḥ smṛtāḥ.

4.49.

그것들(다섯 생기) 중에서 쁘라나 [생기]와 아빠나 [생기] 두 개가 중요하다. 그 둘 중에서도 쁘라나 [생기]가 가장 중요하다.

mukhyatamāv etau prāṇāpānau narottame,

prāṇa eva tayor mukhyaḥ sarvaprāṇabhṛtāṃ sadā.

[쁘라나 생기의 위치(4.50-51)]

4.50.

어떤 사람은 쁘라나 [생기]는 입과 콧구멍(nāsikā-madhya), 심장 안, 복부 가운데에 위치한다고 한다. 다른 사람은 엄지발가락에

---

209) Ghs. 5.60, prāṇo 'pānaḥ samānaś codāna-vyānau tathaiva ca, nāgaḥ kūrmaś ca kṛkaro devadatto dhanañjayaḥ

210) ŚS. 3.4, prāṇo 'pānaḥ samānaś ca udāno vyānaś ca pañcamaḥ, nāgaḥ kūrmaś ca kṛkaro devadatto dhanañjayaḥ

도 있다고 말한다.

āsyanāsikayor madhye hṛnmadhye nābhimadhyame,

prāṇālaya iti prāhuḥ pādāṅguṣṭe 'pi kecana.

4.51.

꾼달리니의 위와 아래에 둘러싸여 있는 것은 쁘라나 [생기]로
알려진 것이다. [쁘라나 생기는] 이곳에 있으면서 모든 곳에서
등불처럼 빛나게 된다.

adhaś cordhvaṃ ca kuṇḍalyāḥ parītaḥ prāṇasaṃjñakaḥ,

tiṣṭhann eteṣu sarveṣu prakāśayati dīpavat.

[아빠나 생기의 위치(4.52-53)]

4.52.

어떤 사람은 아빠나 [생기]는 항문, 생식기, 허벅지, 무릎, 위장,
음낭, 엉덩이, 정강이, 배꼽에 위치한다고 말한다.

apānanilayaṃ kecid gudameḍhrorujānuṣu,

udare vṛṣaṇe katyāṃ jaṅghe nābhau vadanti hi.

4.53.

항문과 불의 자리에 위치한 아빠나 생기는 꾼달리니의 위와 아
래에서 등불처럼 빛난다.

gudāgny-ādhārayos tiṣṭhan madhye 'pānaḥ prabhañjanaḥ,

adhaś cordhvaṃ ca kuṇḍalyāḥ prakāśayati dīpavat.

[비야나 생기의 위치(4.54)]

4.54.

비야나 [생기]는 귀, 눈 사이, 목구멍, 양 발목, 코, 목, 엉덩이 부위에 위치한다. 여기에 의심의 여지가 없다.

vyānaḥ śrotrākṣimadhye ca kṛkaṭyaṃ gulphayor api,

ghrāṇe gale sphijordeśe tiṣṭhaty atra na saṃśayaḥ.

[우다나 생기의 위치(4.55[ab])]

4.55[ab].

우다나 [생기]는 두 손과 두 발뿐만 아니라 모든 관절(saṃdhi)에 있다.

udānaḥ sarvasandhisthaḥ pādayor hastayor api,

[사마나 생기의 위치(4.55[cd]-57)]

4.55[cd].

사마나 [생기]는 몸 전체에 퍼져있고 위치한다.

samānaḥ sarvagātreṣu sarvaṃ vyāpya vyavasthitaḥ.

4.56.

[사마나 생기는] 먹은 음식을 [소화의] 불과 함께 [소화시킨] 정수(精髓, rasa)를 몸에 퍼트리면서 72,000개의 나디 안에서 움직인다.

bhuktaṃ sarvarasaṃ gātre vyāpayan vahninā saha,

dvisaptatisahasreṣu nāḍīmārgeṣu saṃcaret.

4.57

사마나 생기만이 [소화의] 불과 함께 모든 사지, 모든 몸(kaleva-
ra)에 퍼진다.

samānavāyur eva ikaḥ sāgnir vyāpya vyavasthitaḥ,

agnibhiḥ saha sarvatra sāṅgopāṅgakalevare.

[기타 다섯 생기의 위치(4.58ab)]

4.58ab.

나가 [생기] 등 다섯 생기는 피부(tvac)와 뼈(asthi) 등에 위치한
다.

nāgādi vāyavaḥ pañca tvagasthyādiṣu saṃsthitāḥ,

[음식의 소화과정과 흡수 과정에서
생기의 역할(4.58cd-66)]

4.58cd~59.

물(jala), 음식(anna), 정수(rasa)는 배[안]에서 혼합된다. 배안에 있
는 쁘라나 [생기]는 그것들을 다시 불에 물을, 물에 음식 등을
각각 분류할 것이다.

tundasthaṃ jalam annaṃ ca rasāni ca samīkṛtam.

tundamadhya-gataḥ prāṇastāni kuryāt pṛthakpṛthak,

punar agnau jalaṃ sthāpya tv annādīni jalopari.

4.60.

쁘라나 [생기]는 스스로 아빠나 [생기]와 결합하고 난 후 그것과

함께 그 몸의 중앙에서 다시 불을 피운다.

svayaṃ hy apānaṃ samprāpya tena iva saha mārutaḥ,

pravāti jvalanaṃ tatra dehamadhyagataṃ punaḥ.

4.61.

[쁘라나] 생기에 의해 불(vahni)은 서서히 타오른다. 그 때 [불은]
자신의 거주처인 몸의 중앙에서 빛난다.

vāyunā vātito vahnir apānena śanaiḥ śanaiḥ,

tadā jvalati viprendre svakule dehamadhyame.

4.62.

그리하여 쁘라나 [생기]에 의해 타오르는 불은 배 가운데 있는
물을 아주 뜨겁게 만든다.

jvālābhir jvalanas tatra prāṇena preritas tataḥ,

jalam atyuṣṇam akarot koṣṭhamadhyagataṃ tadā.

4.63.

그리하여 뜨거운 물을 통해 불은 물 위에 놓여진 [다른] 섭취된
[재료들과 함께] 음식을 익힌다.

annaṃ vyañjanasaṃyuktaṃ jalopari samarpitam,

tataḥ supakvam akarod vahniḥ santaptavāriṇā.

4.64.

쁘라나 [생기]는 물을 땀(sveda)과 소변(mūtra)으로, 정수를 활력
(活力, vīrya)으로, 음식물을 대변(pūrīṣa)으로 각각 전환할 것이다.

가르기여!

sveda-mūtre jalaṃ syātāṃ vīryarūpaṃ raso bhavet,

pūrīṣamannaṃ syādgārgi prāṇaḥ kuryāt pṛthak pṛthak.

4.65.

쁘라나 [생기]는 사마나 생기와 함께 정수를 모든 나디로 퍼져 나가며 몸에서 호흡(śvāsa)의 형태로 흐른다.

samānavāyunā sārdhaṃ rasaṃ sarvāsu nāḍiṣu,

vyāpayañc chvāsarūpeṇa dehe carati mārutaḥ.

4.66.

생기들은 [모근]과 아홉 개의 구멍을 통해 몸 전체의 [노폐물], 대소변(viṣ-mūtra) 등을 지속적으로 배출한다.

vyomarandhaiś ca navabhiḥ viṇmūtrādi visarjanam,

kurvanti vāyavaḥ sarve śarīreṣu nirantaram.

[해설]

위의 내용을 살펴보면 쁘라나 생기가 음식의 소화 과정을 주도적으로 이끈다. 흡수 과정에서 쁘라나 생기는 소화된 음식물의 물을 땀과 소변으로, 정수를 활력과 같은 에너지 형태로, 음식물의 건더기는 대변으로 전환시킨다. 쁘라나 생기는 정수를 몸 전체에 위치한 사마나 생기를 통해 모든 나디로 보낸다. 아빠나 생기 등은 모근과 아홉 개의 구멍을 통해 땀과 소대변을 배설한다. 여기서 아홉개의 구멍은 양 눈, 양 콧구멍, 양 귓구멍, 요도, 항문, 성기이다.

[생기의 기능(4.67-71[ab])]

4.67.
쁘라나 [생기]의 기능은 들숨(niḥśvāsa), 날숨(ucchvāsa), 기침(kās)
을 하는 것이라 한다. 아빠나 [생기]의 기능은 대소변을 배설
(visarjana)하는 것이다.

niḥśvāsocchvāsakāsāś ca prāṇakarmeti kīrtyate,

apānavāyoḥ karma itad viṇmūtrādi visarjanam.

4.68.
비야나 [생기]의 기능은 [물건을] 놓거나 집는 것, 팔 다리를 움
직이는 것 등이라 한다. 우다나 [생기]의 기능은 몸을 위로 들어
올리는 것 등이라 한다.

hānopādānaceṣṭādivyānakarmeti ceṣyate,

udānakarma tat proktaṃ dehasyonnayanādi yat.

4.69.
사마나 [생기]의 기능은 몸에 영양분 등을 공급하는 것이라 한
다. 그리고 나가 [생기]의 기능은 트림(udgāra) 등을 하는 것이라
전해졌다.

poṣaṇādi samānasya śarīre karma kīrtitam,

udgārādi guṇo yas tu nāgakarmeti kīrtyate.

4.70~71[ab].
꾸르마 [생기의 기능]은 눈을 깜박거리는 것 등이고 끄리까라

[생기의 기능]은 재채기를 하는 것이다. 데바닷따 [생기의 기능]
은 하품을 하는 것이라 한다. 다난자야 [생기]는 부풀어 오르는
것 등을 기능한다.

nimīlanādi kūrmasya kṣutaṃ vai kṛkarasya ca,

devadattasya viprendre tandrīkarmeti kīrtitam.

dhanañjayasya śophādi sarvaṃ karma prakīrtitam,

[해설]

열 개의 생기의 위치와 기능은 다음의 도표로 정리된다.

생기의 명칭	위치	기능
① 쁘라나(prāṇa)	코, 입, 심장 안, 배꼽 안, 엄지발가락, 꾼달리니 위와 아래	들숨, 날숨, 기침, 재채기
② 아빠나(apāna)	항문, 생식기, 허벅지, 무릎, 위장, 음낭, 엉덩이, 정강이, 배꼽	배설 등
③ 비야나(vyāna)	귀, 눈 사이, 목구멍, 양 발목, 코, 목, 엉덩이 부위	물건을 놓거나 집는 것, 팔다리를 움직이는 것 등
④ 우다나(udāna)	모든 관절, 다리와 손	몸을 위로 끌어올리는 것 등
⑤ 사마나(samāna)	몸 전체	몸에 영양공급
⑥ 나가(nāga)	피부, 뼈 등	트림, 구토 등
⑦ 꾸르마(Kūrma)		눈을 깜빡거리는 것
⑧ 끄리까(Kṛkara)		재채기 등
⑨ 데바닷따 (Devadattta)		하품
⑩ 다난자야 (Dhanañjaya)		부풀어 오르게 하는 것 등

[미세신체론을 알고 나디 정화할 것을 강조(4.71^{cd}-72)]

4.71^{cd}~72.

이와 같이 나디의 위치를 비롯하여 생기의 위치와 기능을 알고
난 후 규정된 방법으로 나디 정화를 해야 한다.

jñātvaivaṃ nāḍī-saṃsthānaṃ vāyūnāṃ sthāna-karmaṇī.

vidhinoktena mārgeṇa nāḍīsaṃśodhanaṃ kuru.

[해설]

나디는 생기가 흐르는 통로이다.(YY.4.48) 생기가 잘 흐르기 위
해서는 나디가 오염되지 않아야 한다. 나디가 불순물로 오염되었
다면 나디를 정화해서 생기가 원활하게 흐르도록 해야 한다.

　수슘나 나디 외 나디는 나디 안에 생기를 흐르게 함으로써 몸에
필요한 영양 공급과 순환 등 일상생활에 관여한다. 인체가 어떠한
질병에도 시달리지 않고 건강하기 위해서는 생기가 잘 흘러야 하
고, 또 그것이 잘 흐르기 위해서는 나디가 오염되지 않아야 한다.
오염되었다면 나디를 정화해서 생기가 원활하게 흐르도록 해야 한
다.[211] 수슘나 나디를 제외한 나디는 생명 활동과 관계되지만 수슘
나 나디는 꾼달리니가 각성된 이후에 활성화되며, 수슘나 나디가
활성화될 때 모든 각성된 꾼달리니, 곧 쁘라나가 수슘나 나디로 진
입하게 된다. 그러므로 나디 정화는 매우 중요하다.

　이처럼 요가야갸발꺄 제4장을 마친다.

---

211)　문을식(2021), p.77.

iti śrī yogayājñāvalkye caturtho 'dhyāyaḥ.

제5장(pañcamo 'dhyāyaḥ)

[나디 정화의 가르침 개시(5.1-2)]

5.1.

가르기가 말하길, 모든 교전에 정통하며 브라흐만을 아는 자[들
중] 최고의 존자여! 당신은 어떤 방법으로 모든 나디를 정화할
수 있는 방법을 저에게 말해주십시오!

gārgyuvāca-

bhagavan brahmavicchreṣṭha sarvaśāstra-viśārada,

kenopāyena śuddhāḥ syurnāḍayo me tvaṃ vada prabho.

5.2.

이처럼 브라흐만을 [아는 가르기]가 그와 같이 질문하자 브라흐
만을 아는 브라흐마나(=야갸발꺄)는 그녀를 측은하게 바라본 후
나디 정화[의 방법]을 설명한다.

ity ukto brahmavādinyā brahmavid brāhmaṇas tathā,

tāṃ samālokya kṛpayā nāḍīśuddhim abhāṣata.

[요가수행의 장소와 조건(5.3-9)]

5.3.

야갸발꺄가 말하길, [수행자는] 규율에 따른 행위를 욕망과 내적
동기를 포기하고, [결과에 따른] 모든 집착을 단념하고 금계와
권계를 행하며,

yajñavalkya uvāca -

vidhyukta-karma-saṃyuktaḥ kāma-saṃkalpa-varjitaḥ,

yamaiś ca niyamair yuktaḥ sarva-saṅga-vivarjitaḥ.

5.4.

[교전이나] 지식을 공부한다. 분노를 극복하고, 진실과 다르마
(dharma)를 궁극적 목적으로 하며, 스승을 충실히 따르고, 부모
를 공경하며,

kṛtavidyo jitakrodhaḥ satyadharmaparāyaṇaḥ,

guruśuśrūṣaṇarataḥ pitṛmātṛparāyaṇaḥ.

5.5.

현자들이 전수한 자신의 주기에 따른 [규정을] 충실히 지킨다.
[그리하여] 열매, 뿌리, 물을 충분히 얻을 수 있는 숲으로 간다.

svāśramasthaḥ sadācāraḥ vidvadbhiś ca suśikṣitaḥ,

tapovanaṃ susamprāpya phalamūlodakānvitam.

5.6.

그곳은 즐거우며, 베다의 찬가가 가득 차며 쾌적한 장소이며, 자

신의 의무에 충실하며 평온하며 브라흐만을 아는 자들로 둘러
싸여있다.

tatra ramye śucau deśe brahmaghoṣasamanvite,

svadharma-nirataiḥ śāntair brahmavidbhiḥ samāvṛte.

5.7.

물이 풍부하며, 다양한 형태의 꽃들로 가득 하며, 열매와 뿌리로
가득 하며, 모두가 원하는 결과를 줄 수 있는

vāribhiś ca susampūrṇe puṣpairnānāvidhairyute,

phalamūlaiś ca sampūrṇe sarvakāmaphalaprade.

5.8.

신전 근처, 강 [근처], 마을이나 도시 [근처]에 아름다우며 모두
가 잘 보호받을 수 있는 암자(maṭha)를 짓고서

devālaye vā nadyām vā grāme vānagare 'thavā,

suśobhanaṃ maṭhaṃ kṛtvā sarva-rakṣā-samanvitam.

5.9.

[하루에] 세 번 목욕(snāna)하고 항상 자신의 의무를 충실히 한
다. 그곳(암자)에서 베단따(vedānta) 공부를 하면서 요가수행을
해야 한다.

trikāla-snāna-saṃyuktaḥ svadharma-nirataḥ sadā,

vedānta-śravaṇaṃ kurvaṃs tasmin yogaṃ samabhyaset.

[해설]

요가 수행의 장소에 대해 『기따』 6.10에서는 "명상요가의 수행자는 인적이 드문 한적한 곳에 머물면서 몸과 마음을 다스리며 바라는 것 없고 소유하고자 하는 욕망 없이 항상 자신을 닦아야 한다."라고 말한다.

『요가야갸발꺄』는 요가수행을 위한 적당한 장소와 조건을 좀 더 구체적으로 명시한다. 마을과 너무 멀리 떨어지면 안전하지 못하므로 물과 식량이 풍부하고 평화로우며 재해가 없는 마을 근처나 신전 근처를 적당한 장소로 본다. 암자는 너무 높거나 낮지 않게 하여 동물이 들어오지 못하게 하고 구멍을 없애 해충이 들어오지 못하도록 하는 것이 수행에 도움이 된다.

[요가 수행 시 생활 태도(5.10-11)]

5.10.
어떤 현자들이 말하길 고행과 경전공부(svādhyāya)를 함께 하며, 자신의 의무를 전념하며, 평화로우며, 딴뜨라(tantra)[공부]에 몰두하고

kecid vadanti munayas tapaḥ svādhyāyasaṃyutāḥ,
svadharma-niratāḥ śāntās tantreṣu ca sadā ratāḥ.

5.11.
[과도한] 바람(vāta)이나 열이 없으며 쾌적하며 인적이 드문 거주처에서 규정에 따른 행위를 하며 [요가 수행을 한]자는 청정한 상태가 되고

nirjane nilaye ramye vātātapavivarjite,

vidhyuktakarma-saṃyuktaḥ śucir bhūtvā samāhitaḥ.

[나디 정화의 순서(5,12-16)]

5.12.

몸이 만뜨라에 의해 통제되고 굳건해진다. 항상 하얗고(sita) 성
스러운 재(bhasman)를 바르고 잔디(kuśa)위에 부드러운 깔개나
영양의 가죽을 펼친다.

mantrair nyasta tanur dhīraḥsita-bhasmadharaḥ sadā,

mṛdvāsanopari kuśānsamāstīrya tato 'jinam.

[해설]

나디 정화를 하기 전 요가 수행 시 생활 태도는 고행을 하고 경
전과 딴뜨라를 공부하고 자신의 의무를 다하며 규정에 따른 행위
를 하는 것이다. 이와 같이 수행한 자는 마음이 청정해지고 만뜨라
에 의해 몸이 통제되고 굳건해진다.

5.13.

열매, 뿌리, 물 등으로 비나야까(가네샤Ganeśa의 별칭)를 숭배하고
수호신과 스승에게 경의를 표하고 나서 그 다음에 깔개 위에 앉
은 후

vināyakaṃ susampūjya phalamūlodakādibhiḥ,

iṣṭadevaṃ guruṃ natvā tata āruhya cāsanam.

5.14.

얼굴을 동쪽(prāṅ)이나 북쪽(udac)으로 향한 다음 스스로 [편안하고 견고한] 좌법을 취한다. 목, 머리, 몸을 똑바로 세우고 입을 닫은 채 움직이지 않는다.

prāṅmukhodaṅmukho vāpi jitāsanagataḥ svayam,

samagrīvaśiraḥkāyaḥ saṃvṛtāsyaḥ suniścalaḥ.

5.15.

항상 코끝을 온전히 바라보면서 왼손에 다른 손(=오른손)을 둔다. 항상 달빛의 궤도를 따라 코끝에 달(śaśabhṛt)의 원(bimba)을 응시하며

nāsagradṛk sadā samyak savye nyasyetaraṃ karam,

nāsagre śaśabhṛtbimbaṃ jyotsnā-jāla-vitānitam.

[해설]

나디 정화를 위해 먼저 성스러운 재를 발라 몸을 정화한다. → 열매, 뿌리, 물 등으로 가네샤를 숭배하고 수호신, 스승에게 경의를 표함으로서 주변을 정화한다. → 동쪽이나 북쪽을 보고 좌법을 취한다. → 코끝을 보고 왼손 위에 오른손을 올린다. → 코끝을 응시한다. 여기서는 좌법을 따로 제시하지 않는다. 『요가야갸발꺄』 3장에 나열된 좌법 가운데 명상이 가능한 좌법은 길상좌, 영웅좌, 행운좌, 해탈좌 4개이다. 이 가운데 길상좌, 영웅좌, 해탈좌는 왼손 위에 오른손을 올릴 수 있지만 행운좌는 두 손으로 두 발을 단단히 고정시켜야 하므로 나디 정화 시 취하는 좌법으로 보기 힘들다. 나디 정화가 가능한 좌법은 길상좌, 영웅좌, 해탈좌로, 이 세 좌법

가운데 하나를 택하여 왼손 위에 오른손을 올리는 것으로 추측된
다.[212]

5.16.
[라에] 점이 결합된 글자인 [ram]에서 제4위(caturtha)를 나타내
는 일곱 번째 부위(정수리)에서 떨어지는 감로(amṛta)를 두 눈으
로 집중하여 볼 것이다.

saptamasya tu vargasya caturthaṃ bindusaṃyutam,

sravantam amṛtaṃ paśyen netrābhyāṃ susamāhitaḥ.

[해설]
YYSD에서는 5.16게송이 생략되어 있다.
제4위(caturtha)는 『만두꺄 우파니샤드』(*Māṇḍūkya-Upaniṣad*)에서
나오는 뚜리야(turīya)의 동의어이다.
아뜨만의 의식을 세 가지 상태로 구분한다. 제1위는 깨어있는
상태(jāgaraṇa-sthāna), 제2위는 꿈꾸는 상태(svapna-sthāna), 제3위는
숙면 상태(supti-sthāna)이다. 이에 대한 내용은 『만두꺄 우파니샤
드』 3~5에서 언급된다.

"제1위는 보편위(vaiśvānara-pāda)로 깨어 있는 상태가 그의 영역이
고, [마음 밖의] 외적 대상에 대한 인식을 가지고, 일곱 개의 지분과
열아홉 개의 입을 가지고, 거친 대상을 경험한다. 제2위는 광명위
(taijasa-pāda)로서, 꿈꾸는 상태가 그의 활동 영역이고, 내적 대상에

---

212) 임혜정(2022b), p.75.

대한 인식을 가지고, 일곱 개의 지분과 열아홉 개의 입을 가지고 미
세한 대상을 경험한다. 꿈 없이 깊이 잠자는 자는 아무런 욕망도 일
으키지 않고, 아무런 꿈도 꾸지 않는데 그것이 깊은 수면상태이다.
제3위는 지혜위(prājña-pāda)로서, 숙면 상태를 그 활동의 영역으로
하고, 하나가 되고, 순수한 지혜의 덩어리이고, 환희로 이루어진 것
이고, 환희를 경험하고 사유(思惟)를 입으로 가지고 있다."[213]

사람이 잠을 잘 때 깨어 있는 상태 → 꿈꾸는 상태 → 숙면 상
태로 갔다가, 다시 숙면 상태→ 꿈꾸는 상태 → 깨어 있는 상태로
되돌아오게 된다. 자고 일어나면 행복을 느끼지만 행복을 느끼는
원인을 기억하지 못한다. 그러므로 숙면 상태에서 경험된 환희는
아트만의 의식이지만 무지가 남아있다. 숙면 상태에서 경험된 환
희는 환희 그 자체가 아니라 무지를 포함한다. 이것은 완전한 환희
로 볼 수 없다. 이 세 가지 상태를 초월한 것이 제4위이다. 제4위
는 『만두꺄 우파니샤드』 7에서 다음과 같이 서술된다.

"[제4위는] 내적 [대상의] 지혜도 아니고, 외적 [대상의] 지혜도 아니
고, 이 둘 다 모두의 지혜도 아니고, 지혜의 덩어리(prajñāna-ghana)
도 아니고, 지혜도 지혜가 아닌 것(무지)도 아니다. 그것은 볼 수 있
는 것도 아니고, 말로 표현될 수 있는 것도 아니고, 파악될 수 있

---

213) MāU.3~5, jāgaritasthāno bahiṣ-prajñānaḥ saptāṅga ekonaviṁśatimukhaḥ
sthūla-bhug va iśvānaraḥ prathamaḥ pādaḥ. svapna-sthāno 'ntaḥ-prajñaḥ
saptāṅga ekonaviṁśatimukhaḥ pravivikta-bhuk taijaso dvitīyaḥpādaḥ.
yatra supto na kaṁcana kāmaṁkāmayate na kaṁ cana svapnam paśyati
tat suṣuptam, suṣuptasthāna ekībhūtaḥ prajñānaghana evānanda mayo hy
ānanda-bhuk cetomukhaḥ prājñas tṛtīyaḥ pādaḥ.

는 것도 아니고, 특성이 있는 것도 아니고, 생각이 미칠 수 있는 것
도 아니고, [어떤] 이름을 붙일 수 있는 것도 아니고, 단 하나의 아
뜨만의 인식을 본질로 하는 것이고(ekātma-pratyaya-sāram), 현상세
계의 소멸(prapañcopaśama)이고, 적정하고, 상서롭고, 둘이 아니다
(advaita). 이것이 제4위(caturtha)이다. 이것이 아뜨만이다. 그것을
인식해야 한다."[214]

[나디 정화의 방법(5.17-19)]

5.17.
이다(=왼쪽 콧구멍)로 숨(vāyu)을 마신 다음 복부에 [숨을] 가득
채운다. 그 다음 몸의 중앙에서 타오르는 불의 불꽃(jvāla)을 명
상하면서

iḍa yāvāyum āropya pūrayitvodarasthitam,

tato 'gnim dehamadhyastham dhyāyan jvālāvalīyutam.

5.18.
또 불꽃(agni)의 수레(maṇḍala)에 있는 글자 'ra'(repha)에 점
(bindu)을 결합한 글자(raṃ)을 명상한 후 삥갈라(오른쪽 콧구멍)로
천천히 숨을 내쉬어야 한다.

repham ca bindusaṃyuktam agnimaṇḍalasaṃsthitam,

---

214) MāU.7, nāntaḥ-prajñam, na bahiṣ prajñam, nobhayataḥ-prajñam, na
prajñāna-ghanam, na prajñam, nāprajñam, adṛṣṭam, avyavahāryam,
agrāhyam, alakṣaṇam, acintyam, avyapadeśyam, ekātma-pratyaya-sāram,
prapañcopaśamam, śāntam, śivam, advaitam, caturtham manyante, sa
ātmā, sa vijñeyaḥ.

dhyāyann virecayet paścān mandaṃ piṅgalayā punaḥ.

[해설]

불꽃의 수레는 YY.4.13의 '몸의 중앙에 있는 불'이다.

5.19.

현자는 다시 삥갈라(오른쪽 콧구멍)으로 숨(prāṇa)을 가득 채운다.
다시 천천히 이다(왼쪽 콧구멍)로 숨을 내쉬어야 한다.
punaḥ piṅgalayāpūrya prāṇaṃ dakṣiṇataḥ sudhīḥ,
punar virecayed dhīmān iḍayā tu śanaiḥ śanaiḥ.

[해설]

나디 정화의 방법은 호흡 수련에 의지한다. 나디 정화의 순서는
① 왼쪽 콧구멍으로 들숨 → ② 숨 멈춤(止息) 상태에서 몸의 중앙
에 있는 불의 불꽃과 raṃ명상 → ③ 오른쪽 콧구멍으로 날숨 → ④
다시 오른쪽 콧구멍으로 들숨 → ⑤ 왼쪽 콧구멍으로 날숨이다. 이
처럼 좌우 콧구멍을 교차해서 호흡하여 나디를 정화한다.

『요가야갸발꺄』의 나디 정화법의 특징은 호흡과 명상이 결합하
고 있다는 점이다. 숨 멈춤 상태에서 몸에 있는 불의 불꽃과 raṃ
음절을 시각화하여 명상한다. 이에 의해 코끝에 걸려있는 달의 원
을 응시하며 raṃ음절에서 제4위를 나타내는 일곱 번째 부위인
정수리에서 떨어지는 감로(amṛta)를 두 눈으로 집중하여 보게 된
다.(YY.5.15~16) 여기서 응시 대상인 달빛의 궤도에 따른 코끝에 걸
려 있는 달의 형태는 쉬바(Śiva)의 현현이다. (YY.6.1~3) 정수리로부
터 떨어지는 감로를 보게 되면 달의 형태로 있던 코끝에 있는 쉬

바의 자리에서 마음은 용해된다. 그 경지가 제4위이다.[215] 이것은
나디 정화에 후속되는 호흡조절·감각철회·정신집중·명상으로 이어
지는 일련의 과정을 풀이한 것으로 보인다.

[나디 정화의 기간(5.20)]

5.20.
이와 같이 여섯 번씩 하루 세 번(아침, 점심, 저녁) 매일 비밀스럽
게 3~4년(tri-catur-vatsara)이나 3~4개월(tri-catur-māsa)동안 수련
해야 한다.
tricaturvatsaraṃ vātha tricaturmāsameva vā,
ṣaṭkṛtva ācaren nityaṃ rahasyevaṃ trisandhiṣu.

[해설]

여섯 번씩 하루 세 번 매일 은밀하게 3~4개월 동안 나디를 정
화하면 나디 전체는 대부분 청정해질 것이다. 하지만 나디에 불순
물이 껴 있을 경우 생기가 나디에 흐르지 못한다. 더욱이 꾼달리
니가 각성되어 수슘나 나디로 쁘라나가 흐르지 못한다면 쁘라나는
브라흐마란드라에 도달할 수 없다. 그러므로 나디 정화의 기간을
최장 3~4년으로 정한 것으로 파악된다.

[나디 정화의 결과(5.21-22)]

---

215) 임혜정(2022b), p.75.

5.21~22.

나디가 정화되면 몸의 가벼움, 광채, 소화의 불의 증대, 비음
(nāda)의 현현[과 같은] 다양한 징후들이 나타난다. 이것들은 [나
디가 청정해진] 징표(徵標)이다. 그것(나디 정화)이 이루어진 현상
이 명확하게 나타날 때까지 이것(나디 정화법)을 수행해야 한다.

nāḍīśuddhim avāpnoti pṛthak cihnopalakṣitām,

śarīralaghutā dīptir vahner jaṭharavartinaḥ.

nādābhivyaktir ity ete cihnaṃ tat siddhisūcakam,

yāvad etāni sampaśyet tāvad eva samācaret.

[해설]

나디 정화의 징표가 나타날 때까지 나디 정화법을 수행해야 하
는 것은 호흡조절의 효율성을 높이는 것뿐만 아니라 호흡조절에서
발생할 수 있는 부작용을 미연에 방지하기 위함으로 여겨진다.

이처럼 요가야갸발꺄 제5장을 마친다.

iti śrī yogayājñāvalkye pañcamo 'dhyāyaḥ.

제6장 (ṣaṣṭho 'dhyāḥ)

[호흡조절의 정의와 구성(6.1-3)]

6.1.

야갸발꺄가 말하길, 이제 나는 이제 규율에 따른 호흡조절을 설명하고자 한다. 아름다운 얼굴을 가진 가르기여! 그대는 마음을 집중하고 주의 깊게 들어야 한다.

yājñāvalkya uvāca-

prāṇāyāmam athedānīṃ pravakṣyāmi vidhānataḥ,

samāhita manās tvaṃ ca śṛṇu gārgi varānane.

6.2.

호흡조절은 쁘라나(prāṇa)와 아빠나(apāna)의 결합이라 한다. 호흡조절은 들숨(pūraka), 날숨(recaka), 숨 멈춤[止息](kumbhaka)으로 [구성된다고] 한다.

prāṇāpānasamāyogaḥ prāṇāyāma itīritaḥ,

prāṇāyāma iti prokto recapūrakakumbhakaiḥ.

『요가야갸발꺄』에서는 호흡조절을 쁘라나와 아빠나의 결합으로만 정의할 뿐 이에 대한 설명과 양자의 결합이 지닌 중요성은 구체적으로 설명하지 않는다. 이 부분에 대해 모한은 '결합'은 '균형'을 의미하며 쁘라나를 가슴에 있는 숨으로, 아빠나를 복부에 있는 숨으로 해석한다.[216] 그리고 호흡 수련의 순서가 『기따』 4.29 "들숨(prāṇa)을 날숨(apāna)에 바치고 또한 날숨을 들숨에 [바치며] 들숨과 날숨의 흐름(gati)을 멈추고 호흡 수련을 최고의 목적으로 삼는다."[217]에 나타난다고 말한다.[218] 데시까차르도 쁘라나를 몸의 윗부분에 있는 숨으로, 아빠나를 몸의 아랫부분에 있는 숨으로 해석하며 『기따』 4.29의 들숨은 아빠나와 연결되는 쁘라나이고 날숨은 쁘라나와 만나는 아빠나라고 설명할 뿐[219] 더 이상의 논의를 제시하지 않는다. 여기서 언급된 『기따』 4.29를 살펴보면 다수의 학자들은 『기따』 4.29의 전반부에서 쁘라나를 들숨으로 아빠나를 날숨으로 파악하여 해석한다.[220] 그런 경우 '들숨은 날숨에 바치고 날숨은 들숨에 바치는 것'은 '들숨과 날숨의 교차 과정'이 된다. 이것은 후반부에서 '들숨과 날숨의 흐름을 멈추고'라는 부분과 맞지 않게 될

---

216) Mohan(2000), p. 76.

217) BG. 4. 29, apāne juhvati prāṇaṁ praṇe 'pānaṁ tathā 'pare, prāṇāpānagatī ruddhvā prāṇāyāmaparāyaṇāḥ.

218) Mohan(2013), p. 55 각주 43번.

219) Desikachar(2000), p. 75.

220) 『기따』 4. 29에서 서술된 쁘라나와 아빠나의 해석은 학자마다 '날숨과 들숨' 또는 '들숨과 날숨'으로 나뉜다. 라다끄리쉬난(Radhakrishnan, S)과 츠지 나오시로우(辻直四郎)는 쁘라나를 날숨으로 아빠나를 들숨으로 번역한다. 반면 제너(Zaehner, R. C), 길희성, 임승택은 쁘라나를 들숨으로 아빠나를 날숨으로 번역하였다. Radhakrishnan(1976), p. 167; 辻直四郎(1980), p. 86; Zaehner(1969), p. 194; 길희성(2010), p. 109; 임승택(1998), p. 141.

뿐만 아니라 호흡의 중지를 지향하는 호흡조절[221]과 양립될 수 없다. 그러므로 『요가야갸발꺄』에서 서술된 호흡조절의 정의를 『기따』 4.29로 이해하는 데 한계가 있다. 샹까라의 『바가바드기따 주석』 4.29와 라마누자의 『기따 주석』(*Gīta-Bhāṣya*) 4.29에서 『요가야갸발꺄』의 쁘라나와 아빠나의 의미와 양자의 결합을 풀 수 있는 실마리가 발견된다.

"아빠나에 즉 아빠나의 작용에 쁘라나를, 즉 쁘라나의 작용을 바친다는 것은 들숨으로 불리는 호흡조절을 행한다는 의미이다. 그와 같이 이후 쁘라나에 아빠나를 바치는 것은, 날숨으로 불리는 호흡조절을 행한다는 의미이다. 쁘라나와 아빠나의 흐름이란 입과 코(nāsikā)에 의해서 숨이 나가는 것이 쁘라나의 흐름이고 그것과 반대로 아래로 향하는 것이 아빠나의 흐름이다. 그 쁘라나와 아빠나의 흐름을 통제한 후, 이 둘(쁘라나와 아빠나의 흐름)을 중지함으로써 호흡조절에 전념한다(parāyaṇa). 그것은 호흡조절의 최종 [목표]인 숨 멈춤(止息)으로 불리는 호흡조절을 행한다는 의미이다."[222]

"그것(호흡조절)들은 들숨, 날숨, 숨 멈춤(止息) 세 종류이다. 아빠나에 쁘라나를 바친다는 것은 들숨, 쁘라나에 아빠나를 바친다는 것은 날숨, 쁘라나와 아빠나의 흐름을 통제한 후 쁘라나에 쁘라나를 바치는

---

221) 정승석(2007), p.99.
222) BG-Śbh. 4.29, apāne iti, apāne apānavṛttau juhvati prakṣipanti prāṇaṃ prāṇavṛttiṃ pūrakākhyaṃ prāṇāyāmaṃ kurvanti ity arthaḥ, prāṇe apānaṃ tathā apare juhvati, recakākhyaṃ ca prāṇāyāmaṃ kurvanti ity arthaḥ, prāṇāpānagatī mukha-nāsikābhyāṃ vāyoḥ nirgamanaṃ prāṇasya gatiḥ tad viparyayeṇa adhogamanam apānasya gatiḥ, te prāṇāpānagatī ete ruddhvā niruddhya prāṇāyāma-parāyaṇaḥ prāṇāyāma-tat-parāḥ kumbhakākhyaṃ prāṇāyāmaṃ kurvanti ity arthaḥ.

것(숨을 유지하는 것)이 숨 멈춤이다."[223]

여기서 쁘라나와 아빠나는 코 안팎으로 움직이는 들숨과 날숨
이라기보다 '상승하는 숨과 하강하는 숨', '몸 위에 있는 숨과 몸 아
래에 있는 숨'을 의미한다. 쁘라나와 아빠나가 결합할 때 들숨과
날숨의 출입이나 흐름(gati)은 정지되며 숨을 몸 안에 보유하게 된
다. 이것은 호흡조절의 목표인 숨 멈춤으로 YY.6.35에서 호흡조
절의 명칭을 '숨을 몸 안에 유지하는 것'[224]으로 한 정의와 일맥상통
한다.

6.3.
이 들숨(pūraka), 날숨(recaka), 숨 멈춤[止息](kumbhaka)은 세 가
지 음절(A·U·M)에 상응한다. 이 호흡조절은 옴으로 구성된다.

varṇatrayātmakā hy ete reca-pūra-kakumbhakāḥ,

sa eṣaḥ praṇavaḥ proktaḥ prāṇāyāmaś ca tanmayaḥ.

[해설]
세 음절 A-U-M은 호흡조절의 기법으로 사용된다.

---

223) GB.4.29, te ca tridhāḥ pūraka-recaka-kumbhaka-bhedena. apāne juhvati
       prāṇam iti pūrakaḥ, prāṇe apānam iti recakaḥ, prāṇāpānagatī ruddhvā
       prāṇān prāṇeṣu juhvati iti kumbhakaḥ.
224) YY.6.35[cd], prāṇasaṃyamanaṃ nāma dehe prāṇasya dhāraṇam.

[옴 염송이 포함된 호흡조절(6.4-8[ab])]

6.4.

이다 [나디](왼쪽 콧구멍)를 통해 숨을 끌어들여서 복부에 채운다.
그 때 천천히 16마뜨라(mātra)[225] 동안 'a'음절(akāra)을 상기해야
한다.

iḍa yāvāyum āropya pūrayitvodarasthitam,

śanaiḥ ṣoḍaśabhir mātrair akāraṃ tatra saṃsmaret.

6.5.

그 다음 [복부에] 가득 찬 [숨을] 64마뜨라 동안 유지해야한다.
이 때 'u'음절(ukāra)의 형상을 상기하면서 옴을 염송해야 한다.

dhārayet pūritaṃ paścāc catuḥṣaṣṭhyā tu mātrayā,

ukāramūrtim atrāpi saṃsmaran praṇavaṃ japet.

6.6~7[ab].

또한 염송을 하는 동안 가능한 한 [숨을] 유지해야 한다. 그 다
음 외부 공기를 끌어들여 [복부에] 가득 찬 숨(prāṇa)을 다시 천
천히 삥갈라 [나디](오른쪽 콧구멍)를 통해 32마뜨라 동안 내쉬어
야 한다. 가르기여!

yāvadvā śakyate tāvad dhāraṇam japasaṃyutam,

pūritaṃ recayet paścāt prāṇaṃ bahyānilānvitam.

śanaiḥ piṅgalayā gārgi dvātriṃśan mātrayā punaḥ,

---

225) 건강한 사람의 정상적인 한 차례의 호흡이 1mātra(약 4초)이다. 정승석(2020),
p.154 각주 137번.

$6.7^{cd} \sim 8^{ab}$:

이때도 'm'음절(makāra)의 형상을 상기하면서 옴을 염송해야 한다. 이와 같이 이 호흡조절을 거듭해서 수행해야 한다.

makāramūrtim atrāpi saṃsmaran praṇavaṃ japet.

prāṇāyāmo bhaved eṣaḥ punaś ca ivaṃ samabhyaset,

[해설]

옴 염송이 포함된 호흡조절은 ① 왼쪽 콧구멍으로 16마뜨라(4초 ×16=64초)동안 들숨 상태에서 a 음절(akāra)을 생각 → ② 64마뜨라 (4초×64=256초) 동안 숨 멈춤 상태에서 u 음절(ukāra)을 생각하며 옴 을 염송 → ③ 오른쪽 콧구멍으로 32마뜨라(4초×32=128초) 동안 날 숨 상태에서 m 음절(makāra)을 생각하며 옴을 염송하는 순서로 되 어 있다. 좌우 콧구멍으로 교차하는 호흡법이 아니라, 왼쪽 콧구멍 에서 오른쪽 콧구멍으로 반복하는 호흡법이다.

[가야뜨리 만뜨라가 포함된 호흡조절$(6.8^{cd}\text{-}13^{ab})$]

$6.8^{cd} \sim 9^{ab}$.

그리고서 삥갈라 [나디](오른쪽 콧구멍)를 통해 16마뜨라 동안 [숨 을] 채운(=마신) 후, 'u'음절(ukāra)의 형상을 상기하면서 집중해야 한다.

tataḥ piṅgalayāpūrya mātraiḥ ṣoḍaśabhis tathā.

ukāramūrtim atrāpi saṃsmaran susamāhitaḥ,

6.9^{cd}~10^{ab}.

[복부에] 채워진 숨(prāṇa)을 유지하면서 옴을 40번(viṃśati=20×
dvaya=double=40) 염송해야 한다. 이 때 'm'음절(makāra)의 형상
인 위대한 자재신(maheśvara)을 상기해야 한다.

pūritaṃ dhārayet prāṇaṃ praṇavaṃ viṃśatidvayam.

japed atra smaran mūrti makārākhyaṃ maheśvaram,

6.10^{cd}.

또한 가능한 한 오랫동안 [숨을 참아야 한다.] 그 후 이다 [나디]
(왼쪽 콧구멍)를 통해 숨(anila)을 내뱉어야 한다.

yāvad vā śakyate paścād recayed iḍayānilam.

6.11.

앞선 바와 같이 반복해서 이다 나디(왼쪽 콧구멍)를 통해 숨(prāṇ-
a)을 마셔야 한다. 복부에 가득 채우고 나서

evam eva punaḥ kuryād iḍayā pūrya pūrvavat,

naḍyā prāṇaṃ samāropya pūrayitvodarasthitam.

6.12~13^{ab}.

현자는 옴과 결합되고 위대한 말(vyāhṛtī)과 결합된 가야뜨리
(gāyatrī) [만뜨라]를 호흡조절(prāṇasaṃyama)[226]을 하는 동안 3번
염송해야한다. 이와 같이 세 번씩 하루 세 번(아침, 점심, 저녁) 반

---

226) prāṇasaṃyama는 prāṇāyama와 동의어이다. Monier(1986), p.705. 『요가야갸
발꺄』는 아누쉬뚜브─쉴로까 운율을 맞추기 위해 prāṇāyama($-\cup\cup$)의 대체어
로 5음절인 prāṇasaṃyama($-\cup-\cup\cup$) 를 사용한다.

복해서 수행해야 한다.

praṇavena susaṃyuktāṃ vyāhṛtībhiś ca saṃyutām,

gāyatrīṃ ca japed vipraḥ prāṇasaṃyamane triśaḥ.

punaś ca ivaṃ tribhiḥ kuryāt punaś ca iva trisandhiṣu,

[해설]

'위대한 말'(vyāhṛtī)에 대해 모한은 가야뜨리 만뜨라에서 발견된 "bhūḥbhuvaḥ, suvaḥ를 나타낸다고 설명한다.[227] 데시까차르는 "Om bhuḥ, Om bhuvaḥ, Om suvaḥ, Om mahaḥ, Om janaḥ, Om tapaḥ, Om satyam"이라 설명한다.[228]

가야뜨리 만뜨라가 포함된 호흡조절의 순서는 ① 오른쪽 콧구멍으로 숨을 마시고 u 음절을 떠올리며 숨 멈춤 → ② 숨 멈춤 상태에서 m 음절의 형상인 위대한 자재신을 상기하며 옴을 40번 염송 → ③ 왼쪽 콧구멍으로 숨을 내쉰다. → ④ 왼쪽 콧구멍으로 숨을 마시고 → ⑤ 숨 멈춤 상태에서 가야뜨리 만뜨라를 세 번 염송한다. 앞선 옴 염송이 포함된 호흡조절의 기법과 달리 좌우 콧구멍으로 교차해서 호흡한다.

[호흡조절 시 병행해야 할 만뜨라(6.13^{cd}-21^{ab})]

6.13^{cd}~15.
호흡조절을 할 때 마다 항상 베다와 관련된(vaidika) [만뜨라]나 세속적인(laukika) [만뜨라]를 40번(viṃśatidvaya) 염송해야한다.

---

227) Mohan(2013), p.57 각주 48번.
228) Desikachar(2000), p.78.

브라흐마나는 항상 규정된 자신의 의무(dharma)를 따라야한다.
그는 베다와 관련된 만뜨라를 염송해야한다. 어떤 경우에도 세
속적인 [만뜨라를 염송] 할 수 없다. 어떤 사람들은 사람들의 목
적을 위해 [브라흐마나도] 세속적인 [만뜨라를 염송할 수 있다
고] 말한다.

yadvā samabhyasen nityaṃ vaidikaṃ laukikaṃ tu vā.

prāṇasaṃyamane vidvān japet tad viṃśatidvayam,

brāhmaṇaḥ śrutasampannaḥ svadharmanirataḥ sadā.

sa vaidikaṃ japen mantraṃ laukikaṃ na kadācana,

kecid bhūtahitārthāya japam icchanti laukikam.

6.16~17.

끄샤뜨리야는 호흡조절을 하는 동안 재생자(브라흐마나)처럼 염
송한다. 의무와 규율을 따르는 바이샤, 여자(strī), 슈드라, 고행
자(tapasvin)들은 호흡조절을 하는 동안 옴 염송 없이 "[쉬바에게
(śivāya)] 귀의합니다."(namaḥ)라고 끝나는 '쉬바 만뜨라'나 "비슈
누에게 귀의합니다."(viṣṇave namaḥ)라는 '[비슈누] 만뜨라'를 할
수 있다고 현자들은 말했다. 가르기여!

dvijavat kṣatriyasyoktaḥ prāṇasaṃyamane japaḥ,

vaiśyānāṃ dharmayuktānāṃ strī-śūdrāṇāṃ tapasvinām.

prāṇasaṃyamane gārgi mantraṃ praṇavavarjitam,

namo 'ntaṃ śivamantraṃ vā vaiṣṇavaṃ veṣyate budhaiḥ.

6.18~19ᵃᵇ.

또한 슈드라와 여자들은 호흡조절 하는 동안 앞선 방법으로 세

속적인 [만뜨라를] 40번 염송해야 한다. 슈드라와 여자들은 어떠
한 경우에도 베다와 관련된 만뜨라를 염송할 수 없다.

yadvā samabhyasec chūdro laukikaṃ vidhipūrvakam,

prāṇasaṃyamane strī ca japet tad viṃśatidvayam.

na vaidikaṃ japec chūdraḥ striyaś ca na kadācana,

6.19^{cd}.

어떤 사람들은 자신의 인생의 네 주기를 [충실히] 행하는 바이
샤의 경우 베다와 관련된 만뜨라를 [염송할 수 있다]고 말한다.

svāśramasthasya vaiśyasya kecid icchanti vaidikam.

6.20~21^{ab}.

베다에 정통한 브라흐마나는 항상 하루 두 번(아침과 저녁)에 호
흡조절을 [할 때] 가야뜨리 [만뜨라] 또는 옴을 염송해야 한다.
이와 같이 매일 16번 호흡조절을 해야 한다.

sandhyayor ubhayor nityaṃ gāyatryā praṇavena vā,

prāṇasaṃyamanaṃ kuryād brāhmaṇo vedapāragaḥ.

nityam evaṃ prakurvīta prāṇāyāmāṃstu ṣoḍaśa,

[해설]

'베다와 관련된'(vaidika)은 베다의 가르침을 따르는 이들로 베다
와 관련된 만뜨라를 암송하는데 자격이 있다. '세속적인'(laukika)은
베다의 가르침을 따르지 않는 이들이다.

『요가야갸발꺄』는 베다의 가르침을 따르고 베다와 관련된 만뜨
라를 암송할 수 있는 계급은 브라흐마나, 끄샤뜨리야로 본다. 경

우에 따라 바이샤까지 포함시킨다. 하지만 슈드라와 여자들은 비슈누 만뜨라와 쉬바 만뜨라 같은 세속적인 만뜨라 암송을 허락할 뿐 어떤 경우에도 베다와 관련된 만뜨라를 암송할 수 없다. 이처럼『요가야갸발꺄』는 4성 계급에 따라 호흡 조절 수행법을 차별적으로 설명함으로써 4성 계급을 옹호하는 것으로 보이지만, 4성 계급에서 도외시되는 슈드라와 여자에게도 요가 수행을 통한 해탈의 길을 제시하고 있다는 점에서『요가야갸발꺄』가『기따』[229]의 정신을 계승한다고 평가할 수 있다.[230]

[호흡조절의 효과(6.21^{cd}-23)]

6.21^{cd}~22.
한 달(māsa)동안 [매일 16번 호흡조절을] 한 수행자가 설령 태아 (bhrūṇa)를 살해하더라도 6개월 후에는 전생에 지은 죄가 정화 된다. 브라흐마나을 살해한 [죄도] 1년 만에 소멸될 것이다. 그 러므로 항상 [호흡조절을] 수행해야 한다.
api bhrūṇahanaṃ māsāt punantyaharahaḥ kṛtāḥ.
ṛtutrayāt punantyenaṃ janmāntara-kṛtādaghāt,
vatsarād brahmahā śuddhyet tasmān nityaṃ samabhyaset.

---

229) 길희성은『기따』가 세속적 의무를 지키는 것을 강조하면서 4성 계급을 옹호하는 보수적인 견해를 보이지만 다른 한편 신애(bhakti)의 길을 통해 여자나 슈드라 계급도 해탈이 가능하다는 대중적인 구원의 길을 터주었다고 평가한다. 길희성(2019), p.101.
230) 박영길은『요가야갸발꺄』가 신애 요가사상을 담지 않지만 슈드라와 여성에게 해탈의 길을 제시한다는 점에서『기따』의 이상(理想)을 가장 충실하게 계승한 요가서라 평가한다. 박영길(2019), p.719.

6.23.

이와 같이 요가수행에 열중하고 자신의 의무에 전념하는 자들은 호흡조절만으로도 모두 해탈한다.

yogābhyāsaratās tv evaṃ svadharmaniratāś ca ye,

prāṇasaṃyamanenaiva sarve muktā bhavanti hi.

[들숨, 숨 멈춤, 날숨의 정의(6.24-25^{ab})]

6.24~25^{ab}.

들숨은 외부로부터 숨(vāyu)을 복부에 채우는 것이라 한다. 숨 멈춤[止息]은 가득 채워진 항아리(kumbhava)처럼 숨을 [복부에서] 유지하는 것이다. 날숨은 복부로부터 숨을 외부로 내보내는 것이다.

bāhyād āpūraṇaṃ vāyor udare pūrako hi saḥ,

saṃpūrṇakumbhavad vāyor dhāraṇaṃ kumbhako bhavet.

bahir yad recanaṃ vāyor udarād recakaḥ smṛtaḥ,

[호흡조절의 3단계(6.25^{cd}-29^{ab})]

6.25^{cd}~26^{ab}.

호흡조절의 [단계]들 중 초급 [단계]에서 땀이 나고 중급 [단계]에서 진동이 일어나는 것이고 최고 [단계]에서 [몸이] 위로 떠오른다.

prasvedajanako yas tu prāṇāyāmeṣu so 'dhamaḥ.

kampako madhyamaḥ prokta utthānaś cottamo bhavet,

[해설]

위 게송은 『하타쁘라디삐까』 2.13에서 유사한 내용으로 서술된
다.

> "초급 단계에서 땀이 생기고 중급에서 진동이 일어나며, 최고 단계
> 에서는 [쁘라나가 '원래의 자리'에 도달한다. 따라서 [호흡을 수련함
> 으로써] 기(氣)를 완벽하게 통제해야 한다."[231]

6.26^{cd}~27^{ab}.

가르기여! 호흡조절의 최고 단계에 도달할 때까지 수행해야 한
다. 호흡조절의 최고 단계에 도달할 때 환희심(sukhī)으로 채워
지며

pūrvaṃ pūrvaṃ prakurvīta yāvad uttamasambhavam.

sambhavaty uttame gārgi prāṇāyāme sukhī bhavet,

6.27^{cd}~28^{ab}.

그로 인해 몸의 끝(브라흐마란드흐라)에서 쁘라나가 소멸된다. 그
로 인해 좌법은 완성되며 몸은 위로 떠오르게 된다.

prāṇo layati tena iva dehasyāntas tato 'dhikaḥ.

dehaś cottiṣṭhate tena kṛtāsanaparigrahaḥ,

[사히따 꿈바까와 께발라 꿈바까(6.28^{cd}-35)]

---

231) Hp. 3. 12, Kanīyasi bhavet svedaḥ kampo bhavati madhye, uttame
sthānam āpnoti tato vāyuṃ nibandhayet.

6.28^{cd}~30^{ab}.

더 이상 [최고 단계에 도달한] 자에게 날숨과 들숨이 일어나지 않는다. 그 둘(날숨과 들숨)은 몸에 있는 자연스런 현상이지만 호흡조절의 최고 [단계인 께발라 꿈바까]에 의해 소멸된다. 그 둘(들숨과 날숨)이 소멸될 때 께발라 꿈바까(kevala-kumbhaka)를 할 수 있다.

niḥśvāsocchvāsakau tasya na vidyete kathaṃcana.

dehe yadyapi tau syātāṃ svābhāvikaguṇāv ubhau,

tathāpi naśyatas tena prāṇāyāmottamena hi.

tayor nāśe samarthaḥ syāt kartuṃ kevalakumbhakam,

6.30^{cd}~31^{ab}.

날숨과 들숨을 벗어나 편안하게 숨을 유지하는 숨 멈춤 바로 이 것을 '께발라 꿈바까'라고 한다.

recakaṃ pūrakaṃ muktvā sukhaṃ yad vāyudhāraṇam.

prāṇāyāmo 'yam ity uktaḥ sa vai kevalakumbhakaḥ,

6.31^{cd}~32.

날숨 후 [숨 멈춤] 또는 들숨 후 [숨 멈춤을 동반] 하는 것이 '사히따 꿈바까'(sahita-kumbhaka)이다. 따라서 사히따 [꿈바까]와 께발라 꿈바까를 항상 수행해야 한다. 께발라 [꿈바까]를 성취할 때까지 사히따 [꿈바까]를 수행해야한다.

recya cāpūrya yaḥ kuryāt sa vai sahitakumbhakaḥ.

sahitaṃ kevalaṃ cātha kumbhakaṃ nityam abhyaset,

yāvat kevalasiddhiḥ syāt tāvat sahitam abhyaset.

[해설]

YY. 6.30~32^{cd}는 『하타쁘라디삐까』2.72~73$^{ab232)}$에서 동일한 내용으로 발견된다.

사히따 꿈바까는 '날숨 후 숨 멈춤', '들숨 후 숨 멈춤'과 동일한 의미가 된다. 즉, '날숨 후 숨 멈춤'은 숨을 내쉬고 난 후 숨 멈춤으로 날숨을 동반하는 숨 멈춤이다. '들숨 후 숨 멈춤'은 숨을 마시고 난 후 숨 멈춤으로 들숨을 동반한 숨 멈춤을 말한다. 께발라 꿈바까는 '들숨과 날숨 없이 숨을 보유하는 것'이다. 여기서 '들숨과 날숨 없이'는 '들숨과 날숨의 교차 과정 없이'를 말하는 것으로 숨을 콧구멍에서 교차하지 않고 숨을 유지하고 있는 것을 의미한다. 실제 호흡 수련 시 날숨 후 멈춤에서 숨을 오랫동안 유지하는 것은 불가능에 가깝다. 께발라 꿈바까는 '들숨 후 숨 멈춤'에서 멈춤의 시간이 연장될 때 콧구멍에서 어떤 동요 없이 편안하게 숨이 유지되는 상태를 의미하는 것으로 이해된다.

6.33~34.

날숨과 들숨이 완전히 사라진 께발라 꿈바까가 성취될 때 그에게 삼계(三界)에서 얻지 못할 것은 없다. 마음이 명민해지며 백발(palita) 등이 사라지게 된다. 이것(께발라 꿈바까)은 'm'음절(makāra)을 나타내는 것으로 내적 자아(antarātman)를 해탈로 이끄는 위대한 방법이 된다.

---

232) Hp. 2.72~73^{ab} "께발라 [꿈바까]가 성취될 때까지 사히따 [꿈바까]를 수련해야 한다. 날숨과 들숨을 벗어나 '편안하게 숨이 유지되는 이 호흡법이 께발라 꿈바까라 한다."(yāvat kevalasiddhiḥ syāt sahitaṃ tāvad adhyaset, recakaṃ pūrakaṃ muktvā sukhaṃ yad vāyudhāraṇam. prāṇāyāmo 'yam ity uktaḥ sa vai kevalakumbhakaḥ)

kevale kumbhake siddhe recapūraṇavarjite,

na tasya durlabhaṃ kiñcit triṣu lokeṣu vidyate.

manojavatvaṃ labhate palitādi ca naśyati,

mukter ayaṃ mahāmārgo makārākhyāntarātmanaḥ.

[해설]

YY. 6.13은 『하타쁘라디삐까』 2.73^{cd}~74^{ab}[233]에서 동일한 내용으로 발견된다.

6.35.

이 께발라 꿈바까는 비음(nāda)을 일으킨다. 호흡조절(prāṇasaṃyama)이라는 명칭(nāma)은 '숨(prāṇa)을 몸 [안]에 유지하는 것'을 [의미]한다.

nādaṃ cotpādayaty eṣaḥ kumbhakaḥ prāṇasaṃyamaḥ,

prāṇasaṃyamanaṃ nāma dehe prāṇasya dhāraṇam.

[호흡을 정복하는 방법(6.36)]

6.36.

이 호흡을 정복하는 방법(prāṇa-jaya-upāya)은 모든 죽음과 질병[을 없앤다.] 나는 진실로 그대에게 호흡을 정복하는 몇몇 방법을 말하고자 한다.

---

233) Hp. 2.73^{cd}~74^{ab} "날숨과 들숨이 사라진 께발라 꿈바까를 성취한다면, 그가 삼계(三界)에서 얻지 못할 것은 없다."(kumbhake kevalesiddhe recapūrakavarjite na tasya durlabhaṃ kiṃcit triṣu lokeṣu vidyate)

eṣaḥ prāṇajayopāyaḥ sarvamṛtyūpaghātakaḥ,

kiṃcit prāṇajayopāyaṃ tava vakṣyāmi tattvataḥ.

[해설]

호흡을 정복하는 방법은 마음으로 숨을 세 부위에 집중하는 방법,
샨무키 무드라(ṣaṇmukhīmudrā)를 동반하는 방법, 세 번째 방법이다.

[마음으로 숨을 세 부위에 집중하는 방법(6.37-49)]
6.37~38.

외부로부터 숨(prāṇa)을 마시고 복부에 가득 채우고 나서 배꼽의
중앙, 코끝, 엄지발가락에 마음(manas)으로 숨을 집중해야 한다.
항상 하루 세 번(아침, 점심, 저녁) 호흡[을 정복하는 방법]을 수행
[한다면] 요가 수행자는 모든 질병으로부터 자유로워지고 피로
에서 벗어나 살게 될 것이다.

bāhyāt prāṇaṃ samākṛṣya pūrayitvodarasthitam,

nābhimadhye ca nāsāgre pādāṅguṣṭhe ca yatnataḥ.

dhārayen manasā prāṇaṃ sandhyākāleṣu sarvadā,

sarvarogavinirmukto jīved yogī gataklamaḥ.

[해설]

외부로부터 숨을 마시는 방법은 왼쪽 콧구멍으로 숨을 마시는
것과 두 나디 즉 양쪽 콧구멍으로 숨을 끌어당겨 마시는 것 두 가
지이다. (YY. 6.45-46)

6.39~40^{ab}.

가르기여! 코끝에 숨(vāyu)을 유지하는 것이 호흡(vāyu)을 정복하는 [수단]이다. 배꼽 가운데 [숨을] 유지한다면 모든 질병이 소멸될 것이다. 엄지발가락에 [숨을] 유지한다면 몸은 가벼워질 것이다.

nāsāgre dhāraṇaṃ gārgi vāyor vijayakāraṇam,

sarvarogavināśaḥ syān nābhimadhye ca dhāraṇāt.

śarīraṃ laghutāṃ yāti padāṅguṣṭhe ca dhāraṇāt,

6.40^{cd}~41^{ab}.

그와 같이 거듭해서 숨(vāyu)을 혀로 끌어당겨 마신 사람은 피로(śrama)와 갈증이 없어지며 그것(질병)들은 사라지게 된다.

rasanā vāyum ākṛṣya yaḥ pibets atataṃ naraḥ.

śramadāhau na tasyāstāṃ naśyanti vyādhayas tathā,

[해설]

숨을 혀로 끌어당겨 마시는 호흡법을 시따리 호흡법(sītalī prāṇā-yāma)이라고 한다. 『요가야갸발꺄』에서 이 호흡법의 명칭은 소개되지 않는다.

6.41^{cd}~42.

3개월 동안 하루 두 번(아침과 저녁) 또는 일출 전에 숨을 마신 자는 건강해지며 언변력(言辯力, vāc-sarasvatī)을 갖게 될 것이다. 6개월 동안 수행한 자는 모든 질병에서 자유로워질 것이다.

sandhyayor brahmakāle vā vāyum ākṛṣya yaḥ pibet.

trimāsāt tasya kalyāṇi jāyate vāksarasvatī,

ṣaṇmāsābhyāsayogena mahārogaiḥ pramucyate.

6.43.

다른 사람들은 자신을 아뜨만(ātman)에 고정시키고 나서 꾼달리
니를 잡는다면 죽음과 질병 등이 소멸된다고 한다.

ātmany ātmānam āropya kuṇḍalyām yas tu dhārayet,

kṣayarogādayas tasya naśyantīty apare viduḥ.

6.44.

혀(jihva)로 숨을 끌어당겨 혀뿌리에 고정하며 감로를 마신 현자
는 모든 축복을 얻는다.

jihvayā vāyum ānīya jihvāmūle nirodhayan,

yaḥ pibed amṛtaṃ vidvān sakalaṃ bhadram aśnute.

[해설]

『요가야갸발꺄』에서 '혀 반다'(jihvābandha)라는 용어를 언급하지
않지만 감로를 마시기 전에 혀 반다의 내용이 포함된다.

6.45.

자신을 아뜨만에 두고 이다 [나디](왼쪽 콧구멍)로 [숨을 들이마
시고] 미간 사이에 [숨을] 둔 다음, 감로(tridaśāhāra)를 마신 자는
질병으로부터 자유로워진다.

ātmany ātmānam iḍayā samānīya bhruvo 'ntare,

pibed yas tridaśāhāraṃ vyādhibhiḥ sa vimucyate.

6.46.

두 나디를 통해 숨을 끌어들여 마신 후 배꼽이나 복부 양쪽에
24분(ghaṭika=ghaṭaka) 동안 [숨을] 흐르게 하는 자는 질병(vyādhi)
으로부터 자유로워진다.

nāḍībhyāṃ vāyum āropya nābhau vā tuṇḍapārśvayoḥ,

ghaṭikaikāṃ vahed yas tu vyādhibhiḥ so 'bhimucyate.

[해설]

ghaṭika는 24분이다. 모한은 '24분 동안'이란 숨을 마시고 1분 동
안 유지하는 것을 24번 동안 하는 것이라고 해석한다.[234] 24분 동안
숨을 참는다는 것은 신체적으로 불가능에 가까운 일이므로 모한의
해석에 일리가 있다.

6.47~48[ab].

한 달 동안 하루 세 번(아침, 점심, 저녁) 혀로 숨(māruta)을 끌어들
인 후, 감로를 마시고 배꼽 중앙에 유지한 자는 비장(gulma)의
종양(aṣṭhīla), 세 도샤(바따 도샤, 삣따 도샤, 까파 도샤)에서 발생한
질병(plīhan),

māsam ekaṃ trisandhyāyāṃ jihvayāropya mārutam,

pibed yas tridaśāhāraṃ dhārayet tuṇḍamadhyame.

gulmāṣṭhīlā plīhā cānye tridoṣa-janitās tathā,

---

234) Mohan(2013), p.63.

$6.48^{cd} \sim 49.$

복부에 있는 질병이 모두 소멸되고 열병(jvara)과 음식물로 발생한 독소들이 모두 제거되고 백발 등도 없어진다. 가르기여! 무슨 말을 더 하겠는가?

tundamadhyagatā rogāḥ sarve naśyanti tasya vai.

jvarāḥ sarve vinaśyanti viṣāṇi vividhāni ca,

bahunoktena kiṃ gārgi palitādi ca naśyati.

[샨무키 무드라를 동반하는 방법(6.50-58)]
$6.50 \sim 51^{ab}.$

아름다운 얼굴을 가진 이(가르기)여! 이와 같이 '호흡을 정복하는 방법'은 좌법을 취하고 마음을 집중해야 가능하다. 현자는 감각 기관을 [각각의] 대상으로부터 완전히 거둬들이고

evaṃ vāyujayopāyaḥ prāṇasya tu varānane,

śakyam āsanam āsthāya samāhitamanās tathā.

karaṇāni vaśīkṛtya viṣayebhyo balāt sudhīḥ,

[해설]
이 게송의 좌법은 $6.59 \sim 60^{ab}$게송에서 해탈좌로 설명된다.

$6.51^{cd} \sim 52^{ab}.$

아빠나 [생기]를 위로 끌어올린 후, 옴에 마음을 집중해[야 한다.] 양 손으로 귀 등 감각 기관을 완전히 막아야 한다.

apānam ūrdhvam ākṛṣya praṇavena samāhitaḥ.

hastābhyāṃ bandhayet samyak karṇādi karaṇāni ca,

6.52^{cd}~53.

양 엄지손가락으로 양 귀(ubha-śrotra)를, 양 집게손가락으로 눈
(cakṣu)을, 두 가운데 손가락으로 양 콧구멍(nāsāpuṭa)을 막고 감
각 기관들을 [억제한다.] 환희심을 체험할 때까지 정수리에 [마
음을] 집중해야 한다.

aṅguṣṭhābhyām ubhe śrotre tarjanībhyāṃ ca cakṣuṣī.

nāsāpuṭau madhyamābhyāṃ pracchādya karaṇāni vai,

ānandānubhavaṃ yāvat tāvan mūrddhani dhārayet.

[해설]

『요가야갸발꺄』에서 '샨무키 무드라'(ṣaṇmukhīmudrā)라는 용어는
언급되지 않는다. 내용을 보면 양 귀, 양 눈, 양 코 등 몸의 여섯
출입구를 봉인하는 샨무키 무드라의 행법으로 나와 있다.

6.54.

이와 같이 수명(āyus)을 감소시키는 호흡을 수슘나 [나디]를 통해
연꽃잎(mṛṇāla) 내부 섬유질 같은 브라흐마란드라로 보내야 한다.

prāṇaḥ prayāty anena iva tatas tv āyurvighātakṛt,

brahmarandhre suṣumnāyāṃmṛṇālāntarasūtravat.

6.55.

이에 의해 깨끗한 수정(sphaṭika) 같은 비음의 출현한다. 비음은
비나(vīṇādaṇḍa) [소리]처럼 정수리에서 나타난다.

nādotpattis tv anena iva śuddhasphaṭikasannibhā,

āmūrdhno vartate nādo vīṇādaṇḍavad utthitaḥ.

6.56~57.

초기에는 소라 고동(śaṅkha) 같은 소리가, 중간에는 천둥(megha-dhvani)같은 소리가, [마지막에] 비음(nāda)이 브라흐마란드라 (vyoma-ranghra)에 도달할 때 폭포(giri-prasravaṇa)같은 [소리가 난다.] 쁘라나가 브라흐마란드라에 도달하고 마음이 아뜨만에 흡수될 때 그 때 수행자는 환희(nandī)로 채워진다. 그로 인해 호흡은 정복된다.

śaṃkhadhvaninibhas tv ādau madhye meghadhvanir yathā,

vyomaranghre gate nāde giriprasravaṇaṃ yathā.

vyomaranghre gate vāyau citte cātmani saṃsthite,

tadānandī bhaved dehī vāyus tena jito bhavet.

6.58.

이에 요가 수행자들은 이후 마음이 동일해지며 호흡조절을 통달하며 청정해지며 들숨과 날숨을 정복하게 된다고 말한다.

yoginas tv apare hy atra vadanti samacetasaḥ,

prāṇāyāmaparāḥ pūtā reca-pūraṇa-varjitāḥ.

[세 번째 방법(6.59-64)]

6.59~60^{ab}.

왼쪽 발목을 성기 아래의 회음부를 압박하고 오른쪽 [발목]을 음낭 왼쪽 위에 완전히 [밀착시키고] 양 정강이와 허벅지 사이를 빈틈없이 고정시켜야 한다. 가르기여!

dakṣiṇetaragulphena sīvanīṃ pīḍayet śirām,

adhastād aṇḍayoḥ sūkṣmāṃ savyopari ca dakṣiṇam.

jaṅghorvor antaraṃ gārgi niśchidram bandhayed dṛḍham,

[해설]

위의 인용문에서 두 발뒤꿈치가 회음부를 향해 있고 발가락이 아래로 향한 좌법은 3.14에서 설명한 해탈좌와 동일하다.

6.60^{cd}~63^{ab}.

목, 머리, 어깨, 척추, 복부를 반듯하게 [세운다.] 재생자(브라흐마나)는 양 눈으로 오른쪽 발목의 윗부분을 응시하면서 한적한 곳에 앉아서 마음(manas)을 집중하여 옴 음절을 염송해야 한다. 아름다운 여인(가르기)이여! 그리고 *끄샤뜨리야*는 한적한 곳에서 앉아서 [마음을] 집중하여 감각 기관을 정복하고 옴 음절을 염송해야 한다.

samagrīvaśiraskandhaḥ samapṛṣṭhaḥ samodaraḥ.

netrābhyāṃ dakṣiṇaṃ gulphaṃ lokayann uparisthitam,

dhārayan manasā sārdhaṃ vyāharan praṇavākṣaram.

āsane nānyadhīr āste dvijo rahasi nityaśaḥ,

kṣatriyaś ca varārohe vyāharan praṇavākṣaram.

āsane nānyadhīr āste rahasy eva jitendriyaḥ,

6.63^{cd}~64.

그 외 바이샤, 슈드라, 여성 및 그 외 요가 수행자들은 다른 생각(dhī) 없이 좌법을 취하고 앉아서 [그들의] 손에 [들고 있는] 등불을 바라보면서 쉬바 [만뜨라]나 비슈누 [만뜨라]나 다른 [만뜨라]를 염송해야 한다.

vaiśyāḥ śūdrāḥ striyaś cānye yogābhyāsaratāḥ narāḥ.

śaivaṃ vā vaiṣṇavaṃ vātha vyāharann anyam eva vā,

āsane nānyadhīr āste dīpaṃ haste vilokayan.

[해설]

세 번째 방법에서 사용되는 만뜨라 염송은 6.14^{cd}~19^{ab}에 제시된 호흡조절 시 병행해야 할 만뜨라처럼 4성 계급에 따라 차별적으로 설명한다. 브라흐마나과 끄샤뜨리야는 옴을 염송하고, 바이샤·슈드라·여성 및 그 외 요가 수행자들은 쉬바 만뜨라나 비슈누 만뜨라 또는 다른 만뜨라를 염송한다.

[꾼달리니의 각성과 쁘라나의 수승(6.65-75^{ab})]

6.65.

이와 같은 [호흡수련으로] 수명을 감소시키는 쁘라나를 불의 거주처로 보낸다. 불을 정복할 때까지 다른 생각 없이 수행해야 한다.

āyurvighātakṛtprāṇas tv anenāgnikulaṃ gataḥ,

dhūmadhvajajayaṃ yāvan nānyadhīr evam abhyaset.

6.66.

[수행에] 집중한 자는 무엇을 먹어도 소화시킬 수 있게 된다. 몸은 가벼워지며 소화의 불은 커진다.

dhāraṇaṃ kurvatas tasya śaktiḥ syād iṣṭabhojane,

dehaś ca laghutāṃ yāti jaṭharāgnis ca vardhate.

6.67.

그와 같은 징후를 경험한 [후] 마음으로 숨(māruta)을 끌어들인 다음 만뜨라를 염송하면서 오랫동안 [숨을] 배꼽 중앙에 유지해야 한다.

dṛṣṭacihnas tatas tasmān manasāropya mārutam,

mantram uccārayan dīrghaṃ nābhimadhye nirodhayet.

6.68.

현자는 마음이 '사비뜨리 만달라'(savitṛ-maṇḍala)에 용해될 때까지 변함없이 규정된 좌법을 [취하고 호흡을] 수련해야 한다.

yāvan mano layaty asminn ābhau savitṛmaṇḍale,

tāvat samabhyased vidvān niyato niyatāsanaḥ.

[해설]

사비뜨리(savitṛ)는 『리그 베다』 5.81.1에서 "위대하고 현명한 현자들은 [자신의] 마음과 생각을 통제한다. 법을 아는(vayunā) 유일한 자가 제사(hotra)를 이끄니 사비뜨리 신의 찬미는 위대하다."(yuñjate mana uta yuñjate dhiyo viprā viprasya bṛhato vipaścitaḥ, vi hotrā dadhe vayunāvid-eka inmahī devasya savituḥ pariṣṭutiḥ)라고 언급되는 태양신이다. 이 구문은 『슈베따슈바따라 우빠니샤드』 2.4에서 동일하게 언급된다.

『요가야가발꺄』에서 언급된 사비뜨리 만달라는 문맥상 아뜨만을 상징적으로 표현한 것으로 보인다. 수행자의 마음이 아뜨만과 동일할 때까지 세 번째 방법을 수행할 것을 강조한다.

6.69.

이 배꼽 중앙을 집중함으로써 숨(māruta)은 꾼달리니에게 간다.
그리고 불은 [꾼달리니를] 데운다. 이것은 의심의 여지가 없다.

etena nābhimadhyasthadhāraṇena iva mārutaḥ,

kuṇḍalīṃ yāti vahniś ca dahaty atra na saṃśayaḥ.

6.70.

그리하여 불에 의해 데워지고 [아빠나]235) 생기에 의해 자극된 그
녀(꾼달리니)는 자신의 목을 부풀리고 똬리를 펼치고 일어난다.

santaptā vahninā tatra vāyunā cālitā svayam,

prasāryaṃ phaṇabhṛdbhogaṃ prabodhaṃ yāti sā tadā.

6.71.

이와 같이 각성되고 나서 '쁘라나로 알려진 것'(prāṇa-saṃjñaka)
은 배꼽에 있는 물라 짜끄라에서 일어나 수슘나 [나디] 안으로
[상승하면서] 브라흐마란드라로 간다.

prabuddhe saṃsaraty asmin nābhimūle tu cakriṇi,

brahmarandhre suṣumnāyāṃ prayāti prāṇasaṃjñakām.

6.72.

아름다운 얼굴을 가진 이(가르기)여! 쁘라나(māruta)가 그 수슘나
[나디] 안으로 상승할 때 마음으로 만뜨라를 염송하며 [쁘라나
를] 심장의 중앙에 다시 고정해야 한다.

---

235) YY.4.23cd에서는 꾼달리니가 불과 아빠나 생기에 의해 각성된다고 설명한다.

saṃprāpte mārute tasmin suṣumnnāyāṃ varānane,

mantram uccārya manasā hṛnmadhye dhārayet punaḥ.

6.73~74[ab].

그리고 [쁘라나를] 심장에서 목구멍으로 [고정하고 나서] 미간에 [쁘라나를] 고정해야 한다. 최고의 브라흐마나(=가르기)이여! 그러므로 마음을 집중한 자는 그곳(미간)에 불과 함께 쁘라나를 끌어올린 후, 옴 음절을 염송하면서 [정수리의] 공간(=브라흐마란드라)에 [쁘라나를] 고정해야 한다.

hṛdayāt kaṇṭhakūpe ca bhruvor madhye ca dhārayet,

tasmād āropya manasā sāgniṃ prāṇam ananyadhīḥ.

dhārayed vyomni viprendre vyāharan praṇavākṣarām,

[해설]

꾼달리니가 각성된 후 쁘라나가 수슘나 안으로 상승할 때 브라흐마란드라로 곧장 가지 않는다. 마음으로 만뜨라를 염송하면서 쁘라나를 심장의 중앙, 목구멍, 미간 등을 관통하여 브라흐마란드라에 도달하게 된다. 이 3개의 위치는 브라흐마 결절(brahma-granthi), 비슈누 결절(viṣṇu-granthi), 루드라 결절(rudra-granthi)과 동일하다.

6.74[cd]~75[ab].

쁘라나(vāyu)가 [정수리의] 공간(=브라흐마란드라)에 채워질 때 아뜨만은 하늘에 있는 태양(vikartana)처럼 빛난다.

vāyunā pūrite vyomni sāṅgopāṅge kalevare.

tad ātmā rājate tatra yathā vyomni vikartanaḥ,

[이신해탈(離身解脫)(6.75^{cd}-78)]

6.75^{cd}~76.

이와 같이 수행하면서 육신을 완전히 버리고자 한다면 한 음절
의 옴, 최고의 브라흐만, 자재신을 명상하면서 정수리의 브라흐
마란드라에서 쁘라나와 마음을 결합시킨 후

śarīraṃ visusṛkṣuś ced evaṃ samyak samācaran.
ekākṣaraṃ paraṃ brahma dhyāyan praṇavam īśvaram,
saṃbhidya manasā mūrdhni brahmarandhraṃ savāyunā.

[해설]
브라흐마란드라에서 쁘라나와 마음이 결합된다는 것은 브라흐마
란드라에서 쁘라나와 마음이 소멸된 삼매를 성취한 것을 의미한다.

6.77.

[몸속에 있는] 쁘라나를 허공(kha-madhyama)에 있는 마하 쁘라
나(mahā-prāṇa)에 내뱉어야 한다. [수행자는] 신체를 넘어선 우주
쁘라나(jagat-prāṇa), 공(호), 항상(nitya), 불변, [세상의] 기둥,

prāṇam unmocayet paścān mahāprāṇe khamadhyame,
dehātīte jagat prāṇe śūnye nitye dhruve pade.

6.78.

허공(ākāśa), 최고의 환희(paramānanda)[인 브라흐만]에 자기 자
신(svātman)을 결합시켜야 한다. 가르기여! 그는 브라흐만이 될
것이며 다시 태어나지 않게 된다.

ākāśe paramānande svātmānaṃ yojayed dhiyā,

brahmaivāsau bhaved gārgi na punar janmabhāg bhavet.

[해설]

이신해탈(videha-mukti) 과정에서 숨이 멎는 과정을 묘사한 것으로 보인다. 숨이 멎은 상태에서 외부로부터 숨을 다시 들이마셔야 생명이 유지되는데 이 때 수행자는 자신의 생명 에너지인 쁘라나를 외부에 있는 우주적 힘인 마하 쁘라나에 내뱉어서 자신의 숨과 외부에 있는 생명 에너지를 결합시킨 것으로 풀이된다.[236]

[호흡 수련의 중요성(6.79-82)]

6.79.

그러므로 아름다운 여인(가르기)이여! 그대는 항상 [규정된] 행위를 해야 한다. 항상 하루 세 번(아침, 점심, 저녁) 호흡조절을 해야 한다.

tasmāt tvaṃ ca varārohe nityaṃ karma samācara,

sandhyā kāleṣu vānityaṃ prāṇasaṃyamanaṃ kuru.

6.80.

호흡조절을 궁극적 [목표]로 하고, 호흡조절을 우선으로 [수행] 하는 모든 사람들은 호흡조절을 통해 청정해지며 최고의 상태에 도달하게 된다.

prāṇāyāmāparāḥ sarve prāṇāyāmaparāyaṇāḥ,

---

236) 임혜정(2020), p.17.

prāṇāyāmaviśuddhā ye te yānti paramāṃ gatim.

6.81.

호흡조절 [외에] 그 어떤 것도 [삶이라는] 지옥으로부터 벗어날 방법은 없다. 윤회의 바다(samsārārṇava)에 가둬진 [인간들을] 구원할 수 있는 것은 호흡조절이다.

prāṇāyāmād ṛte nānyat tārakaṃ narakād api,

samsārārṇava-magnānām tārakaḥ prāṇasaṃyamaḥ.

6.82.

그러므로 그대는 항상 규정대로 행위를 하고 규정된 방법대로 호흡조절을 해야 한다.

tasmāt tvaṃ vidhimārgeṇa nityaṃ karma samācara,

vidhinoktena mārgeṇa prāṇasaṃyamanaṃ kuru.

이처럼 요가야갸발꺄 제6장을 마친다.

iti śrīyogayājñavalkya ṣaṣṭo'dhyāyaḥ

[쉬바(Śiva)에 대한 명상(6.1-3): 디반지本에 추가된 구문]

6.1.

항상 코끝을 응시하면서 왼손에 다른 손(오른손)을 두고 나서 코끝에 있는 빛에 둘러싸인 달(śaśa-bhṛd-bimba)에 있으며,

nāsāgre dṛk sadā samyak savye nyasyetaraṃ karam,

nāsāgre śaśabhṛdbimbe jyotsnā jālavitānake.

6.2~3.

태양, 달, 불같이 빛나는 눈과 다섯 얼굴을 한 위대한 신이며, 머리 위에 달을 걸친 자재신이며, 난디(nandi)를 올라탄 채 모든 신들에게 둘러싸여있으며, 자애로움, 모든 즐거움(sarva-varada), 모든 무기(sarvāyudha)를 지닌 쉬바를 명상해야 한다.

ambomā sahitaṃ śubhraṃ somasūryāgnilocanam,

pañca-vaktraṃ mahādevaṃ candra-śekharam īsvaram.

nandivāhanasaṃyuktaṃ sarvadevasamanvitam,

prasannaṃ sarvavaradaṃ dhyāyet sarvāyudhaṃ śivam.

[해설]

난디(nandi)는 난디께슈바라(nandikeśvara) 또는 난디데바(na-ndideva)라고도 하며 쉬바가 타고 다니는(vahana) 황소(vṛṣabha)이다.

[옴으로 표현되는 브라흐만에 대한 명상(6.4-10): Divanji本에 추가된 구문]

6.4~5[ab].

그것(옴)은 베다의 시작에서 음절(svara)로 선언되었고 베다의 마지막에 확립되었다. 이 중에서 'a'음절의 형상(mūrti)은 빨간색(rakta) 피부를 하고 백조(haṃsa)에 올라탄 채 손에 지팡이(daṇḍa)를 들고 있는 소녀로 가야뜨리(Gāyatrī)라 일컬어진다.

yo vedādau svaraḥ prokto vedānte ca pratiṣṭhitaḥ,

akāramūrtir eteṣāṃ raktāṅgī haṃsavāhinī.

daṇḍahastā satī bālā gāyatrīty avadhāryatām,

6.5^{cd}~6^{ab}.

이 중에서 'u'음절의 형상은 검은색(kṛṣṇa) 피부를 하고 황소
(vṛṣa)에 올라탄 손에 원반(cakra)을 들고 있는 존재로 사비뜨리
(Sāvitrī)라 일컬어진다.

ukāramūrtir eteṣāṃ kṛṣṇāṅgī vṛṣavāhanī.

cakrahastā satī ca iva sāvitrīty avadhāryatām,

6.6^{cd}~7^{ab}.

이 중에서 'm'음절의 형상은 하얀 피부를 하고 독수리(tārkṣya)
에 올라타 창(śūla)을 들고 있는 환희의 화신이며 나이든 여자
(vṛddhā)로 사라스바띠(Sarasvatī)라 일컬어진다.

makāramūrtir eteṣāṃ śvetāṅgī tārkṣyavāhinī.

śūlānandamayī vṛddhā sarasvatyavadhāryatām,

6.7^{cd}~8^{ab}.

이후에 그녀(사라스바띠)는 예지(prājña)[237]에 의해 마헤스바리(Mā-
heśvarī)로 칭송된다. 창조(sṛṣṭi), 유지(sthiti), 파괴(anta) 등 [가운
데] 'm'음절은 파괴를 본질로 한다.

māheśvarīti sā prājñaiḥ paścimā parikīrtitā.

---

237) 예지(prajña)는 불교에서 반야(般若)라는 음역어로 통용된다. 이것은 다른 관
    념이 개입하기 이전에 대상을 있는 그대로 직접 지각하는 순수한 인식을 일컫
    는다. 비야사 지음; 정승석 옮김(2020), p.56 각주 41번; 우빠니샤드에 등장하는
    prajña에 대해서 Bakker(1982), p.134; 불교 문헌에 등장하는 prajña에 대해서
    Vetter(1988), p.35 참조.

sṛṣṭisthityantakālādyā makāro 'pyantakātmakaḥ,

6.8^{cd}~9.

이 세 가지 음절(A·U·M)은 세 가지 원인으로 여겨진다. 세 가지
원인은 존재(sat)이며 일체의 원인이며 불멸(ekākṣara)이며 최고
의 광휘(jyotis)인 브라흐만(Brahman)이다. 현자는 그것을 옴이라
말한다.

akṣaratrayam eva itat kāraṇatrayam iṣyate.

trayāṇāṃ kāraṇam brahma sadrūpaṃ sarvakāraṇam,

ekākṣaram paraṃ jyotis tam āhuḥ praṇavaṃ budhāḥ.

6.10.

이와 같이 깨달은 후 규칙에 따라 옴과 함께 들숨, 날숨, 숨 멈
춤으로 호흡조절을 해야 한다.

evaṃ jñātvā vidhānena praṇavena samanvitam,

prāṇāyāmaṃ tataḥ kuryād reca-pūra-kakumbhakaiḥ

제7장(saptamo 'dhyāyaḥ)

[외적 수단과 내적 수단의 구분(7.1)]

7.1.

야갸발꺄가 말하길,

요가의 네 갈래(금계, 권계, 좌법, 호흡조절)에 대해 말하였다. 최고
의 재생자(가르기)여! [나머지] 내적 요가의 네 갈래인 감각철회
등에 대해 들어야 한다.

yājñavalkya uvāca

uktāny etāni catvāri yogāṅgāni dvijottame,

pratyāhārādi catvāri śṛṇu ṣvābhyantarāṇi ca.

[해설]

『요가야갸발꺄』의 외적 수단(vahis-aṅga)과 내적 수단(antara-aṅga)
의 구분은『요가주』와 차이가 있다.[238]

---

238) 『요가주』 3.7에서 "바로 그 정신집중, 명상, 삼매라는 셋은 금계를 비롯한
앞의 다섯 성취 수단들과 비교하여 유상 삼매의 내적 수단이다."(tad etad
dhāraādhyāna-samādhi-trayam antar-aṅgaṃ saṃprajñātasya samādheḥ pūrve-

『요가야갸발꺄』는 요가를 실천하는데 있어 감각철회·정신집중·
명상을 자의적으로 아드바이따 베단따적 입장을 견지한 상태에서
정의할 뿐만 아니라 감각철회·정신집중·명상·삼매를 내적 수단으
로 본다. 이것은『까타 우빠니샤드』(*Kaṭha Upaniṣad*) 1.2.12에 언급
되는 '내적 자아에 대한 요가'(adhyātma-yoga)를 근거로 하는 것으
로 이해된다.

> "현명한 자는 '내적 자아에 대한 요가'를 이행함으로써, 보기 힘들며
> 숨겨진 곳에 들어가 있으며 심장에 위치해 있어서 깊숙이 머물고
> 있는 태고의(purāṇam) 그 신(=아뜨만)[239]을 인식하고서, 기쁨과 슬픔
> 을 넘어선다.[240]

샹까라는 '내적 자아에 대한 요가'를 "대상들로부터 벗어나 마
음(cetas)을 아뜨만에 일치시키는 것이다."[241]라고 해석한다. 즉 '내
적 자아에 대한 요가'는 모든 외적 대상으로부터 감각 기관을 억제
시켜 자신의 본성에 마음을 집중하는 것을 의미한다. '내적 자아에
대한 요가'를『요가야갸발꺄』의 감각철회·정신집중·명상·삼매의 정

---

bhuyo yamādibhyaḥ pañcabhyaḥ sādhanebhya iti)라고 서술한 바와 같이『요
가주』는 금계, 권계, 좌법, 호흡조절, 감각철회를 외적 수단으로 정신집중, 명상,
삼매를 내적 수단으로 한다.

239) 샹까라는 'deva'를 '아뜨만'으로 해석한다. Radhakrishnan(1953), p.613;
Gambhirananda(2016), p.146.

240) KaU.1.2.12, taṃ durdarśaṃ gūḍhamanupraviṣṭaṃ guhā-hitaṃ gahvare-
ṣṭham purāṇam, adhyātma-yogādhi-gamena devam matvā dhīro harṣa-
śokau jahāt.

241) viṣayebhyaḥ pratisaṃhṛtya cetas-ātmani samādhānam. Radhakrishnan(19
53) p.613.

의에 따라 풀이하면 감각 기관을 통해 전해오는 모든 것을 아뜨만
으로 자각하고, 아뜨만에 마음을 정신집중하고, 자신의 본성이 아
뜨만임을 깨닫고 마음을 아뜨만과 동일시하는 것이다. 감각철회·
정신집중·명상·삼매는 아뜨만에 대한 요가 수행법으로 여덟 갈래
요가에서 내적 수단이 된다.

[감각철회의 유형(7.2-7)]

[해설]
『요가야갸발꺄』의 감각철회는 정신적 수행과 호흡조절을 포함
한 기법으로 두 개로 구분된다.[242]

7.2.
'본능적으로 [각각의] 대상들에게 맴도는 감각 기관들이 그것(감
각 대상)들에게서 완전히 철회(āharaṇa)하는 것'을 감각철회라 한
다.

indriyāṇāṃ vicaratāṃ viṣayeṣu svabhāvataḥ,

balād āharaṇam teṣām pratyāhāraḥ sa ucyate.

[해설]
감각 기관이 각각의 감각 대상들로부터 완전히 철회하는 것은
마치 거북이가 네 발을 사방으로부터 몸안으로 거두어들이듯 감각
대상으로부터 눈·코·귀·혀·피부 등의 다섯 감각 기관을 끌어들이는

---

242) Mohan(2013), p.79 각주 72번.

것이다. 이것은『요가경』2.54에서 감각철회를 '감관들이 자신의 대상과 결합하지 않는 것'으로 정의된 것과 같이 일반적으로 널리 알겨진 개념이다.[243]

7.3.

요가를 아는 위대한 영혼(mahātman)의 소유자들은 '그대가 아뜨만 안에서 본 것을 모두 아뜨만으로 자각하는 것'을 감각철회라 한다.

yad yat paśyasi tat sarvaṃ paśyed ātmavad ātmani,

pratyāhāraḥ sa ca prokto yogavidbhir mahātmabhiḥ.

[해설]

'아뜨만 안에서 본 것'의 '본 것'에 대해 박영길은 본 것만 언급되어 있지만, 그외 '듣는 것', '맛보는 것', '감촉하는 것', '냄새 맡는 것'들의 행위를 포함되는 것으로 파악한다.[244] 이것을 좀더 확장해보면, 색깔과 형상[色]·소리[聲]·향기[香]·맛[味]·감촉[觸] 등의 감각이 자신에 의해 만들어진 것임을 아는 것이다. 그리하여 감각을 통해 외부세계로 향하는 마음을 안으로 돌려 자신의 본질인 아뜨만으로 향하도록 하는 것이다. 마음이 아뜨만에 집중하면 감각기관은 감각 대상과 접촉하지 않게 되며, 감각 대상에 대한 의식작용도 없어지게 된다. 이로 인해 정신집중이 가능해진다.[245]

---

243) 임혜정(2022a), p.4.
244) 박영길(2019), p.793.
245) 임혜정(2022a), pp.4~5.

7.4~5.

'아뜨만 안에 거주하며 사람들이 [해야 할] 규정된 일상적 행위
들을 외적 [욕망] 없이 마음으로 실천하는 것' 그것 또한 감각철
회이다. 이것은 항상 요가의 수단(sādhana)에서 가장 뛰어난 감
각철회로 요가 수행자들이 칭송하고 따랐다.

karmāṇi yāni nityāni vihitāni śarīriṇām,

teṣām ātmany anuṣṭhānaṃ manasā yad bahir vinā.

pratyāhāro bhavet so 'pi yogasādhanam uttamam,

pratyāhāraḥ praśasto 'yaṃ sevito yogibhiḥ sadā.

[해설]

감각 기관들은 그에 상응하는 대상에 따라 반응한다. 그로 인해
탐욕(rāga)과 증오(dveṣa)를 느끼게 된다. 이것은 욕망이 된다. 만약
감각 기관이 어떤 원인에 의해 방해를 받게 되면, 그 욕망은 분노
(krodha)로 변하게 되고, 분노로 인해 마음은 동요되어 욕망에 이끌
려 이런저런 행위를 하게 된다. 행위의 결과를 기대하고 규정된 행
위를 하는 경우 그 행위로 인해 찾아오는 결과, 곧 즐거움과 괴로
움에서 벗어날 수 없다. 그렇기 때문에 어떠한 욕망도 가지지 않고
행위를 하는 것은 행위의 결과로부터 자유롭다. 이에 따라 마음은
동요되지 않는다. 감각 기관은 외부의 감각 대상에 결합하지 않고
외부 지각을 다스려서 감각을 내면화하여 자신의 참자아인 아뜨만
으로 향하게 된다. 이같은 마음의 상태에서 외적 욕망 없이 규정된
행위를 하는 것이 '감각철회'이다.[246] 이에 대해 박영길은 아뜨만 안

---

246) 임혜정(2022a), p.5.

에서 규정된 행위를 외적 욕망 없이 마음으로 실천하는 것은 『기
따』의 행위의 요가의 의미와 유사하다고 지적한다.[247]

7.6.

'열여덟 개의 생명점(marmasthāna)에 숨(vāyu)을 보유한 다음 [순
서대로] 한 생명점에서 다른 생명점으로 [숨을] 옮기는 것'을 감
각철회라 한다.

aṣṭādaśasu yad vāyor marmasthāneṣu dhāraṇam,

sthānāt sthānāt samākṛṣya pratyāhāro nigadyate.

7.7.

가르기여! 신에게 칭송받는 최고의 의사인 아쉬빈은 그와 같이
몸에 있는 생명점마다 [숨을 옮기는 것을] 요가를 통한 해탈에
도달하는 방법이라고 하였다.

aśvinau ca tathā brūtāṃ gārgi devabhiṣagvarau,

marmasthānāni siddhyarthaṃ śarīre yogamokṣayoḥ.

[해설]

7.7게송에서는 『짜라까상히따』 I.1.4~5[248]에 나오는 아유르베다

---

247) 박영길(2019), p.794.

248) CS. I.1.4~5, "처음에 브라흐마(Brahmā)가 제의한 대로 쁘라자빠띠(Prajā-
    pati)가 아유르베다를 전수 받았고, 그로부터 아쉬빈(Aśvin)에게서 인
    드라가 그것을 완전히 전수받았기 때문에, 바라드바자(bharadvāja)
    가 현자들이 요청한 대로 인드라에게 간 이유이다."(brahmaṇā hi yathā
    proktamāyurvedaṃ prajāpatiḥ, jagrāha nikhilenādāvaśvinau tu punas tataḥ.
    aśvabhyāṃ bhagavāñc chakraḥ pratipede ha kevalam, kṛṣiprokto bharadvājas
    tasmāc chakram upāgamat.)

의 최고의 의사인 아쉬빈이 등장하면서 열여덟 개의 생명점에 대한 감각철회의 권위를 실어준다. 생명점은『짜라까상히따』보다『수슈루타상히따』(*Suśrutasaṃhitā*) Ⅲ.6.1~43에서 생명점의 위치와 갯수 등이 자세히 언급된다.

> 근육(māṃsa)에 있는 생명점, 혈관(sirā)에 있는 생명점, 인대(snayu)에 있는 생명점, 뼈(asthi)에 있는 생명점, 관절(saṃdhi)에 있는 생명점처럼 구성에 따라 다섯 유형이 있다. 근육, 혈관, 인대, 뼈와 관절 외에 다른 곳에서는 발견된 생명점은 없다. 107개의 생명점은 근육에 있는 생명점 11개, 혈관에 있는 생명점 41개, 인대에 있는 생명점은 27개, 뼈에 있는 생명점은 8개, 관절에 있는 생명점은 20개이다. 따라서 생명점은 총 107개 이다.[249]

[열여덟 개의 생명점(7.8-11)]

7.8~11.

내가 이 모든 것을 다음과 같이 말하고자 한다. 그대(가르기)는 들어야 합니다. 그것은 ① 양 엄지발가락 ② 양 발목 ③ 정강이의 중앙 ④ 종아리 아랫부분 ⑤ 양 무릎의 중앙 ⑥ 양 허벅지

---

249) SśS. Ⅲ.6.3~4, saptottaraṃ marmaśatam. tāni marmāṇi pañcātmakāni bhavanti; tad yathā-māṃsa-marmāṇi, sirā-marmāṇi, snāyu-marmāṇi asthimarmāṇi ceti. na khalu māṃsa-sirā-snāyvasthi-sandhivyatirekeṇānyāni marmāṇi bhavanti, yasmān nopalabhyante. tatra ikādaśa māṃsa-marmāṇi, ekacatvāriṃśat sirā-marmāṇi, saptaviṃśatiḥ snāyu-marmāṇi, aṣṭāvasthimarmāṇi, viṃśatiḥ sandhi-marmāṇi ceti. tad etat, saptottaraṃ marmaśatam

⑦ 항문 아래 ⑧ 몸의 중앙 ⑨ 음낭 ⑩ 배꼽 ⑪ 심장 ⑫ 목구멍 ⑬ 입천장(구개)의 뿌리 ⑭ 코의 뿌리 ⑮ 눈동자 ⑯ 미간 ⑰ 이마 ⑱ 정수리이다. 위대한 수행자(가르기)여! 이것이 생명점이다. 그대는 그것들에 대해 차례대로 들어야 한다.

tāni sarvāṇi vakṣyāmi yathāvacchṛṇu suvrate,

pādāṅguṣṭhau ca gulphau ca jaṅghāmadhye tathaiva ca.

cityor mūlaṃ ca jānvoś ca madhye corudvayasya ca,

pāyumūlaṃ tataḥ paścād dehamadhyaṃ ca meḍhrakam.

nābhiś ca hṛdayaṃ gārgi kaṭhakūpas tathaiva ca,

tālumūlaṃ ca nāsāyā mūlaṃ cākṣṇoś ca maṇḍale.

bhruvor madhyaṃlalāṭaṃca mūrdhāca munisattame,

marmasthānāni ca itāni mānaṃ teṣāṃ pṛthak śṛṇu.

[해설]

생명점(marma-sthāna, vital point)은 근육, 정맥, 동맥, 힘줄, 관절 등이 만나는 지점으로 생명 에너지가 집중되는 지점이다.

[생명점 사이의 거리(7.12-20[ab])]

7.12.

엄지발가락에서 발목까지 거리(māna)는 4.5앙굴라이다. 발목에서 정강이의 중앙까지는 10앙굴라임을 알아야 한다.

pādāṅguṣṭhāt tu gulphasya sārdhāṅgulacatuṣṭayam,

gulphāj jaṅghasya madhyaṃ tu vijñeyaṃ tad daśāṅgulam.

7.13.

정강이의 중앙에서 종아리 아랫부분까지는 11앙굴라이며 종아리 아랫부분에서 무릎은 2앙굴라이다. 아름다운 여인(가르기)이여!

janghamadhyāc cityor mūlaṃ yat tad ekādaśāṅgulam,

cityor mūlād varārohe jānuḥ syād aṅgulidvayam.

7.14.

가르기여! 위대한 수행자들은 양 무릎에서 허벅지의 중앙은 9앙굴라이며 허벅지 중앙에서 항문은 그와 같이 9앙굴라에 있다고 [말한다.]

jānvor navāṅgulaṃ prāhur ūrumadhyaṃ munīśvarāḥ,

ūrumadhyāt tathā gārgi pāyumūlaṃ navāṅgulam.

7.15.

항문에서 몸의 중앙은 2.5앙굴라이다. 그와 같이 몸의 중심에서 음낭은 2.5앙굴라이다.

dehamadhyaṃ tathā pāyor mūlād ardhāṅguladvayam,

dehamadhyāt tathā meḍhraṃ tadvat sārdhāṅguladvayam.

7.16.

아름다운 얼굴을 가진 이(가르기)여! 음낭에서 배꼽은 10.5앙굴라이며 배꼽에서 심장의 중앙은 14앙굴라인 것을 알아야 한다.

meḍhrānnābhiśca vijñeyā gārgi sārdhadaśāṅgulam,

caturdaśāṅgulaṃ nābherhṛnmadhyaṃ ca varānane.

7.17.

심장의 중앙에서 목구멍은 6앙굴라이고 목구멍에서 혀의 뿌리
는 4앙굴라이다.

ṣaḍaṅgulaṃ tu hṛdayāt kaṇṭhakūpaṃ tathaiva ca,

kaṇṭhakūpāc ca jihvāyā mūlaṃ syāc caturaṅgulam.

7.18.

혀의 뿌리에서 코의 뿌리는 4앙굴라이고 그것(코)의 뿌리로부터
눈은 0.5앙굴라라고 한다.

nāsāmūlaṃ tu jihvāyā mūlāc ca caturaṅgulam,

netrasthānaṃ tu tanmūlād ardhāṅgulam itīṣyate.

7.19~20^{ab}.

그곳(눈)에서 미간은 0.5앙굴라임을 알아야 한다. 미간에서 이마
는 2앙굴라이다. 이마에서 허공(vyoma)으로 알려진 것(=브라흐마
란드라)은 3앙굴라이다.

tasmād ardhāṅgulaṃ viddhi bhruvor antaram ātmanaḥ,

lalāṭākhyaṃ bhruvor madhyād ūrdhvaṃ syād aṅguladvayam.

lalāṭād vyomasaṃjñaṃ syād aṅgulatrayam eva hi,

[열여덟 생명점의 상승법(7.20^{cd}-21)]

7.20^{cd}~21.

이 [열여덟 개의] 생명점에 숨(vāyu)을 모아 고정해야 한다.
[순서대로 한] 생명점에서 [다른] 생명점으로 [숨을] 끌어올려

감각철회를 하는 자는 모든 질병들을 소멸 시키고 요가(=삼매)를
성취한다.

sthāneṣv eteṣu manasā vāyum āropya dhārayet.

sthānāt sthānāt samākṛṣya pratyāhāraṃ prakurvataḥ,

sarve rogā vinaśyanti yogāḥ siddhyanti tasya vai.

[해설]

열여덟 생명점의 상승법의 순서는 ① 한 생명점에서 숨을 마신
다.→ ② 마음으로 들숨 후 숨 멈춤으로 감각 대상인 생명점을 명
상한다.→ ③ 다음 생명점으로 날숨을 끌어올린다.→ ④ 날숨 후
숨 멈춤으로 생명점의 감각을 철회한다. 이것을 반복하여 마지막
종착지인 정수리에 이르게 된다. 한 생명점에서 다음 생명점으로
옮길 때 호흡은 날숨이고 생명점의 감각을 철회할 때는 날숨 후
숨 멈춤 상태이다. 이에 대해 모한은 "이 감각철회는 날숨(呼氣) 후
날숨을 보유하는 호흡조절의 기법이 포함되어 있다"라고 말한다.[250]
모한의 주장을 분석해보면, 여기서 사용된 호흡조절의 기법은 날
숨 후 숨 멈춤으로 콧구멍으로부터 숨을 남김없이 밖으로 내보냄
으로써 진공 상태처럼 숨이 없는 상태를 유지하는 날숨을 동반한
사히따 꿈바까로 본 것으로 추측된다.[251]

이 감각철회의 특징은 생명점을 명상대상으로 호흡조절 기법을
이용하여 생명점의 감각을 철회한다는 점이다. 마지막 지점인 정
수리에 대한 감각이 철회되면 열여덟 개의 생명점에 대한 완전한

---

250) Mohan(2013), p.79 각주 72번.
251) 임혜정(2022a), pp.6~7.

감각철회가 이루어진다.[252] 열여덟 개의 생명점을 명상대상으로 하
는 감각철회는 딴뜨라(tantra) 전통의 몸의 생명력과 관계된 열여덟
개 지점을 통해 더 깊은 의식으로 들어가는 니드라(nidrā) 수련법
에서도 언급되는 기법이기도 하다.[253] 이처럼 열여덟 개의 생명점
에 대한 감각을 철회함으로써 의식은 더 미세해진다. 열여덟 생명
점의 감각철회를 통해 감각들을 정복하게 된다. 곧 마음을 한 곳에
집중함으로써 대상에 대한 지각이 없게 되는 것이 감각의 정복이
자 감각의 완전한 철회라고 할 수 있다.

[열여덟 생명점의 하강법(7.22-30[ab])]

7.22.

요가에 숙련된 어떤 요가 수행자들은 [다른] 감각철회에 대해
말한다. 아름다운 여인(가르기)이여! 내가 그것을 말할 것이니 그
대는 들어야 한다.

vadanti yoginaḥvkecid yogeṣu kuśalā narāḥ,

pratyāhāraṃ varārohe śṛṇu tvaṃ tad vadamy aham.

7.23.

호흡조절을 하는 [동안] 마음(buddhi)으로 엄지발가락에서 정수
리 중앙까지 가득 채워진 항아리처럼 숨(anila)을 유지해야 한
다.

saṃpūrṇa-kumbhavad vāyum aṅguṣṭhān mūrdhamadhyataḥ,

---

252) 임혜정(2022a), p.7.
253) Birch and Hargreaves(2014), p.7.

dhārayed anilaṃ buddhyā prāṇāyāmapracoditaḥ.

7.24.

[정수리] 공간의 동굴(=브라흐마란드라)에서 [숨을] 끌어내린 후,
다시 이마(lalāṭa)에 [숨을] 고정해야 한다. 이마에서 숨(vāyu)을
끌어내린 다음 미간에 [숨을] 고정해야 한다.

vyomarandhrāt samākṛṣya lalāṭe dhārayet punaḥ,

lalāṭād vāyum ākṛṣya bhruvor madhye nirodhayet.

7.25.

미간에서 [숨을] 끌어내린 다음 눈 가운데 [숨을] 고정해야 한다.
눈에서 숨(prāṇa)을 끌어내린 후, 코의 뿌리에 [숨을] 고정해야
한다.

bhruvor madhyāt samākṛṣya netramadhye nirodhayet,

netrātprāṇam samākṛṣya nāsāmūle nirodhayet.

7.26.

코의 뿌리에서 혀의 뿌리로 숨(prāṇa)을 고정해야 한다. 혀의 뿌
리에서 [숨을] 끌어내린 후, 목구멍에 [숨을] 고정해야 한다.

nāsāmūlāt tu jihvāyā mūle prāṇam nirodhayet,

jihvāmūlāt samākṛṣya kaṇṭhamūle nirodhayet.

7.27.

목구멍에서 심장 가운데로, 심장에서 배꼽의 중앙으로, 다시 배
꼽의 중앙에서 음낭으로, 음낭에서 불의 거주처(=몸의 중앙)로

kaṇṭhamūlāt tu hṛnmadhye hṛdayān nābhimadhyame,

nābhimadhyāt punar meḍhre meḍhrād vahnyālaye tataḥ.

7.28.

몸의 중앙에서 항문으로, 항문에서 허벅지 중앙으로, 허벅지에서 무릎으로 [숨을] 고정해야 한다. 가르기여!

dehamadhyād gude gārgi gudād evorumūlake,

ūrumūlāt tayor madhye tasmāj jānvor nirodhayet.

7.29~30[ab].

그와 같이 종아리 아래에서 정강이 중앙으로, 정강이 중앙에서 숨(vāyu)을 끌어내린 다음 발목에 [숨을] 고정해야 한다. 발목에서 엄지발가락으로 [숨을] 고정해야 한다. 가르기여!

citimūle tatas tasmāj jaṅghayor madhyame tathā,

jaṅghāmadhyāt samākṛṣya vāyuṃ gulphe nirodhayet.

gulphād aṅguṣṭhayor gārgi pādayos tan nirodhayet,

[해설]

열여덟 개의 생명점의 위치와 생명점 사이의 거리는 다음의 표로 정리된다.

시작점/종지점	상승/하강	종지점/시작점	거리(aṅgula)
① 엄지발가락	⇄	② 발목	4.5
② 발목	⇄	③ 정강이 중앙	10
③ 정강이 중앙	⇄	④ 종아리의 뿌리	11

④ 종아리의 뿌리	⇄	⑤ 무릎	2
⑤ 무릎	⇄	⑥ 허벅지 중앙	9
⑥ 허벅지 중앙	⇄	⑦ 항문	9
⑦ 항문	⇄	⑧ 몸의 중앙	2.5
⑧ 몸의 중앙	⇄	⑨ 음낭	2.5
⑨ 음낭	⇄	⑩ 배꼽	10.5
⑩ 배꼽	⇄	⑪ 심장	14
⑪ 심장	⇄	⑫ 목구멍	6
⑫ 목구멍	⇄	⑬ 혀뿌리	4
⑬ 혀뿌리	⇄	⑭ 코의 뿌리	4
⑭ 코의 뿌리	⇄	⑮ 눈	0.5
⑮ 눈	⇄	⑯ 미간	0.5
⑯ 미간	⇄	⑰ 이마	2
⑰ 이마	⇄	⑱ 정수리	3

[열여덟 생명점을 이용한 감각철회의 효과(7.30^{cd}-32^{ab})]

7.30^{cd}~32^{ab}.

이와 같이 [한] 생명점에서 [다른] 생명점으로 [숨을] 끌어들이고 집중하는 현자는 모든 죄악에서 [벗어나] 청정해지며 달과 별(tāraka)이 [있는 한] 살게 될 것이다. 이것은 요가를 완성하는 방법이고 아가스띠야조차도 칭송하였다. 요가수행자들이 감각철회의 모든 [기법]들 중에서 탁월한 것이라고 [말했다.]

sthanāt sthānāt samākṛṣya yas tv evaṃ dhārayet sudhīḥ.

sarvapāpaviśuddhātmā jīved ā candratārakam,

etat tu yogasiddhyartham agastyenāpi kīrtitam.

pratyāhāreṣu sarveṣu praśastam iti yogibhiḥ,

[해설]

아가스띠야(Agastya)는 『리그 베다』의 1.165~191의 저자로 알려진[254] 베다의 현자이다. 『요가야갸발꺄』 7.31은 아가스띠야를 거론함으로써 열여덟 개의 생명점에 대한 탁월성을 부여한다.

열여덟 생명점을 이용한 감각철회는 열여덟 개의 생명점 중 한 지점에서 다른 지점으로 숨을 옮기며 감각 대상인 생명점에 대한 감각을 철회한다. 호흡조절이 포함된 기법으로 『요가야갸발꺄』에서 설명된 독특한 감각철회 방법이다. 이것은 '호흡을 이용한 감각철회'(prāṇa-pratyāhāra)로 불린다.[255] 이 기법은 '감각철회'의 전 단계 제4 호흡조절을 완성한 단계에서 수행하는 것으로 보인다. 호흡 조절이 완성된 수행자라면 한 생명점에서 다음 생명점으로 숨을 옮기고 감각철회를 하는 것을 반복하다가 마지막 종착지인 브라흐마란드라로 숨을 옮기고 감각철회를 할 수 있을 것이다.

숨이 활동하면 마음도 활동하게 되고 이에 따라 감각 기관들은 각자 자신의 대상에 대해 작용하게 된다. 한 감각 기관이 그 대상에 대한 감각 작용을 철회하더라도 다른 감각 기관이 감각 작용을 하게 되면 완전한 감각철회는 이루어지지 않는다. 그러므로 열여덟 개의 생명점 가운데 한 생명점에서 숨을 마시고 생명점을 명상 대상으로 두고 마음을 이용하여 숨을 유지한 다음, 다음 생명점으로 날숨을 옮기고 날숨 후 숨 멈춤 상태에서 생명점의 감각을 철회하는 것을 반복해야 한다.

이런 반복수행으로 열여덟 개의 생명점에 대한 집중이 심화되고 깊은 명상 단계에 이르게 된다. 열여덟 개의 생명점의 마지막

254) Doniger(1981), p.167.
255) Desikachar(2000), p.102.

종착점인 정수리 중앙의 브라흐마란드라에 대한 감각철회가 이루어지면 숨은 브라흐마란드 하에서 고정되고 마음은 내면의 아뜨만과 결합함으로써 요가가 완성된다.[256]

열여덟 개의 생명점을 명상 대상으로 한 감각철회의 과정을 살펴보면 호흡조절 기법을 이용하여 열여덟 개의 생명점을 대상으로 하는 감각 기관의 작용을 철회하는 것에 그치는 것이 아니라 호흡조절이 순차적으로 연장되어 감각철회—정신집중—명상—삼매로 이어지고 있음을 나타낸다. 호흡조절 기법을 이용한 감각철회는 호흡수련이 완성될 때 후속으로 이어지는 과정이 완성된다는 것을 보여준다.

[특정 생명점에 숨을 고정하는 방법(7.32^{cd}-37)]

7.32^{cd}~33^{ab}.
두 나디(양 콧구멍)를 통해 숨(vāyu)을 채운(마신) 후, 꾼달리니의 양 측면에 [숨을] 집중한 자는 살면서 세상의 속박으로부터 자유로워진다.

nāḍībhyāṃ vāyum āpūrya kuṇḍalyāḥ pārśvayoḥ kṣipet.
dhārayed yugapat so 'pi bhavarogād vimucyate,

7.33^{cd}~34.
앞서 말한 바와 같이 [두 나디로] 숨을 마신 후, 심장의 공간에 [숨을] 유지해야한다. 가르기여! 그 또한 최고의 자아의 경지에

---

256) 임혜정(2022a), p.7.

도달한다. 그의 몸 안팎에 어떤 질병이 있겠는가?

pūrvavad vāyum āropya hṛdayevyomni dhārayet.

so 'pi yāti varārohe paramātmapadaṃ naraḥ,

vyādhayaḥ kiṃ punas tasya bāhyābhyantaravartinaḥ.

7.35.

양 콧구멍으로 숨을 마시고 복부에 가득 채운 후, 마음을 집중하여 미간에서 양 눈의 뒤(paśca)로 [숨을] 채우고 나서,

nāsābhyāṃ vāyum āropya pūrayitvodarasthitam,

bhruvor madhyād dṛśoḥ paścāt samāropya samāhitaḥ.

7.36.

찰나라도 유지한[다면] 그 역시 최상의 경지에 도달한다. 무엇을 더 말하겠는가? 그대는 매일 행위를 하면서

dhārayet kṣaṇamātraṃ vā so 'pi yāti parāṃ gatim,

kiṃ punar bahunoktena nityaṃ karma samācaran.

7.37.

자신(ātman)의 숨을 수슘나로 끌어당겨 미간에 둔 후, 마음(manas)이 이곳(미간)에서 완전히 사라질 때까지 호흡 수련을 해야 한다.

ātmanaḥ prāṇam āropya bhruvor madhye suṣumṇayā,

yāvan mano layaty asmins tāvat saṃyamanaṃ kuru.

[해설]

　열여덟 생명점의 상승법과 하강법 외에 다른 생명점을 이용한 감각철회를 설명한다. 다른 생명점은 꾼달리니 양 측면, 심장의 공간, 미간이다. 이 세 생명점을 대상으로 상승하거나 하강하는 것이 아닌 한 개의 생명점에 숨을 고정함으로써 삼매를 성취한다. 열여덟 생명점의 감각철회에서 사용되는 호흡은 날숨을 동반한 사히따 꿈바까인 반면, 세 생명점에 대한 감각철회는 들숨을 동반한 사히따 꿈바까이다.

　이처럼 요가야갸발꺄 제7장을 마친다.
iti śrī yogayājñavalkye saptamo 'dhyāyaḥ

제8장(aṣṭamo 'dhyāyaḥ)

[정신집중에 대한 가르침의 개시(8.1)]

8.1.

야갸발꺄가 말하길, 이제 나는 정신집중의 다섯 [종류]의 정수를
설명하고자 한다. 위대한 고행자 가르기여! 그대는 마음을 집중
하여 들어야 한다.

yājñavalkya uvāca-

athedānīṃ pravakṣyāmi dhāraṇāḥ pañca tattvataḥ,

samāhita manās tvaṃ ca śṛṇu gārgi tapodhane.

[아뜨만에 마음을 고정하는 것(8.2)]

8.2.

교전의 요지를 아는 사람들은 금계 등 [여덟] 갈래 [요가]를 따른
자가 '아뜨만에 마음을 고정하는 것'을 정신집중이라 하였다.

yamādiguṇayuktasya manasaḥ sthitir ātmani,

dhāraṇety ucyate sadbhiḥ śāstratātparyavedibhiḥ.

[심장의 연꽃에 아뜨만을 집중하는 것(8.3-4)]

8.3~4.

가르기여! 이 '브라흐만의 거주처'(brahmapura) 안에 있는 심장의
연꽃, 그(심장의 연꽃) 내부 공간에 '외부 요소'(아뜨만)를 두고 집
중하는 것이 요가 교전에 정통한 이들과 딴뜨라(tantra) 추종자,
요가 교전을 아는 자, 숙달된 수행자들이 말한 정신집중이다.

asmin brahmapure gārgi yad idaṃ hṛdayāmbujam,

tasminn evāntarākāśe yad bāhyākāśadhāraṇam.

eṣā ca dhāraṇety uktā yogaśāstraviśāradaiḥ,

tāntrikair yogaśāstrajñair vidvadbhiś ca suśikṣitaiḥ.

[해설]

'금계 등 지분을 따른 자가 아뜨만에 마음을 고정하는 것', '심장
의 연꽃에 있는 아뜨만을 집중하는 것'에서 마음은 아뜨만에 집중
된 상태를 지속한다. 이것은 아뜨만에 대한 동일한 인식의 지속적
흐름으로 이해된다.

정신집중의 선행하는 수행법인 제1 금계에서 제5 감각철회를
수행하면 몸에 있는 나디는 정화될 것이며 호흡수련을 통해 호흡
을 조절하게 된다. 그리고 감각 기관은 외부대상과 결합하지 않고
감각대상에 대한 의식작용도 없어지게 된다. 이런 필수적인 단계
없이 수행을 한다면 정신집중의 수행의 결과는 얻기 어렵다. 이런
단계를 거친 것이 '정신집중'이다. 이 단계는 오랜 기간 동안 실천
한 수행의 결과물이기도 하다.[257]

[다섯 가지 거친 요소에 대한 정신집중(8.5~6^{ab})]

8.5~6^{ab}.

정신집중에는 다섯 종류가 있다. 그것 모두를 각각 말하고자 하니 당신(가르기)은 들어야 합니다. [정신집중의] 다섯 종류는 ① 흙(地, bhūmi) ② 물(水, āpas) ③ 불(火, tejas) ④ 바람(風, vāyu) ⑤ 공(호, ākāśa)과 같은 이것(다섯 가지 거친 요소)에 [깃들어 있는] 다섯 신을 집중하는 것이다.

dhāraṇāḥ pañcadhā proktās tāś ca sarvāḥ pṛthak śṛṇu,

bhūmir āpas tathā tejo vāyur ākāśam eva ca.

eteṣu pañcadevānāṃ dhāraṇam pañcadhocyate,

[해설]

다섯 가지 거친 요소(pañca-mahābhūta)는 흙, 물, 불, 바람, 공(호)이다. 이것은 샹까라의 『우빠데샤 사하스리』(*Upadeśasāhasrī*) 2.1.19-20에서 세계의 질료인이자 요가 철학의 물질원리(prakṛti)에 해당하는 '미전개의 명칭·형태'(avyākṛte-nāmarūpa)가 전개한 결과물이다.[258] 『요가야갸발꺄』는 아드바이따 베단따를 바탕으로 한 실천법으로 다섯 가지 거친 요소에 대한 정신집중을 제시한다.

---

257) 임혜정(2022a), pp.8~9.
258) 정승석(2012), pp.18~19.

[다섯 가지 거친 요소의 영역(8.6^{cd}-8)]

8.6^{cd}~7.
발에서 무릎까지를 흙의 영역이라 한다. 무릎에서 항문까지를
물의 영역이라 하며 항문에서 심장까지를 불의 영역이라 한다.

pādādijānuparyantaṃ pṛthivīsthānam ucyate.

ājānoḥ pāyuparyantam apāṃ sthānaṃ prakīrtitam,

āpāyor hṛdayāntaṃ yad vahnisthānaṃ tad ucyate.

8.8.
심장의 중앙에서 미간을 바람의 영역이고 미간에서 정수리까지
를 공[의 영역]이라 한다.

āhṛnmadhyād bhruvor madhyaṃ yāvad vāyukulaṃ smṛtam,

ābhrūmadhyāt tu mūrdhāntam ākāśam iti cocyate.

[다섯 가지 거친 요소의 영역에 대한 다른 견해(8.9-12)]

8.9.
이에 대해 어떤 요가학자들은 다르게 말하기도 한다. 어떤 재생
자(브라흐마나)들은 무릎에서 배꼽까지를 물의 영역이라 하며

atra kecid vadanty anye yogapaṇḍitamāninaḥ,

ājānor nābhiparyantam apāṃsthānam iti dvijāḥ.

8.10~11^{ab}.
배꼽의 중심에서 목까지를 불의 영역으로, 목에서 이마까지를

바람의 영역이라 하며 이마에서 [정수리의] 동굴까지를 공(空)의
영역이라 한다.

nābhimadhyād galāntaṃyad vahnisthānaṃ tad ucyate,

āgalāt tu lalāṭāntaṃ vāyusthānam itīritam.

lalāṭād randhraparyantam ākāśasthānam ucyate,

8. 11^{cd}~12.

교전의 목적을 아는 자들은 이것을 맞지 않다고 말했다. 아름다
운 얼굴을 가진 이(가르기)여! 만약 불의 영역이 몸의 중앙이라면
원인인 불에서 나타난 결과는 맞지 않다.

ayuktam etad ity uktaṃ śāstratātparyavedibhiḥ.

yadi syāj jvalanasthānaṃ dehamadhye varānane,

ayuktā kāraṇe vahnau kāryarūpasya saṃsthitiḥ.

[해설]

다섯 가지 거친 요소의 영역에 대한 다른 견해가 소개된다. 다른
견해는 ① 흙의 영역은 소개되지 않는다. ② 물의 영역–무릎에서 배
꼽까지 ③ 불의 영역–배꼽에서 목까지 ④ 바람의 영역–목에서 이
마까지 ⑤ 공의 영역–이마에서 정수리이다. 이것은 잘못된 견해로
8. 12에서 불의 영역을 예시로 들어 반박한다. 그 근거는 불의 영역
이 몸의 중앙이면 소화와 배설의 위치가 맞지 않다는 것이다.

8. 13.

어떻게 원인(kāraṇa)과 결과의 결합에 의해 결과의 손실이 발생
할 수 있겠는가? 이것은 진흙에서 주전자 등이 나오는 같은 결

과물(kāryarūpa)을 보는 것이다.

kāryakāraṇasaṃyoge kāryahāniḥ kathaṃ bhavet,

dṛṣṭaṃ tat kāryarūpeṣu mṛdātmakaghaṭādiṣu.

[다섯 가지 거친 요소로 표현된 다섯 신(神)(8.14-15^{ab})]

8.14~15^{ab}.

가르기여! 흙[의 요소]에 지고의 신 브라흐마(Brahmā)를, 물[의
요소]에 비슈누(Viṣṇu)를, 불[의 영역]에 루드라(Rudra)를, 바람의
요소에 이슈바라(Īśvara)를, 공(空)[의 요소]에 사다쉬바(Sadāśiva:
쉬바의 별칭)를 몰입하여 집중해야 한다.

pṛthivyāṃ dhārayed gārgi brahmāṇaṃ parameṣṭhinam,

viṣṇum apsv anale rudram īśvaraṃ vāyumaṇḍale.

sadāśivaṃ tathā vyomni dhārayet susamāhitaḥ,

[다섯 가지 거친 요소로 표현된 신에 대한
명상법과 효과(8.15^{cd}-25)]

8.15^{cd}~16.

흙[의 영역](발에서 무릎까지)에 생기(vāyu)를 가져온 후, '라'음절
(la-kāra)을 지니며 네 개의 팔을 가진 창조자인 브라흐마를 생각
하면서 2시간(5×ghaṭikā: 24분=120분)동안 집중한다[면] 그는 흙을
정복하게 될 것이다.

pṛthivyāṃ vāyum āsthāya lakāreṇa samanvitam.

dhyāyaṃś caturbhujākāraṃ brahmāṇaṃ sṛṣṭikāraṇam,

dhārayet pañca ghaṭikāḥ pṛthivījayam āpnuyāt.

8.17~18.
물[의 영역](무릎에서 항문까지)에 생기를 고정한 후, '바'음절(va-
kāra)을 지니며 네 개의 팔, 맑은 수정으로 [장식한] 왕관을 썼으
며, 황금 옷을 입은 모습으로 불변하는 나라야나를 생각하면서 2
시간 동안 정신집중 한다[면] 그는 모든 질병에서 자유로워진다.

vāruṇe vāyum āropya vakāreṇa samanvitam,

smaran nārāyaṇaṃ saumyaṃ caturbāhuṃ kirīṭinam.

śuddhasphaṭikasaṅkāśaṃ pītavāsasam acyutam,

dhārayet pañca ghaṭikāḥ sarvarogaiḥ pramucyate.

8.19~20.
불[의 영역](항문에서 심장까지)에 생기(anila)를 두고, '라'음절(repha
-akṣara)과 세 개의 눈을 지니며, 소원을 들어주고, 떠오르는 태
양과 같고, 온몸에 신성한 재를 바른, 매우 청정한 루드라를 떠
올리면서 2시간 동안 정신집중 한다[면] 그는 불에 타지 않을 것
이다.

vahnau cānilam āropya rephākṣarasamanvitam,

tryakṣaṃ varapradaṃ rudraṃ taruṇādityasannibham.

bhasmodhdūlitasarvāṅgaṃ suprasannam anusmaran,

dhārayet pañca ghaṭikāḥ vahnināsau na dahyate.

8.21.
바람의 영역(심장의 중앙에서 미간까지)에 생기(māruta)를 [고정한

후,] '야'음절(ya-kāra)을 지닌 [이슈바라를] 2시간 동안 정신집중 한다[면] 그는 바람처럼 허공으로 날아갈 것이다.

mārutaṃ mārutasthāne yakāreṇa samanvitam,

dhārayet pañca ghaṭikāḥ vāyuvadvyomago bhavet.

8.22~25.

공(空)의 영역에 생기(vāyu)를 유지한 후, '하'음절(ha-kāra)을 지니며 선을 베푸는 자이고 빈두를 본성으로 한 위대한 신이며 허공과 같으며 맑은 수정 같은 [피부와] 머리 위에 초승달을 지니고 있으며 다섯 개의 머리, 열 개의 팔, 세 개의 눈을 가지고 있으며 모든 무기를 들고 있으며 다양한 장식품으로 꾸몄으며 소원을 들어주며 만물의 원인인 반은 우마의 몸(umārdhadeha)을 한 불멸의 사다쉬바를 숙고하면서 48분(muhūrta) 동안 정신집중 한다[면] 그는 해탈한다고 딴뜨라 추종자들(tāntrika) 중에 조예가 깊은 자가 말했다.

ākāśe vāyum āropya hakāropari śaṅkaram,

bindu-rūpaṃ mahādevaṃ vyomākāraṃ sadāśivam.

śuddhasphaṭikasaṅkāśaṃ bālendudhṛtamaulinam,

pañcavaktrayutaṃ saumyaṃ daśabāhuṃ trilocanam.

sarvāyudhodyatakaraṃ sarvābharaṇabhūṣitam,

umārdhadehaṃ varadaṃ sarvakāraṇakāraṇam.

manasā cintayan yas tu muhūrtam api dhārayet,

sa eva mukta ity uktas tāntrikeṣu suśikṣitaiḥ.

[해설]

샤스뜨리本과 데시까차르本에서는 11cd~25가 누락되어 있다.

다섯 가지 거친 요소·신체의 다섯 영역·다섯 음절·다섯 신(神)·시간·효과는 다음의 표로 정리된다.

다섯 가지 거친 요소	신체의 다섯 영역	다섯 음절	다섯 신(神)	시간	효과
① 흙	발에서 무릎	라(la)	브라흐마	120분	흙을 정복
② 물	무릎에서 항문	바(va)	비슈누	120분	질병에서 벗어남
③ 불	항문에서 심장	라(ra)	루드라	120분	불타지 않음
④ 바람	심장에서 미간	야(ya)	이슈바라	120분	허공으로 날아감
⑤ 공	미간에서 정수리	하(ha)	사다쉬바	48분	해탈

제5 감각철회로 외부에 있는 감각 대상에 대한 감각 기관을 억제한 다음, 다섯 가지 거친 요소의 영역인 자신의 신체 부위에 다섯 가지 거친 요소에 깃들어 있는 각각의 신을 집중함으로써 그 대상에 관한 지각을 극대화시킨다. 이를 통해 질병에서 벗어나게 되고, 다섯 가지 거친 요소를 정복하게 되며, 다섯 가지 거친 요소에 관련된 초능력(aiśvarya)이 발생한다. 『요가야갸발꺄』에서 초능력(aiśvarya)은 해탈에 도달하는 과정에서 얻게 되는 부수적 능력이다.

『요가야갸발꺄』의 초능력은 『요가주』3.45에서 거론되는 8신통[259] 가운데 지배력(vaśitva)에 해당된다. 이것은 다섯 가지 거친 요소에 대한 지배자가 되는 것이며 다른 것들에게 지배되지 않는 것이다.

---

259) 『요가주』3.45에서는 초능력(vibhūti)으로 8신통이 나열된다. 8신통은 ① 극소화(aṇiman) ② 경량화(laghiman) ③ 거대화(mahiman) ④ 도달력(prāpti) ⑤ 수의력(prākāmya) ⑥ 지배력 ⑦ 주재력(īśiva) ⑧ 원하는 대로 결하는 능력(yatra-kāmāvasāyitva)이다.

다섯 가지 거친 요소를 지배한다는 것은 요소들의 속성에 의한 장해(障害)가 없게 된다는 의미로 이해된다.

흙의 영역인 발에서 무릎에 숨을 유지하고 이 영역에 해당하는 음절을 암송하면서 그 영역에 해당하는 신을 마음으로 명상하면서 일정시간 동안 정신집중을 하는 것을 시작으로 공(空)의 영역인 미간에서 정수리까지 마치게 되면 숨은 이 영역에 고정되고 마음은 완벽한 집중 상태가 된다. 다섯 가지 거친 요소에 해당되는 다섯 신은 유속성 브라흐만이다. 유속성 브라흐만을 대상으로 한 집중의 심화를 통해 해탈에 도달하게 된다.[260]

다섯 가지 거친 요소로 표현되는 신체의 영역에 생기를 이에 해당하는 음절과 신을 각각 대입하여 수행하는 것은 오랜 기간에 걸친 수행의 지속성과 수행자의 주의력에 의한 실천을 의미한다.

[결과물을 각각의 원인에 귀멸(8. 26-27)]

8. 26.
브라흐만을 아는 자들 중 최고인 가르기여! 이에 대해 이렇게 말한다. 브라흐마 등[정신집중을 통해] 결과물들을 각각의 원인으로 귀멸시킨 후,

etad uktaṃ bhavaty atra gārgi brahmavidām vare,

brahmādikāryarūpāṇi sve sve saṃhṛtya kāraṇe.

---

260) 임혜정(2022a), pp. 10~11.

8.27.

그 [세계]의 원인인 사다쉬바(Sadāśiva)에 쁘라나와 마음(citta)을 몰입한 다음 일념으로(yuktacitta) 자기 자신(ātman)을 최고의 자재신에 집중할 것이다.

tasmin sadāśive prāṇāṃ cittaṃ cānīya kāraṇe,

yuktacittas tad ātmānaṃ yojayet parameśvare.

[옴 염송으로 결과물을 각각의 원인으로 귀멸(8.28-31)]

8.28~30^{ab}.

브라흐만을 알고 있는 다른 뛰어난 요가 수행자들이 이에 대해 말한다. 옴을 [염송함]으로써 결과물들이 각각의 원인으로 귀멸한다면 옴의 마지막 소리에서 최고의 환희이며 참된 진리인 최고의 브라흐만, 흑갈색[피부]를 가진 사람(puruṣa), 윤회의 해결사(bheṣaja)를 마음(cetas)으로 보게 된다.

asminn arthe vadanty anye yogino brahmavidvarāḥ,

praṇavena iva kāryāṇi sve sve saṃhṛtya kāraṇe.

praṇavasya tu nādānte paramānandavigraham,

ṛtaṃ satyaṃ paraṃ brahma puruṣaṃ kṛṣṇapiṅgalam.

cetasāsaṃ prapaśyanti santaḥ saṃsārabheṣajam,

[해설]

8.26~27게송은 형태와 속성을 가진 신에 대한 정신집중을 통해 결과물을 각각의 원인으로 귀멸시킨다. 8.28~31게송은 옴 염송을 이용하여 결과물을 각각의 원인으로 귀멸시킨다.

8.30^{cd}~31.

그러므로 그대는 호흡조절을 하며 [하루] 세 번(아침, 점심, 저녁) 옴[을 염송]함으로써, 브라흐마(Brahmā) 등 결과물들을 각각 자신의 원인(kāraṇa)으로 귀멸시킨다면 옴의 마지막 소리에서 청정한 마음(cetas)으로 최고의 자재신을 볼 것이다.

tvaṃ tasmāt praṇavena iva prāṇāyāmais tribhis tribhiḥ.

brahmādi kāryarūpāṇi sve sve saṃhṛtya kāraṇe,

viśuddhacetasā paśya nādānte parameśvaram.

[정신집중과 세 도샤(8.32-38^{ab})]

8.32.

아름다운 여인(가르기)이여! 이 점에 대해 브라흐만을 아는 자들 중 뛰어난 다른 요가 수행자, 훌륭한 의사, 요가에 대한 전문가들은 말한다.

asminn arthe vadanty anye yogino brahmavidvarāḥ,

bhiṣagvarā varārohe yogeṣu pariniṣṭhitāḥ.

8.33.

아름다운 여인(가르기)이여! 이와 같이 몸은 다섯 가지 거친 요소로 이루어져 있듯이 바로 이것(몸)은 바따(vāta) [도샤], 삣따(pitta) [도샤], 까파(kapha) [도샤]로 구성된다.

śarīraṃ tāvad etat tu pañcabhūtātmakaṃ khalu,

tad etat tu varārohe vāta-pitta-kaphātmakam.

8.34~35.

요가를 수행하는 모든 사람들 중에서 바따 [도샤]가 우세한 몸은 호흡조절만으로도 몸이 건조해진다. 삣따 [도샤]가 우세한 성질의 [몸은] 빨리 건조해지지 않고 까파 [도샤]가 우세한 몸은 빨리 뚱뚱해진다.

vātātmakānāṃ sarveṣāṃ yogeṣv abhiratātmanām,

prāṇasaṃyamanena iva śoṣaṃ yāti kalevaram.

pittātmakānāṃ tv acirān na śuṣyati kaḷevaram,

kaphātmakānāṃ kāyaś ca sampūrṇas tv acirād bhavet.

8.36^{ab}.

불의 [요소]에 대해 정신집중을 하는 자들은 바따 [도샤]에 의해 생겨난 모든 [질병들이] 사라진다.

dhāraṇaṃ kurvatas tv agnau sarve naśyanti vātajāḥ,

8.36^{cd}~37^{ab}.

항상 흙의 요소와 물의 요소에 정신집중을 하는 자는 가래·점액(śleṣma) [등 까파 도샤]에서 생겨난 질병과 바따[도샤]에서 생겨난 질병들이 빨리 사라진다.

pārthivaṃśe jalāṃśe ca dhāraṇaṃ kurvataḥ sadā.

naśyanti śleṣmajā rogā vātajāś cācirāt tathā,

8.37^{cd}~38^{ab}.

항상 공(호)의 요소와 바람의 요소에 대해 정신집중을 하는 자는 세 도샤(tri-doṣa)에서 생겨난 질병들이 사라진다. 의심할 여지가 없다.

vyomāṃśe mārutāṃśe ca dhāraṇaṃ kurvataḥ sadā.

tridoṣajanitā rogā vinaśyanti na saṃśayaḥ,

[해설]

다섯 가지 거친 요소에 대한 정신집중의 영역과 도샤의 질병의 관계는 다음의 표로 정리된다.

다섯 가지 거친 요소	영역	도샤(doṣa)와 질병
흙(地, pṛthivī)	발에서 무릎	바따(vāta) 도샤에 의한 모든 질병과 가래·점액 등
물(水, āpa)	무릎에서 항문	까파(kapha) 도샤에서 생겨난 질병의 소멸
불(火, vahni)	항문에서 심장	바따(vāta) 도샤에 의한 모든 질병의 소멸
바람(風, vāyu)	심장에서 미간	세 도샤(tri-doṣa)에서 생겨난 질병의 소멸
공(空, vyoman)	미간에서 정수리	

다섯 가지 거친 요소의 영역에 다섯 음절과 다섯 신을 정신집중 하면 세 도샤로 인한 질병은 소멸된다. 자아에 대한 깨달음(ātman-jñāna)이라는 영적 가치의 추구에서 질병이 방해 요소로 작용해서는 안 된다. 수행과정을 관찰함으로써 부주의에서 야기된 질병의 발생을 막거나 치료하려는 의도로 보인다.[261]

8.38^{cd}~39^{ab}.

이 점에 대해 [훌륭한] 의사인 아쉬빈은 "사람은 호흡조절만으로

---

261) 임혜정(2021), p.138.

도 세 도샤[로 인한 질병]을 소멸시킨다."고 말했다.

asminn arthe tathābrūtām aśvinau ca bhiṣagvarau.

prāṇasaṃyamanena iva tridoṣaśamanaṃ nṛṇām,

[해설]

『요가야갸발꺄』는 만약에 정신집중의 선행 단계인 제5 감각철회을 포함해서 정신집중까지 수련 단계에 도달하지 못한 경우 호흡조절만으로도 질병을 소멸시킬 수 있다고 아유르베다의 권위자인 아쉬빈의 입을 빌어 말한다. 이것은 호흡조절의 기법 중 호흡을 정복하는 방법에서 6.35^{ab}의 "이 호흡을 정복하는 방법은 모든 죽음과 질병[을 없앤다.]"라는 내용에 근거한 것으로 보인다.

[정신집중 수행의 당부(8.39^{cd}-40)]

8.39^{cd}~40.

그러므로 아름다운 여인(가르기)이여! 그대는 항상 [규정된] 행위를 해야 한다. 금계 등과 관련된 규율에 따라 정신집중을 수행해야 한다.

tasmat tvaṃ ca varārohe nityaṃ karma samācara.

yamādibhiś ca saṃyuktā vidhivad dhāraṇaṃ kuru.

이처럼 요가야갸발꺄 제8장을 마친다.

iti śrī yogayājñavalkye aṣṭamo 'dhyāyaḥ

제9장(navamo 'dhyāyaḥ)

9.1

야갸발꺄가 말하길, 아름다운 얼굴을 가진 가르기여! 이제 나는 명상을 설명하고자 하니 그대는 들어야 한다. 명상이야말로 인간들의 속박에서 해탈시키는 원인이 된다.

śri yājñvalkya uvāca-

atha dhyānaṃ pravakṣyāmi śṛṇu gārgi varānane,

dhyānam eva hi jantūnāṃ kāraṇaṃ bandhamokṣayoḥ.

9.2^{ab}.

명상은 자신(ātman)의 본성(svarūpa)이 아뜨만임을 마음으로 아는 것이다.

dhyānām ātmasvarūpasya vedanaṃ manasā khalu,

[해설]

명상 대상인 위대한 존재 브라흐만이 자신의 본성임을 깨닫는 것이다.

[명상의 종류(9.2^{cd}-3)]

9.2^{cd}.
그것(명상)에는 유속성 [명상]과 무속성 [명상]이 있다. 유속성
[명상]은 여러 종류가 [있는 것으로] 전해진다.
saguṇaṃ nirguṇaṃ tac ca saguṇaṃ bahuśaḥ smṛtam.

9.3.
위대한 재생자(브라흐마나)들에게는 다섯 개의 뛰어난 베다적 [유
속성 명상]이 있다. 그 중에서 세 개가 가장 중요하다. 무속성
[명상]은 오직 한 개이다.
pañcottamāni teṣv āhur vaidikāni dvijottamāḥ,

trīṇi mukhyatamāny eṣām ekam eva hi nirguṇam.

[해설]
무속성 명상은 무속성 브라흐만(Nirguṇa Brahman)에 대한 명상
이고 유속성 명상은(Saguṇa Brahman)에 대한 명상이다. 유속성 브
라흐만은 신앙의 대상이 되는 존재이다. 유속성 브라흐만은 무속
성 브라흐만과 다르게 속성을 초월한 존재가 아니라 실재적 형태
와 이름을 가지고 있다.
9.3에서는 유속성 명상의 종류를 다섯 개로 제시했지만 내용상
여섯 종류이다. 『요가야갸발꺄』는 어느 명상이 탁월한지 명시하지
않는다. 그 이유는 명상법의 우위보다 어떤 명상이든 명상을 하는

것이 중요하기 때문이다. 명상은 브라흐만을 체험할 수 있는 수단
이 된다. 이런 현실성을 더욱 강화시키고자 다양한 명상법을 제시
하는 것으로 보인다.

[명상 수행의 조건(9.4)]

9.4.
[수행자는] 생명점, 나디들의 위치, 생기의 위치와 작용을 각각
알고 나서, 아뜨만을 깨달아야 한다.

marmasthānāni nāḍīnāṃ saṃsthānaṃ ca pṛthak pṛthak,

vāyunāṃ sthānakarmāṇi jñātva kurv ātmavedanam.

[해설]
명상 수행 전 생명점, 나디, 생기 등 미세신체론에 대해 알아야
한다는 것은 나디 정화와 호흡 수련의 선행을 뜻한다.

[무속성 명상(9.5-11)]

9.5.
유일하고, 광휘이고, 청정하고, 공(vyoman)처럼 만연하며, 확고
하고, 미현현이고, 움직이지 않으며, 항상(恒常)하고, 시작도 중
간도 끝도 없고,

ekaṃ jyotirmayaṃ śuddhaṃ sarvagaṃ vyomavad dṛḍham,

avyaktam acalam nityam ādimadhyāntavarjitam.

9.6.

조대하기도 미세하기도 하고, 형태가 없고, 만질 수도 없고, 눈
으로 볼 수도 없으며, 맛을 볼 수도 없고, 냄새를 맡을 수도 없
고, [감각 기관을 통해] 인식할 수도 견줄 수도 없으며

sthūlaṃ sūkṣmam anākāram asaṃspṛśyam acākṣuṣaṃ,

na rasaṃ na ca gandhākhyam aprameyam anaupamam.

9.7.

환희이고, 불멸이고, 영원하고, 모든 만물의 근원이고, 모든 것
을 지탱하며(ādhāra), 우주의 형태로 [나타나지만] 형태가 없고,
[어떤 원인에서] 태어나지도 않았으며(aja), 불변이고,

ānandam ajaraṃ nityaṃ sad-asat-sarva-kāraṇam,

sarvādhāraṃ jagadrūpam amūrtam ajam avyayam.

9.8.

볼 수도 보지 못할 수도 있고, 안에도 밖에도 있고, 모든 면을
향하고, 모든 것을 보며, 모든 면의 토대이고, 모든 곳에 편재하
고, 모든 면의 우두머리인

adṛśyaṃ dṛśyam antaḥsthaṃ bahiḥsthaṃ sarvatomukham,

sarvadṛk sarvataḥpādaṃ sarvaspṛk sarvataḥśiraḥ.

9.9.

브라흐만이다. '나는 브라흐만이 될 것이다.'라는 인식이 일어나
는 것이 무속성 명상이라고 브라흐만을 아는 사람들은 말했다.

brahma brahmamayo 'haṃ syām iti yad vedanaṃ bhavet,

tad etan nirguṇaṃ dhyānam iti brahmavido viduḥ.

9.10~11.

또한 수행자는 스승의 가르침을 통해 이 브라흐만의 거주처(몸) 안 [심장]의 작은 연꽃 중앙에 있는 암갈색 모습이며 최고의 환희인 최고의 자아를 깨달은 후, 수행을 통해 윤회를 해결하는 브라흐만을 체험하게 된다.

atha vā paramātmānaṃ paramānandavigraham,

gurūpadeśād vijñāya puruṣaṃ kṛṣṇapiṅgalam.

brahma brahmapure cāsmin daharāmbujamadhyame,

abhyāsāt saṃprapaśyanti santaḥ saṃsāra-bheṣajam.

[해설]

브라흐만의 본성을 알고 무속성 명상을 하면 '나는 브라흐만이 될 것이다.'라는 인식이 일어난다. 이 명상을 통해 자신이 최고의 자아이며 브라흐만임을 깨닫게 된다.

[나라야나에 대한 유속성 명상(9.12-18ab)]

9.12~13.

4앙굴라 [크기로] 피어있고 여덟 개의 잎을 가진 심장의 연꽃은 깐다의 중앙에서 12앙굴라 [길이의] 줄기(nāla) 위에 있다. 그것(심장의 연꽃)은 호흡조절에 의해 피어난다. 연꽃의 섬유질(kesara) 안에 우주의 주인이며 출생을 초월한 바수데바이며 하리인 나라야나가 있다.

hṛtpadme 'ṣṭadalopete kandamadhyāt samutthite,

dvādaśāṅgulanāle 'smiṁś caturaṅgulamunmukhe.

prāṇāyāmair vikasite kesarānvitakarṇike,

vāsudevaṁ jagannāthaṁ nārāyaṇam ajaṁ harim.

[해설]

이 게송에서 언급된 바와 같이 나라야나가 위치한 심장의 연꽃
은 호흡조절에 의해 피어난다. 이것은 나라야나에 대한 유속성 명
상을 하기 전에 호흡조절이 선행되어야 한다는 것을 암시한다.

9.14.

[나라야나는] 네 개의 팔과 좋은 몸을 가지고 있으며 소라 고동
과 원반(cakra), 철퇴(gadā)를 들고 있다. 왕관과 팔찌로 장식했
으며 [그의] 눈(ikṣaṇa)은 연꽃과 같으며

caturbhujam udārāṅgaṁ śaṅkha-cakra-gadādharam,

kirīṭa-keyūra-dharaṁ padmapatranibhekṣaṇam.

9.15.

가슴에 쉬리밧사(śrīvatsa) 표식을 [단] 비슈누이며, 얼굴은 보름달
같으며, 연꽃잎 같은 입술로 즐겁고 밝은 미소를 짓고 있으며

śrīvatsa-vakṣasaṁ viṣṇuṁ pūrṇacandranibhānanam,

padmodaradalābhoṣṭhaṁ suprasannaṁ śucismitam.

[해설]

쉬리밧사는 비슈누나 끄리슈나의 오른쪽 가슴에 있는 표식으로

상서로운 것으로 상징된다.[262]

9.16.

맑은 수정과 같고 노란 옷을 입은 아쯔유따(Acyuta: 비슈누의 별
칭)이며, 연꽃 같은 두 발을 가진 최고의 자아이며, 불멸자이다.

śuddhasphaṭikasaṃkāśaṃ pītavāsasamacyutam,

padmacchavipadadvandvaṃ paramātmānamavyayam.

9.17~18[ab].

[나라야나의] 광휘로 사방에 빛을 발한다. 최고의 자아(puruṣotta-
ma)[263]이며 모든 존재의 심장에 거주하는 최고의 신(=나라야나)을
마음(manas)으로 본 후, '그가 나이고 아뜨만이다.'(so 'ham ātmā)
라고 깨닫는 것을 유속성 명상이라 한다.

prabhābhirbhāsayadrūpaṃ paritaḥ puruṣottamam,

manasālokya deveśaṃ sarvabhūtahṛdi sthitam.

so'hamātmeti vijñānaṃ saguṇaṃ dhyānamucyate,

[해설]

수행자는 모든 존재의 심장에 거주하는 나라야나를 마음으로

---

262) Sarat Chandra Das(1902), p.69.
263) 이 구문에서 puruṣottama는 문맥상 parātman을 의미한다. 운율의 제약으로 4
      음절 parātmānam(∪−−−) 대신 5음절 puruṣottamam(∪∪−∪−)을 대체한
      것으로 보인다. 이와 같이 ātman과 puruṣa의 혼용관계에 대해 정승석은 "일반
      적 용례로 보면 베단따에서는 ātman을, 상캬에서는 puruṣa를 자아에 상당하
      는 용어로 사용한다. 그러나 두 학파의 문헌들에서는 ātman과 puruṣa가 동의
      어로 혼용되는 사례는 적지 않다."라고 분석한다. 정승석(2012), p.9, 각주 6번.

보고 나서 '그가 나이고 아뜨만이다.'라는 것을 알게 된다. 즉, 브라흐만이 나이고 아뜨만인 '범아일여'를 표명하고 있다.

[바이슈바나라에 대한 유속성 명상(9.18^{cd}-24)]

9.18^{cd}~20.
심장의 연꽃 안에는 본성을 연꽃의 과피(karṇika)의 형태로, 여덟 개의 초능력을 [여덟 개의] 연꽃잎(dala)으로, 지식을 꽃실(kesara)로, 지혜를 줄기(nāla)와 둥근 뿌리(球根)로 지니고 호흡조절에 의해 피어난 바이슈바나라(아그니의 별칭)가 있다. [바이슈바나라는] 모든 세상을 두루 비추는 광휘(mahāvahni)이며, 모든 곳을 향하며, 우주의 근원이며, 악을 태우는 자재신이며,

hṛtsaroruhamadhye 'smin prakṛtyātmakakarṇike.

aṣṭaiśvaryadalopete vidyākesarasaṃyute,

jñānanāle bṛhatkande prāṇāyāmaprabodhite.

viśvārciṣaṃ mahāvahniṃ jvalantaṃ viśvatomukham,

vaiśvānaraṃ jagadyoni śikhātanvinam īśvaram.

[해설]
여기서 바이슈바나라의 특성은 연꽃을 이루고 있는 구성요소로 표현된다. 나라야나와 마찬가지로 바이슈바나라가 위치한 심장의 연꽃은 호흡조절에 의해 피어난다. 바이슈바나라에 대한 명상 또한 호흡조절이 먼저 수행되어야 한다는 것을 알 수 있다.

9.21.

불[의 형태로] 자신의 몸의 머리부터 발끝까지 비추며, 바람이 없는 곳에서 [빛나는] 등불처럼 빛난다.

tāpayan taṃ svakaṃ deham ā-pādatalamastakam,

nirvātadīpavat tasmin dīpitaṃ havyavāhanam.

9.22.

그(수행자)는 불 안에 있는 불멸인 최고의 자아를 보고 나서, 먹구름(nīlatoyada) 가운데 번개(vidyut)처럼 빛나며,

dṛṣṭvā tasya śikhāmadhye paramātmānamakṣaram,

nīlatoyadamadhyasthavidyullekheva bhāsvaram.

9.23.

가느다란 낟알(nīvāra) 같은 형태이며, 노란 [옷을 입으며], 일체의 근원이 바이슈바나라 신(神)임을 알게 된 후, '그가 바로 나이다(saḥ aham eva).'라고 깨닫는다.

nīvāraśūkavadrūpaṃ pītābhaṃ sarvakāraṇam,

jñātvā vaiśvānaraṃ devaṃ so 'ham eveti yā matiḥ.

9.24.

요가 추종자들이 유속성 명상 중에서 최고라 말한 이 명상에 의해 그(수행자)는 바이슈바나라가 되고 해탈에 도달한다.

saguṇeṣūttamaṃ hy etad dhyānaṃ yogavido viduḥ,

vaiśvānaratvaṃ samprāpya muktiṃ tenaiva gacchati.

[해설]

바이슈바나라가 자신의 본성임을 알게 된다. 이 명상에 의해 바
이슈바나라와 동일시되는 삼매를 성취한다.

[하리에 대한 유속성 명상(9.25-30^{ab})]

9.25~26.

또한 빛나는 태양의 원 안에 있으며 일체 우주의 아뜨만이고,
황금색 몸을 한 뿌루샤이고, 황금색 콧수염과 머리카락과 황금
색 손톱을 가진 원숭이(kapyāsa)의 얼굴을 하고 있으며, [우주의]
창조와 유지와 파괴의 근원인 하리(Hari)를 볼 것이다.

athavā maṇḍale paśyedādityasya mahādyuteḥ,

ātmānaṃ sarvajagataḥ puruṣaṃ hemarūpiṇam.

hiraṇyaśmaśrukeśaṃ ca hiraṇmayanakhaṃ harim,

kapyāsasya samaṃ vaktraṃ sṛṣṭisthityantakāraṇam.

9.27~28.

편안하게 연화좌로 앉아 있고, 만개한 연꽃 같은 얼굴과 연꽃잎
[같은] 눈을 [지니고] 모든 세상을 보호한다. 모든 시간을 알고,
다르마를 주도하고, 일체의 우주를 비추는 모든 세상의 목격자
인 [하리를] 보고

padmāsanasthitaṃ saumyaṃ prabuddhābjanibhānanam,

padmodaradalābhākṣaṃ sarvalokābhayapradam.

jānantaṃ sarvadā sarvam unnayantaṃ ca dhārmikān,

bhāsayantaṃ jagatsarvaṃ dṛṣṭvā lokaikasākṣiṇam.

9. 29~30^{ab}.

'내가 그이다(saḥ aham asmi).'라고 깨닫는다. 이것은 명상[의 종류]들 가운데 해탈에 도달하는 위대한 방법(mahāmārga)으로 칭송받는다. 위대한 수행자여! 현자는 이 태양[의 원 안에 있는 하리에 대한 유속성] 명상만으로도 해탈에 도달한다.

so 'ham asmīti yā buddhiḥ sā ca dhyāneṣu śasyate,

eṣa eva tu mokṣasya mahāmārgas tapodhane.

dhyānenānena saureṇa muktiṃ yāsyanti sūrayaḥ,

[해설]

하리를 보고 나서 '내가 그이다.'(saḥ aham asmi)라고 깨닫게 된다. 즉 하리를 자기 자신으로 인식하게 된다.

[내적 자아에 대한 유속성 명상(9. 30^{cd}-32^{ab})]

9. 30^{cd}~32^{ab}.

일체의 원인인 내적 자아(antrātman)는 미간에서 빛나고 있다. 몸의 중앙에서 정수리로 기둥처럼 뻗어나간다. [내적 자아는] 우주의 근원이며 미현현이며, 불꽃이며, 무한한 에너지(amitaujas)이다. 마음으로 [내적 자아를] 바라본 후, '나는 그가 될 것이다.'라는 [지각이 일어나는 것,] 이것이 최고의 명상이다.

bhruvor madye 'ntarātmānaṃ bhārūpaṃ sarvakāraṇam.

sthāṇuvan mūrdhaparyantam madhyadehāt samutthitam,

jagatkāraṇam avyaktaṃ jvalantam amitaujasam.

manasālokya so 'haṃ syām ity etad dhyānam uttamam,

[해설]

내적 자아에 대한 명상을 통해 '그가 나일 것이다.'(so 'haṃsyām)
라는 인식이 일어난다.

[쉬바에 대한 유속성 명상(9.32ᶜᵈ-34)]

9.32ᶜᵈ~34.
또한 몸의 긴장을 풀고 침상에 앉아서 자신의 코끝을 응시한 후
미간에 있는 불변(nirvikāra)이며 적정(śānta)이며 최고의 자아이
며 자재신이며 광휘이며 불멸인 쉬바를 명상할 것이다. 아름다
운 얼굴을 한 이(가르기)여! '그가 바로 나이다.'라고 깨닫는 이것
은 명상법들 가운데 [실용적이라고] 칭송받는다.

atha vā baddhaparyaṅke śitilīkṛtavigrahe.

śiva eva svayaṃ bhūtvā nāsāgrāropitekṣaṇaḥ,

nirvikāraṃ paraṃ śāntaṃ paramātmānam īśvaram.

bhārūpam amṛtaṃ dhyāyed bhruvor madhye varānane,

so 'ham eveti yā buddhiḥ sā ca dhyāneṣu śasyate.

[해설]

미간에 있는 쉬바를 명상하기 전에 코끝을 응시할 것을 당부한
다. 이것은 마음을 한 곳에 고정하는 것이다.

미간에 있는 쉬바를 명상하면 '그가 바로 나이다.'(so 'ham eva)라
는 것을 깨닫게 된다. 즉, 쉬바가 자신의 본성임을 자각하게 된다.

[자기 자신에 대한 유속성 명상(9.35-38)]

9.35~38.

또한 자기 자신(svātman)을 여덟 개의 잎, 연꽃의 과피, 꽃실
과 함께 보름달(soma-maṇḍala)의 중앙으로 보이는 만개한 심장
의 연꽃에 극도로 미세하며, 향수자이며, 불변이며, 감로의 기
둥(śaśiraśmi)으로 둘러싸여 있으며 열여섯 개의 꽃잎을 가진 연
꽃[의 모습을 한] 머리에서 1,000개(=수많은)의 줄기를 통해 아
래로 흘려보낸 감로에 의해 온 몸이 사방으로 적셔진 아뜨만
(puruṣa)[264]을 명상하면

atha vāṣṭadalopete karṇikākesarānvite,

unnidrahṛdayāmbhoje soma-maṇḍalamadhyame.

svātmānam arbhakākāraṃ bhoktṛrūpiṇam avyayam,

sudhārasaṃ vimuñcadbhiḥ śaśiraśmibhir āvṛtam.

ṣoḍaśacchadasaṃyuktaṃśiraḥpadmād adhomukhāt,

nirgatāmṛtadhārābhiḥ sahasrābhiḥ samantataḥ.

plāvitaṃ puruṣaṃ tatra cintayitvā samāhitaḥ,

tenāmṛtarasena iva sāṅgopāṅgakalevare.

9.39.

나는 최고의 브라흐만이다. 나는 최고의 자아이며 불변이다.'라
고 지각하게 된다.] 이와 같이 말한 것을 유속성 명상이라 한다.

aham eva paraṃ brahma paramātmāham avyayaḥ,

---

264) 이 구문에서 puruṣa는 문맥상 ātman을 의미한다. 운율의 제약으로 ātmānam
    (−−−) 대신 puruṣaṃ(∪ ∪ −)을 대체한 것으로 보인다.

evaṃ yadvedanaṃ tac ca saguṇaṃ dhyānamucyate.

[해설]

자기 자신을 심장의 연꽃에 있는 아뜨만으로, 아뜨만을 자기 자신으로 명상하면 명상 대상인 아뜨만과 결합하게 된다. 자신의 본성이 브라흐만이고 최고의 자아임을 자각하게 된다.

명상 과정에서 '나는 브라흐만이 될 것이다.'(brahma 'haṃ syām), '그가 나이고 아뜨만이다.'(so 'ham ātmā), '그가 바로 나이다.'(so 'ham eva) 라는 인식이 일어난다. 이런 문구는 우빠니샤드에서 서술되는 대문구(mahā-vākya)[265]와 동일하지 않지만, 브라흐만과 동일성의 추구를 나타낸 것으로 판단된다. 『요가야갸발꺄』가 명상을 통한 궁극적 실체의 일체성을 지향하고 있음을 볼 수 있다.

[명상의 효과(9.40-41)]

9.40.

이와 같이 6개월 동안 명상을 [수행하면] 죽음을 정복하게 된다. 1년 동안 [명상을 하면] 살아 있으면서 해탈하게 된다. [이에] 의심의 여지는 없다.

evaṃ dhyānāmṛtaṃ kurvan ṣaṇmāsānmṛtyujid bhavet,

vatsarān mukta eva syāj jīvanneva na saṃśayaḥ.

---

265) 아드바이따 베단따 철학의 토대 그 자체로 간주하는 중요한 우빠니샤드의 대문구, 즉 정형구는 '그대가 그것이다.'(tad tvam asi), '나는 브라흐만이다.'(ahaṃ brahma asmi), '이 아뜨만은 브라흐만이다.'(ayam ātmā brahma), '만물이 이 브라흐만이다.'(brahma idam sarvam)이다.

9.41.

생해탈자는 어떤 곳에서도 어떤 이유로도 고통 받지 않는다. 누가 영원한 해탈을 말하는가? 실로 해탈은 도달하기 힘들다.

jīvanmuktasya na kvāpi duḥkhāvāptiḥ kathañcana,

kiṃpunar nitya-muktasya muktir eva hi durlabhā.

[해설]

명상에 의해 생해탈(jīvan-mukta) 상태에 도달하게 된다. 이 상태는 시동업(始動業, prārabdha-karma)이 남아 있는 상태로 이신해탈의 전 단계라 할 수 있다. 궁극적 진리를 깨달은 생해탈자는 마음의 어떤 동요도 없이 자신의 의무를 행하며 다른 이들에게 평안과 즐거움을 준다.

[명상 수행에 대한 당부(9.42-44)]

9.42.

아름다운 여인(가르기)이여! 그러므로 그대는 항상 [행위에 대한] 결과를 단념하고, 항상 규율에 따라 [욕망을 포기한] 행위를 하고 명상을 해야 한다.

tasmāt tvaṃ ca varārohe phalaṃ tyaktvaiva nityaśaḥ,

vidhivatkarma kurvāṇā dhyānam eva sadākuru.

9.43.

위대한 현자들은 다양한 명상들을 말하였다. [여기서] 언급된 것(명상법)들이 중요하다. 다른 것은 중요하지 않다.

anyānapi bahūnyāhurdhyānāni munisattamāḥ,

mukhyānyuktāni caitebhyo jaghanyānītarāṇi tu.

[해설]

명상의 특징은 명상 대상에 초점을 두고 마음을 고정하여 관념을 동일하게 전개함으로써 명상 주체가 명상 대상인 브라흐만과 동일하게 된다.

9.44.

위대한 현자들은 유속성 [명상]이든 무속성 [명상]이든 자신에게서 아뜨만을 깨달은 후 삼매를 성취하였다. 이와 같이 그대도 항상 수행해야 한다.

saguṇaṃ guṇahīnaṃ vā vijñāyātmānam ātmani,

santaḥ samādhiṃ kurvanti tvam apy evaṃ sadā kuru.

[해설]

명상은 무의식의 억압적 구조 속으로 파고 들어가는 수단이 아니라, 오히려 의식을 보다 높은 단계로 이끄는 창발적 진화(創發的 進化)의 수단이다. 『요가야갸발꺄』 9.44는 명상 수행을 통해 아뜨만을 깨닫게 되고 삼매를 성취한다고 말한다. 즉 개별적 자아가 무지에서 벗어나 자신의 본성이 불변이며 영원한 의식임을 알게 되는 것이다.

아뜨만은 논리적 추론이 아니라 명상에 의해 깨달을 수 있다. 그러므로 어떤 명상이든 자신이 아뜨만이고 브라흐만임을 깨닫는 것이 중요하다.

이처럼 요가야갸발꺄 제9장을 마친다.

iti śrī yogayājñavalkye navamo 'dhyāyaḥ

제10장(daśamo 'dhyāyaḥ)

[삼매의 정의(10.1-5)]

10.1.

야갸발꺄가 말하길, 이제 삶의 속박에 묶여있는 자의 삶의 속박
을 소멸시키는 삼매를 말하고자 하니 그대는 잘 들어야 한다.

yajñavalkya uvāca-

samādhim adhunā vakṣye bhavapāśavināśanam,

bhavapāśanibaddhasya yathāvac chrotum arhasi.

10.2.

삼매는 '개별적 자아와 최고의 자아가 하나가 된 상태'이다. 삼
매는 '내적 자아가 브라흐만에 머무는 것'이다.

samādhiḥ samatāvasthā jīvātma-paramātmanoḥ,

brahmaṇy eva sthitiryā sā samādhiḥ pratyagātmanaḥ.

[해설]

개별적 자아는 브라흐만의 별칭인 최고의 자아와 동일한 것으

로 귀결된다.[266] 이 게송은 요가의 정의와 더불어『전철학강요』에서 인용된다.

> 삼매는 개별적 자아와 최고의 자아가 동일한 상태이다. '내적 자아가 브라흐만에 머무는 것이 삼매이다.'라고 그와 같이 설명하기 때문이다. 존자 비야사는 "요가는 삼매이다."라고 말했다.[267]

화이트는『요가야갸발꺄』에서 거론된 삼매의 정의가 헌신의 의미로 해석되어 중기 힌두 유신론(medieval Hindu theism)에 영향을 미쳐서『전철학강요』2.14~16[268]에서 자재신(īśvara)을 초월적인 제26원리로[269] 나타났으므로『요가야갸발꺄』가 12세기 이후 인도 요가 전통의 발전과 실천에 영향을 미쳤다고 평가한다.[270]

---

266) 임혜정·정승석(2017), p.180.

267) SDS. 2. 162~165, samādhiḥ samatāvasthā jīvātmaparamātmanoḥ, brahmaṇy eva sthitir yā sā samādhiḥ pratyagātmanaḥ. iti tena ivoktatvāc ca, tad uktaṃ bhagavatā vyāsena (yogabhā. pr. 2/1) yogaḥ samādhir iti.

268) SDS. 11. 14~16, "그런데 제26원리인 최고 자재신은 번뇌(kleśa), 업(karman), 과보(vipāka), 잠재력(āśaya)으로 인해 더럽혀지지 않은 순수정신(puruṣa)이고 자신의 의지에 따라 화신(化身, nirmāṇakāya)에 머무르면서, 세속의 관습 및 베다의 가르침을 전하는 창시자이며, 윤회의 불구덩이에서 고통 받으며 연명하는 자들에게 자비를 베푸는 [존재]이다"(ṣaḍviṃśas tu parameśvaraḥ kleśa-karma-vipākāśayair aparāmṛṣṭaḥ puruṣaḥ svecchayānir māṇakāyam adhiṣṭhāya laukika-vaidika-saṃpradāya-pravartakaḥ saṃsārāṅgāre tapyamānānāṃ prāṇabhṛtām anugrāhakaś ca)

269) 자재신이 제26원리로 나타난 예는『아타르바 베다』에 배속되는 비슈누 파 우빠니샤드(Vaiṣṇava Upaniṣad)이다. 200~550년경에 성립된『마하 우빠니샤드』(MahāUpaniṣad)가 대표적이다.『마하 우빠니샤드』에서 비슈누는 상캬의 25원리의 근원인 불멸의 브라흐만이며 명상의 산물(産物)로 표현된다. Deussen(1997), p.799.

10.3.

아뜨만을 명상하는 대로 삼매[를 성취한다.] 아뜨만에 대해 명상하며 [아뜨만에] 머문다면 아뜨만 외 다른 존재가 되지 않을 것이다.

dhyāyed yathā yathātmānaṃ tat samādhis tathā tathā,

dhyātvaivātmani saṃsthāpyo nānyathātmā yathā bhavet.

10.4.

이와 같이 어디서나 그것(아뜨만)에 몰입한 사람은 아뜨만과 동일해지는 삼매를 성취하게 될 것이다.

evam eva tu sarvatra yat prapannas tu yo naraḥ,

tad ātmāso 'pi tatra iva samadhiṃ samavāpnuyāt.

10.5.

강물(ambu)이 바다(sarit)로 흘러 들어가서 분리되지 않는 것처럼 아뜨만과 분리되지 않는 삼매를 성취하게 될 것이다.

sarit-patau niviṣṭāmbu yathābhinna tayānviyāt,

tathātmābhinna evātra samādhiṃ samavāpnuyāt.

[해설]

삼매는 아뜨만을 대상으로 한 명상의 결과이다. 강물이 어디에서 흘러가든지 바다로 흘러 들어가면 강물이 바다와 하나가 되듯이, 아뜨만을 명상한 사람은 아뜨만과 분리되지 않고 동일해진다.

---

270) White(2014), pp.49~52.

[삼매 성취의 선행 조건(10.6-9^{ab})]

10.6.

브라흐만의 지혜를 아는 자들 가장 뛰어난 가르기여! 이 가르침
이 여기 있다. 규율에 따라 욕망이나 내적 동기 없이 행위를 해
야 한다.

etad uktaṃ bhavaty atra gārgi brahmavidāṃ vare,

karma iva vidhivat kurvan kāma-saṃkalpa-varjitam.

10.7.

아름다운 얼굴을 가진 이(가르기)여! 베단따와 교전 공부에 항상
매진하며 스승의 가르침을 배워야 한다.

vedānteṣvatha śāstreṣu suśikṣitamanāḥ sadā,

guruṇā tūpadiṣṭārthaṃ yuktyupetaṃ varānane.

10.8~9^{ab}.

법전(dharmaśāstra)에 능통한 현자들도 항상 그(스승)로부터 받은
가르침에 대해 몰두하고 반복해서 숙고하면서 개별적 자아와
최고의 자아의 결합을 위해 항상 수행해야 한다.

vidvadbhir dharmaśāstrajñair vicārya ca punaḥ punaḥ,

tasmin suniścitārtheṣu suśikṣitamanāḥ sadā.

yogam evābhyasen nityaṃ jīvātma-paramātmanoḥ,

[삼매 성취 후 임종 과정(10.9^{cd}-21^{ab})]

10.9^{d}~11.

궁극적 진리(paramārtha)를 깨달은 자는 자애로우며, 죽음의 두려움이 없고, 감각 기관을 정복하였으며 자신의 의무를 행하며 모든 존재를 평안하고 즐겁게 한다. 그리하여 죽음이 다가왔음[을 알려주는 몸의] 내부와 외부 또는 그 외 징후에 의해 자신(ātman)의 죽음을 자각하게 [되면] 규정대로 [자신의] 지식과 만뜨라를 아들에게 모두 전수한다.

tatas tv ābhyantaraiś cihnair bāhyair vā kālasūcakaiḥ.

viniścityātmanaḥ kālam anyair vā paramārthavit,

nirbhayaḥ suprasannātmā martyas tu vijitendriyaḥ.

svakarmanirataḥ śāntaḥ sarvabhūtahite rataḥ,

pradāya vidyāṃ putrasya mantraṃ ca vidhipūrvakam.

10.12.

그 다음 잠세력(saṃskāra)이 [남아있는] 몸(ātman)을 정화하고 상서롭고 청정한 장소에서 현자들에 의해 둘러싸인다.

saṃskāram ātmanaḥ sarvam upadiśya tadānaghe,

puṇyakṣetre śucau deśe vidvadbhiḥ ca samāvṛte.

10.13.

땅바닥이나 잔디 위에 검은 영양의 가죽(kṛṣṇājina)을 펼치고 그 위에 [좌법을 취한 채] 굳건히 앉아 만뜨라로 몸을 통제한다.

bhūmau kuśān samāstīrya kṛṣṇājinam athāpi vā,

tasmin subaddhaparyaṅko mantrair baddhakalevaraḥ.

10.14~17.

마음을 고정시켜 동쪽이나 북쪽으로 향해 앉는다. 브라흐만의 거주처(=자신의 몸)에 있는 아홉 개의 구멍(양 눈, 양 콧구멍, 양 귓구멍, 요도, 항문, 성기)을 완전히 막고서 현자는 호흡조절로 마음의 활동을 완전히 억제하고서 쁘라나를 자신의 본성이며, 모든 것의 근원인 최고의 자아가 [자리 잡고] 있는 만개한 심장의 연꽃(hṛdayāmbhoja)의 빛나는 그 공간에서 정수리나 지고의 환희를 일으키는 미간사이로 보낸다. 요가에 집중하고 [마음이] 완전히 안정된 자는 마음(buddhi) [속]으로 옴이라는 한 음절을 염송하면서

āsane nānyadhīrāste prāṅmukho vāpyudaṅmukhaḥ,
navadvārāṇi saṃyamya gārgy asmin brahmaṇaḥ pure.
unnidrahṛdayāmbhoje prāṇāyāmaiḥ prabodhite,
vyomni tasmin prabhārūpe svarūpe sarvakāraṇe.
manovṛttiṃ susaṃyamya paramātmani paṇḍitaḥ,
mūrdhny ādhāyātmanaḥ prāṇaṃ bhruvor madhye 'thavānaghe.
kāraṇe paramānande āsthito yogadhāraṇām,
om ity ekākṣaraṃ buddhyā vyāharan susamāhitaḥ.

10.18~19ab.

몸을 완전히 포기하고 나서 위대한 현자는 아뜨만이 된다. 이와 같이 [요가를] 수행함으로써 현자는 요가에 의해 아뜨만을 깨닫게 된다. 현자는 [죽음의] 끝(anta)에 그(아뜨만)를 기억하면서 몸

을 버려야 한다.

śarīraṃ saṃtyajed vidvān ātmaivābhūn narottamaḥ,

yasmin samabhyased vidvān yogena ivātmadarśanam.

tad eva saṃsmaran vidvāṃs tyajed ante kalevaram,

10.19^{cd}~20^{ab}.

[죽음의] 끝(anta)에 몸(kalevara)을 단념하면서 온전히 생각하는 존재가 [무엇이건] 바로 그것이 된다고 요가를 아는 자가 말했다.

yaṃ yaṃ samyak smaran bhāvaṃ tyajaty ante kalevaram.

taṃ tam eva ity asau bhāvam iti yogavido viduḥ,

[해설]

수행자는 살아 있으면서 요가를 통해 아뜨만을 통찰하고 임종 시 아뜨만을 떠올리며 몸을 포기하면 아뜨만이 된다.

『기따』 8.5~6에도 임종 과정에 대한 유사한 내용이 기재되어 있다.

"그리고 임종시에 오로지 나만을 생각하면서 육체를 벗고 가는 자는 나의 상태에 이른다오. 여기에는 의심이 있을 수 없다오. 「그리고 마지막에 어떠한 존재를 생각하며 육체를 떠나든지 (그는 그가 생각한 대로) 언제나 그러한 존재가 되게끔 되어 바로 그것에게로 간다오. 쿤띠의 아들(아르쮸나)이여!"[271]

---

271) BG.8.5~6, antakāle ca māṃ eva smaran muktvā kalevara, yaḥ prayāti sa madbhāvaṃ yāti nā 'sty atra saṃśayaḥ. yaṃ yaṃ vā 'pi smaran bhāvaṃ

10. 20^{cd}~21^{ab}.

이와 같이 그대(가르기)도 요가에 의지해서 자신의 의무를 행하고 참된 자아(ātman) 안에 자기 자신(svātman)을 명상하면서 [죽음의] 마지막에 자신(ātman)의 몸을 포기하게 될 것이다.

tvaṃ caivaṃ yogamāsthāya dhyāyan svātmānam ātmani.

svadharmaniratā śānta tyajānte deham ātmanaḥ,

[여덟 갈래 요가 수행의 당부(10. 21^{cd}-24)]

10. 21^{cd}~22^{ab}.

가르기여! 해탈은 항상 지혜와 함께 [규율에 따른] 행위를 하며 결과에 대한 욕망을 포기하는 자에게 있다.

jñānena iva sahaitena nityakarmāṇi kurvataḥ.

nivṛttaphalasaṅgasya muktir gārgi kare sthitā,

10. 22^{cd}~23^{ab}.

브라흐마나(야갸발꺄)가 앞서 언급한 행위와 요가(=요가)의 결합은 [네 베다,] 베다의 부속 학문, 보조 학문[과 함께] 여러가지 방법으로 설명하였다.

yad uktaṃ brahmaṇā pūrvaṃ karma-yoga-samuccayam.

tad etat kīrtitaṃ sarvaṃ sāṅgopāṅgaṃ vidhānataḥ,

---

tyajaty ante kalevaram, taṃ tam evai 'ti kaunteya sadā tadbhāvabhāvitaḥ.

[해설]

10.22에서 야갸발꺄가 언급한 내용은 1.27에 서술된 내용이다.

10.23^{cd}~24.

그대(가르기)도 금계 등 여덟 갈래 요가를 수행하면 현상세계
(prapañca)를 완전히 떠나 열반(nirvāṇa)에 도달할 수 있다.

tvaṃ ca iva yogam abhyasya yamādy aṣṭāṅgasaṃyutam.

nirvāṇaṃ padamāsādya prapañcaṃ samparityaja.

이처럼 요가야갸발꺄 제10장을 마친다.

iti śri yogayājñavalkya daśamo 'dhyāyaḥ

제11장(ekādaśo 'dhyāyaḥ)

11.1.

이와 같이 고행자 야갸발꺄가 말하였다. 현자들 중 아름다운 여
인(가르기)이 다음과 같이 말하였다.

ity evam uktāmuninā yājñavalkyena dhīmatā,

ṛṣimadhye varārohā vākyam etad abhāṣata.

11.2.

가르기가 말하길, 존자여! 어떻게 요가와 결합한 사람(=삼매를 성
취한 사람)이 하루 두 번(아침, 저녁) 또는 매일 베다의 의무에 따
른 행위를 할 수 있습니까? [베다의 의무에 따른] 행위를 하지
않는 자의 속죄(niṣkṛti)는 무엇입니까?

gārgy uvāca-

yogayukto naraḥ svāmin sandhyayor vātha vā sadā,

vaidhaṃ karma kathaṃ kuryān niṣkṛtiḥ kā tv akurvataḥ.

11.3.

이처럼 브라흐만을 아는 자(가르기)가 질문하였다. 그 때 브라흐만을 아는 브라흐마나 [중] 뛰어난 존자(야갸발꺄)가 그녀(가르기)를 바라본 후 다음과 같이 말하였다.

ity ukto brahmavādinyā brahmavid-brāhmaṇas tadā,

tāṃ samālokya bhagavān idam āha narottamaḥ.

11.4.

야갸발꺄가 말하길, 요가와 결합한(=삼매를 성취한) 사람도 하루 두 번(아침, 저녁) 또는 밤(niśā)에 그것(베다의 의무에 따른 행위)을 행해야한다. 그는 실로 요가(=삼매)를 완성한 자이다. 아름다운 여인(가르기)이여!

yājñavalkya uvāca-

yogayuktam anuṣyasya sandhyayor vātha vā niśi,

yat kartavyaṃ varārohe yogena khalu tat kṛtam.

11.5~6ab.

호흡조절에 의해 자아(ātman)의 신성한 불 속에 청정한 마음(citta)을 바침으로써 그는 [베다에] 언급된 의무에 따른 행위를 다하였다. 그에게 속죄해야 할 무엇이 있겠는가?

ātmāgni-hotra-vahnau tu prāṇāyāmair vivardhite,

viśuddhacitta-haviṣā vidhyuktaṃ karma juhvataḥ.

niṣkṛtis tasya kiṃ bāle kṛtakṛtyas tadā khalu,

[해설]

삼매에 든 경우 베다에 따른 의무를 수행하지 않아도 된다. 삼
매 상태가 아닌 경우 깨달은 사람도 베다에 따른 규율을 수행해야
한다.

11.6^{cd}~8.

개별적 자아와 최고의 자아를 구분할 때 [브라흐만의 지혜를]
획득하게 된다. 브라흐만을 아는 자들은 규율에 따른 행위를 항
상 [욕망과 내적 동기 없이] 행해야 한다. 요가 수행자는 [개별적
자아와 최고의 자아를] 구분할 때 고통을 [야기하는] 행위들을
포기할 것이다. 그의 거주처(몸)는 세속적인 삶에 [있다고] 말한
다. 몸은 완전히 행위를 포기할 수 없다.

viyoge sati samprāpte jīvātma-paramātmanoḥ.

vidhyuktaṃ karma kartavyaṃ brahmavidbhiś ca nityaśaḥ,

viyogakāle yogī ca duḥkham ity eva yas tyajet.

karmāṇi tasya nilayaḥ nirayaḥ parikīrtitaḥ,

na dehinām yataḥ śakyāḥ tyaktuṃ karmāṇy aśeṣataḥ.

11.9~10^{ab}.

그러므로 항상 요가 수행자들은 죽을 때까지 규율에 따른 행위
를 [내적 동기와 욕망 없이] 행해야 한다. 가르기여! 그대도 놓
치지 말고 규율에 따른 행위를 [내적 동기와 욕망 없이] 행해야
한다. 그리고 요가에 의해 최고의 자아를 숭배하면서 몸을 포기
해야 한다.

tasmād ā-maraṇād vaidhaṃ kartavyaṃ yogibhiḥ sadā,

tvaṃ ca iva mātyayā gārgi vaidhaṃ karma samācara.

yogena paramātmānaṃ yajaṃs-tyaja kalevaram,

[각자의 수행처로 돌아가는 현자들(11.10^{cd}-16^{ab})]

11.10^{cd}~11^{ab}.

이와 같이 말하고서 금욕의 보고(taponidhi)이며 존자 야갸발꺄
는 두 눈으로 현자를 보고 다음과 같이 말하였다.

ity evam uktvā bhagavān yājñavalkyas taponidhiḥ.

ṛṣīnālokya netrābhyāṃ vākyam etad abhāṣata,

11.10^{cd}~12.

저녁에 해야 할 규율에 따른 의식을 적절하게 해야 한다. 모든
현자들은 자신의 수행처(āśrama)로 가십시오! 이와 같이 현자에
게 말하였다. 고행자들은 수행처로 돌아간다.

sandhyām upāsya vidhivat paścimāṃ susamāhitaḥ.

gacchan tu sāmprataṃ sarve ṛṣayaḥ svāśramaṃ prati,

ity evam uktā muninā munayaḥ saṃśritavratāḥ.

11.13~14.

비쉬바미뜨라(Viśvāmitra), 바시슈타(Vasiṣṭha), 가우따마(Gauta-
ma), 앙기라스(Aṅgiras), 아가스띠야(Agastya), 나라다(Nārada), 발
미끼(Vālmīki), 바다라야니(Bādarāyaṇi=Śuka), 빠잉기디르가따마
(Paiṅgidīrghatama), 비야사(Vyāsa), 샤우나까(Śaunaka), 바르가바
(Bhārgava), 까쉬야빠(Kāśyapa), 바라드바자(Bharadvāja),

viśvāmitro vasiṣṭhaś ca gautamaś cāṅgirāstathā,

agastyo nāradaś ca iva vālmīkir bādarāyaṇiḥ.

paiṅgidīrghatamā vyāsaḥ śaunakaś ca tapodhanaḥ,

bhārgavaḥ kāśyapaś ca iva bharadvājas tathaiva ca.

11. 15~16^{ab}.

그리고 다른 고행자들, 베다와 베다의 보조학문을 배운 자들은 야갸발꺄에게 염송(gir)과 잘 정제된 소마가 섞인 우유(āśīr)로 깊은 존경을 표한 후, 그 고행자들은 왔던 것처럼 모두 자신의 수행처로 되돌아갔다.

tapasvinas tathā cānye vedavedāṅgavedinaḥ,

yājñavalkyaṃ susampūjya gīrbhir āśīrbhir uttamaiḥ.

te yānti munayaḥ sarve svāśrameṣu yathāgatam,

[가르침의 요약에 대한 가르기의 요청과 야갸발꺄의 승낙(11.16^{cd}-22)]

11. 16^{cd}~17^{ab}.

이 고행자들은 자신의 수행처로 되돌아 갈 때, 위대한 수행자(가르기)는 지팡이처럼 땅(bhūmi)에 엎드리고 나서 이처럼 말하였다.

gateṣu svāśram eṣveṣu tāpaseṣu tapodhanā.

praṇamya daṇḍavad bhūmau vākyam etad abhāṣata,

11. 17^{cd}~18.

가르기가 말하길, 최고의 요가 수행자이며, 모든 교전을 알면서 모든 존재의 안녕에 관심 있는 존자여! 당신(야갸발꺄)은 해탈에 이르는 방법이 금계 등 여덟 갈래로 구성되는 요가라고 말씀하셨습니다.

gārgy uvāca-

bhagavan sarvaśāstrajña sarvabhūta hite rata.

bhavamokṣāya yogīndra bhavadbhir bhāṣitaṃ tu yat,

yamādyaṣṭāṅgasahito yogo muktestu sādhanam.

11. 19~20^{ab}.

바로 이것을 완전히 잊어버렸습니다. 모든 것을 아는 자(야꺄발꺄)여! 저에게 여덟 갈래 요가를 간결한 형태임을 설명함으로써 모든 것을 아는 당신은 [저를] 출생과 윤회의 바다로부터 보호할 수 있습니다.

tad etad vismṛtaṃ sarvaṃ sarvajñaṃ tava sannidhau,

yogaṃ mamopadiśyādya sāṅgaṃ saṃkṣeparūpataḥ.

trātum arhasi sarvajña janma-saṃsāra-sāgarāt,

11. 20^{cd}~22.

이와 같이 브라흐만을 알고자 하는 [가르기]가 말하였다. 그 때 브라흐만을 아는 브라흐마나(야갸발꺄)은 여자(가르기)를 애석하게 바라본 후 "일어나시오, 아름다운 얼굴을 가진 가르기여! 왜 땅에 엎드려 있습니까? 내가 그대에게 요가를 간결하게 설명하겠으니 그대는 이것을 잘 들으십시오!"라고 나지막이 웃으면서 말하였다.

ity ukto brahmavādinyā brahmavid brāhmaṇas tadā.

ālokya kṛpayā dīnāṃ smita pūrvam abhāṣata,

uttiṣṭhottiṣṭha kiṃ śeṣe bhūmau gārgi varānane.

vakṣyāmi te samāsena yogaṃ samprati taṃ śṛṇu.

[해설]

다음 12장의 내용은 가르침을 요약해달라는 가르기의 요청에 대한 답변이 아니라 꾼달리니의 각성 및 상승에 대한 내용을 다룬다.

이처럼 요가야갸발꺄의 제11장을 마친다.

iti śrī yogayājñavalkye ekādaśo 'dhyāyaḥ

제12장(dvādaśo 'dhyāyaḥ)

[첫 번째 단계: 생기에 의한 몸속의 불의 점화(12.1-7)]

12.1~2.

[야갸발꺄가 말하길,] 왼쪽 발목으로 항문을 압박하고 왼쪽의 다른(=오른쪽) 발목으로 회음을 누르고 나서 왼쪽의 다른(=오른쪽) [손바닥]을 [오른]손의 다른(=왼쪽) [손바닥]에 올려두고 나서 [몸 속에 있는] 불의 불꽃을 보아야 한다. 좌법[을 취한 후] 수명을 감소시키는 쁘라나를 억제한다. 그 때 아빠나 [생기]는 불의 거주처로 천천히 움직인다. 가르기여!

savyena gulphena gudaṃ nipīḍya savyetareṇa iva nipīḍya sandhim,

savyetaraṃ nyasya karetarasmin śikhāṃ samālokaya pāvakasya.

āyur vighātākṛtprāṇo niruddhas tv āsanena vai,

yāti gārgi tadāpānāt kulaṃ vahneḥ śanaiḥ śanaiḥ.

[해설]

12.1~30게송의 내용은 6.65~75^{ab}에서 서술된 꾼달리니 각성을 7단계로 나누어 좀 더 자세히 설명한다.

12.1에서 나오는 좌법은 따로 서술되지 않는다. 두 발뒤꿈치가 회음부를 향해 있고 발가락이 아래로 향한 것으로 보아 3.14에서 설명한 해탈좌로 추정된다.

12.3.

그리하여 아빠나 생기에 의해 천천히 활성화된 불은 모든 존재들의 몸의 중앙에 있는 자신의 거주처에서 빛나게 된다.

vāyunā vātito vahnir apānena śanaiḥ śanaiḥ,

tato jvalati sarveṣāṃ svakule dehamadhyame.

12.4.

이와 같이 새벽(prātar), 저녁(pradoṣa), 한밤중(niśītha)에 48분씩[272] 10일 동안 집중된 마음으로 수행해야 한다.

prātaḥkāle pradoṣe ca niśīthe ca samāhitaḥ,

muhūrtam abhyased evaṃ yāvat pañcadina-dvayam.

12.5.

그리하여 호흡을 정복한 그의 몸(ātman)에 여러 특징이 나타난다. 최고의 브라흐마나(가르기)이여!

tatas tv ātmani viprendre pratyayāś ca pṛthak pṛthak,

sambhavanti tadā tasya jito yena samīraṇaḥ.

---

272) Mohan은 muhūrta를 90분으로 번역하였다. (p.114) Desikacar는 96분으로 번역하면서 15분씩 98일 수련한다고 덧붙인다. Mohan(2013), p.114; Desikachar(2000), p.150.

12.6~7.

처음에는 몸이 가벼워지고, 소화의 불이 활성화되고, 비음이 출현한다. 6개월이나 1년 후에 대소변이 줄어들게 될 것이다. 3년 후에 두려움을 극복하게 될 것이다.

śarīralaghutā dīptir vahner jāṭharavartinaḥ,

nādābhivyaktir ity ete cihnāny ādau bhavanti hi.

alpa-mūtra-purīṣaḥ syāt ṣaṇmāse vatsare 'pi vā,

āsane vāhane paścān na bhetavyaṃ trivat-sarāt.

[해설]

『슈베따슈바따라 우빠니샤드』 2.13에서 유사한 내용이 나온다.

"초기(prathama) 요가 수행의 결과는 몸의 가벼움, 차분함, 맑은 안색 그리고 아주 좋은 목소리와 좋은 향기와 대소변의 감소 등이라고 말한다."[273]

[두 번째 단계: 꾼달리니의 각성(12.8-13)]

12.8.

그리하여 항상 깨어나지 않은 채 배꼽에 똬리를 튼 꾼달리니를 마음(dhī)으로 명상하면서 숨[과 아빠나] 생기를 불과 함께 끌어올린 후 그것(복부)에 집중해야 한다.

---

273) ŚvU. 2.13, laghutvamārogyamalolupatvaṃ varṇaprasādaḥ svarasauṣṭha-
vaṃ ca, gandhaḥ śubho mūtrapurīṣamalpaṃ yogapravṛttiṃ prathamāṃ
vadanti.

tato 'nilaṃ vāyusakhena sārdhaṃ dhiyāsamāropya nirodhayet tam,

dhyāyan sadā cakriṇam aprabuddhaṃ nābhau sadā kuṇḍalinī

niviṣṭam.

12.9.

[꾼달리니]의 얼굴로 가운데 통로(수슘나)를 [덮고] 뱀의 머리처
럼 목을 펼쳐 다른 [나디]를 막는다. 입으로 자신의 꼬리를 물고
쁘라나(maruta)의 참된 통로(수슘나)을 막은 채

śirāṃ samāveṣya mukhena madhyām anyāś ca bhogena śirās

tathaiva,

svapuccham āsyena nigṛhya samyak pathaś ca saṃyamya marudga-

ṇānām.

12.10.

잠든 뱀의 왕(nāgendra)처럼 숨을 쉬며 [자신의] 광채를 발하며
잠들어 있는 그 꾼달리니는 항상 모든 사람들의 배꼽에서 똬리
를 튼 채 거주한다.

prasuptanāgendravad ucchvasantī sadā prabuddhā prabhayā jvalantī,

nābhau sadā tiṣṭhati kuṇḍalī sā tiryaksu deheṣu tathetareṣu.

12.11.

뱀(ahi)의 모습을 한 [꾼달리니를] 생각하면서 [아빠나] 생기와
불의 화염으로 깐다의 중앙 나디 안에 자리 잡은 꾼달리니를 달
구는 자야말로 가장 훌륭한 사람이라 일컫는다.

vāyunā vihṛtavahniśikhābhiḥ kandamadhyagatanāḍīṣu saṃsthām,

kuṇḍalīṃ dahati yas tv ahirūpāṃ saṃsmaran naravaras tu sa eva.

12.12

불에 의해 달구어지고 [아빠나] 생기에 의해 자극된 그녀(꾼달리니)는 뱀의 목을 부풀리고 똬리를 펼치며 깨어난다.

saṃtaptā vahninā tatra vāyunā ca pracālitā,

prasārya phaṇabhṛdbhogaṃ prabodhaṃ yāti sā tadā.

12.13.

배꼽 중앙에 있는 꾼달리니(cakrin)가 각성될 때, 생기들은 몸 안에서 합쳐진 후 마치 옷감의 실처럼 불과 함께 움직인다.

bodhaṃ gate cakriṇi nābhimadhye prāṇāḥ susambhūya kalevare
’smin,

caranti sarve saha vanhinaiva yathā paṭe tantugatis tathaiva.

[세 번째 단계: 쁘라나의 수승(12.14-20)]

12.14.

이와 같이 항상 명상에 몰입한 수행자는 꾼달리니의 거주처를 정복한 후, 이것(꾼달리니)을 떠올리면서 아빠나 [생기]를 배꼽 위로 끌어올려야 한다.

jitvaivaṃ cakriṇaḥ sthānaṃ sadā dhyānaparāyaṇaḥ,

tato nayedapānaṃ to nābherūrdhvamidaṃ smaran.

12. 15.

몸속에 있는 쁘라나가 불과 함께 배꼽을 통과하면 그 때 질병은
사라지고 힘은 세지며 몸에 광채가 난다.

vāyur yathā vāyusakhena sārdhaṃ nābhiṃ tv atikramya gataḥ
śarīre,

rogaś ca naśyanti balābhivṛddhiḥ kāntis tadānīm abhavat prabudd-
he.

12. 16.

이 때 생기들은 불과 결합하여 브라흐마란드라의 입구로 진입
한다. 나는 그대(가르기)에게 이에 대한 어떤 방법을 말하겠다.
[그것은] 심장[의 중앙]에 있는 불의 불꽃을 응시하는 것이다.

brahmarandhramukham atra vāyavaḥ pāvakena saha yānti samūh-
ya,

kenaced iha vadāmi tavāham vīkṣaṇād hṛdi sudīpa-śikhāyāḥ.

12. 17

이에 수행자는 심장의 중앙에 있던 쁘라나가 불과 함께 천개의
잎을 가진 [연꽃]의 입구로 진입하게 된다. 다시 위로 향하게 해
야 한다. 최고의 재생자(가르기)여!

nirodhitaḥ syād hṛdi tena vāyuḥ madhye yadāvāyusakhena sārdh-
am,

sahasrapatrasya mukham praviśya kuryāt punas tūrdhvamukham
dvijendre.

12.18.

가르기여! 이 브라흐만의 거주처(=몸)에 만개한 심장의 연꽃에
서 쁘라나(samīraṇa)는 하늘(vyoman)에 떠오르는 태양(arka)처럼
빛난다.

prabuddhahṛdayāmbhoje gārgy asmin brahmaṇaḥ pure,

bālārkāśreṇivad vyomni virarāja samīraṇaḥ.

12.19.

그 때 심장의 중앙에서 수슘나까지 위치한 불은 먹구름(sajala-
ambu-dama)에 있는 번개의 광선처럼 빛나게 된다.

hṛnmadhyāt tu suṣumnāyāṃ saṃsthito hutabhuktadā,

sajalāmbudamālāsu vidyullekheva rājate.

12.20.

불이 만개한 심장의 연꽃에서 고정되고 쁘라나가 그곳(심장의 연
꽃)으로 머무를 때, 광채 등과 같은 내적·외적 징후들이 [수행자
의 몸에] 나타난다.

prabuddhahṛtpadmani saṃsthite 'gnau prāṇe ca tasmin viniveśite
ca,

cihnāni bāhyāni tathāntarāṇi dīpādi dṛśyāṇi bhavanti tasya.

[네 번째 단계: 미간 사이로 불과 쁘라나를
 끌어올림(12.21)]

12.21.
그 다음 옴을 염송하면서 쁘라나를 (불)과 빈두(bindu)와 함께 초
승달(bāla-candra)이 있는 이마로 끌어올리고 마음(buddhi)으로
초승달을 응시한 후,
vāyum unnaya tatas tu savahnim vyāharan praṇavam atra sabind-
um,
bālacandrasadṛśe tu lalāṭe bālacandram avalokaya buddhyā.

[다섯 번째 단계: 미간에 있는 쁘라나를 집중(12.22-26)]

12.22.
불과 함께 쁘라나(vāyu)를 미간 사이로 끌어올리고 마음으로 오
직 안에 있는 내적자아(antarātman)를 명상해야 한다.
savahniṃ vāyum āropya bhruvor madhye dhiyā tadā,
dhyāyed ananyadhīḥ paścād antarātmānam antare.

12.23.
가르기여! [몸의] 중앙, 심장, 이마에 있는 감추어진 표징을 기둥
처럼 밝히는 것이 최고의 지혜이다. 그대는 마음으로 빛(ruci)을
보아야 한다.
madhyame 'pi hṛdaye ca latāṭe sthāṇuvaj jvalati liṅgam adṛśyam,
asti gārgi paramārtham idaṃ tvaṃ paśya paśya manasā rucirūpam.

12.24.

시선을 고정하여 이마 가운데와 심장의 연꽃에 지혜로 구성된 빛(prabhā)을 보고 항상 등불처럼 타오르는 샥띠(śakti)를 보는 자가 브라흐만을 아는 자이다.

lalāṭamadhye hṛdayāmbuje ca yaḥ paśyati jñānamayīṃ prabhāṃ tu,
śaktiṃ sadā dīpavad ujjvalantīṃ sa paśyati brahmavid ekadṛṣṭyā.

12.25.

요가 수행자의 마음이 미간 사이에 완전히 소멸될 때 혀뿌리로부터 감로가 흐르고 미간 사이에서 아뜨만을 자각하게 된다.

mano layaṃ yadā yāti bhrūmadhye yogināṃ nṛṇām,
jihvāmūle 'mṛtasrāvo bhrūmadhye cātmadarśanam.

12.26.

요가 수행자의 정수리에 진동이 [일어나고], 마음을 통해 아뜨만을 자각[하게 되고], 아름다운 신의 정원, 별과 달, 현자, 성취자, 간다르바(Gandharva)가 나타난다.

kampanaṃ ca tathā mūrdhno manasaivātmadarśanam,
devodyānāni ramyāṇi nakṣatrāṇi ca candramāḥ,
ṛṣayaḥ siddhagandharvāḥ prakāśaṃ yānti yoginām.

[해설]

진동은 누미노제(numinose)를 의미하는 것으로 초세속적, 압도적 절대자이며 경외의 감정과 종교적 매혹을 내포하고 있다. 다시 분석하면 외경심(畏敬心)을 불러일으키는 전율적인 무서움, 압도적

인 권위, 절대타자(絶對他者)로서의 신비로 궁극적 실재에 대한 신
비체험이라 할 수 있다.

[여섯 번째 단계: 미간 명상(12. 27-29)]

12. 27~28.
비슈누의 거주처인 미간 사이에 마음(manas)이 소멸될 때까지
환희로 채워진 그 공간을 항상 명상해야 한다.
쁘라나(samīraṇa)가 비슈누의 거주처(미간)에 들어가고 개별적 자
아가 불멸에 머물고 마음(manas)이 그곳(비슈누의 거주처)에서 소
멸된다면 그것은 해탈에 가까워진 것이라고 [현자들은] 말한다.

bhruvo 'ntare viṣṇupade ṛcau tu mano layaṃ yāvad iyāt prabuddhe,

tāvat samabhyasya punaḥ khamadhye sukhaṃ sadā saṃsmara

pūrṇarūpam.

samīraṇe viṣṇupade niviṣṭe jīve ca tasminn amṛte ca saṃsthe,

tasmin tadā yāti mano layaṃ cen mukteḥ samīpaṃ tad iti bruvanti.

12. 29.
쁘라나(samīraṇa)가 비슈누의 거주처(미간)에 머물고 청정한 마음
(buddhi)이 아뜨만에 확립될 때 아주 경이로운 환희가 있다. 가
르기여! 그대는 청정한 마음으로 진리를 보아야 한다.

samīraṇe viṣṇupade niviṣṭe viśuddhabuddau ca tadātmaniṣṭhe,

ānandam atyadbhutam asti satyaṃ tvaṃ gārgi paśyādya viśuddhab-

uddhyā.

[일곱 번째 단계: 해탈의 도달(12.30-35)]

12.30.

이와 같이 오랫동안 소식(tanur-mitāśī)하며 금계 등 [여덟 갈래
요가]를 수행해야 한다. 그대도 브라흐만의 거주처(=몸)에 감추
어진 아뜨만을 깨닫고서 해탈에 도달해야 한다.

evaṃ samabhyasya sudīrghakālaṃ yamādibhir yukta-tanur-mitāśīḥ,

ātmānam āsādya guhāṃ praviṣṭaṃ muktiṃ vraja brahmapure punas

tvam.

12.31.

이에 따라 가르기여! 만물이 태어나고 거기에서 삶을 유지하고
생명을 소멸하는 것이 브라흐만임을 알아야 한다고 모든 이들
이 말한다.

bhūtāni yasmāt prabhavanti gārgi yena iva jīvanti carācarāṇi,

jātāni yasmin vilayaṃ prayānti tad brahma viddhīti vadanti sarve.

12.32.

전승서(śruti)와 [현자들은] 심장의 연꽃 안 동굴에 있는 유일자,
진리, 지속적인 환희이며, 극도로 미세한 것이며, 비밀의 현시
(nirbhāsamaya)인 그것을 브라흐만이라고 한다.

hṛtpaṅkaje vyomni yad ekarūpaṃ satyaṃ sadānandamayaṃ

susūkṣmam,

tad brahma nirbhāsamayaṃ guhāyām iti śrutiśceti samāmananti.

12.33.

원자(aṇu)보다 더 미세하며 큰 것보다 더 크고 생명체의 [심장
의] 동굴에 있는 그 아뜨만을 그대는 욕망과 슬픔이 없이 죽음
의 시간에(죽을 때) 청정한 마음(buddhi)으로 볼 수 있을 것이다.

aṇor aṇīyān mahato mahīyān ātmā guhāyāṃ nihito 'sya jantoḥ,

tam akratuṃ paśya viśuddhabuddhyā prayāṇakāle ca vihīna-śokā.

12.34.

그대는 정수리에 있는 쁘라나와 불(vahna)을 결합시킨 후 스승
의 가르침대로 마음(dhī)으로 옴을 떠올리면서 정수리를 뚫어
[몸속에 있는] 쁘라나를 허공 속으로 내보내야 한다.

prabhañjanaṃ mūrdhnigataṃ savahniṃ dhiyā samāsādya gurūpade-
śāt,

mūrdhānam udbhidya punaḥ khamadhye prāṇāṃs tyajoṅkāram

anusmaraṃs tvam.

12.35.

친구(가르기)여! 만약 그대가 바람대로 몸을 떠나는 [방법을] 알
고자 원한다면 나는 그대에게 말할 것입니다. 그대는 옴을 염송
하면서 쁘라나를 정수리로 끌어올리고 [정수리를] 연 후, [자신
의] 몸을 아뜨만에 결합시켜야 한다.

īpsayā yadi śarīravisargaṃ jñātum iccasi sakhe tava vakṣye,

vyāharan praṇavam unnaya mūrdhā[274] bhidya yojaya tam ātmani

---

274) YYD, YYM, YYSD에는 mūrdhni로 표기되어 있다. 박영길은 이 부분에 대
해 스바가따 운율에 맞지 않으므로 mūrdhnā로 수정해야 한다고 지적한다. 박

kāyam.

[해설]

12.34~35게송은 6.75~78에 서술된 이신해탈 과정을 다시 설명한다.

[요가수행의 이점(12.36-40)]

12.36.

[야갸발꺄가 말하길,] 상서로우며, 순수하며, 위대하며, 가장 비밀스러운 지혜인 이 여덟 갈래로 구성된 요가를 그대에게 설명하였다. 아름다운 얼굴을 가진 이(가르기)여!

etat pavitraṃ paramaṃ yogam aṣṭāṅgasaṃyutam,

jñānaṃ guhyatamaṃ puṇyaṃ kīrtitaṃte varānane.

12.37.

항상 이 요가의 가르침(yoga-ākhyāna)을 들은 우월한 사람은 모든 속박으로부터 벗어나고 완전히 깨닫게 될 것이다.

ya idaṃ śṛṇuyān nityaṃ yogākhyānaṃ narottamaḥ,

sarvapāpavinir muktaḥ samyag jñānī bhaviṣyati.

12.38.

[비슈누]에게 헌신하는 현자는 항상 이것(요가의 가르침)을 설명

영길(2019), p.830 각주 385번. mūrdhni는 mūrdhan의 처격으로 문법상 맞지만 박영길의 지적대로 운율상 맞지 않다. 이에 동의하여 mūrdhā로 수정하였다.

해야 한다. [그리하면] 일생(eka-janma) 동안 지은 죄가 하루(eka-dina)만에 소멸될 것이다.

yas tv etac chrāvayed vidvān nityaṃ bhaktisamanvitaḥ,

ekajanmakṛtaṃ pāpaṃ dinena ikena naśyati.

12.39.

이 요가의 가르침을 들은 사람(지혜로운 자)은 무지에 의해 생겨난 모든 속박을 일제히 벗어나게 된다.

śṛṇuyād yaḥ sakṛdvāpi yogākhyānam idaṃ naraḥ,

ajñāna-janitaṃ pāpaṃ sarvaṃ tasya praṇaśyati.

12.40.

신들 조차도 항상 아뜨만의 지혜와 함께 매일 [베다에] 따른 의무를 하는 이들을 본 후, 그들에게 절한다.

anutiṣṭhanti ye nityam ātmajñānasamanvitam,

nityakarmaṇi tān dṛṣṭvā devāś ca praṇamanti hi.

[요가수행의 권유(12.41)]

12.41.

그러므로 살아있는 한 항상 지혜에 의해 규율에 따른 행위를 [욕망과 내적 동기 없이 해야 한다.] 그리고 세속적 속박을 두려워하는 존재들은 요가를 수행해야할 것이다. 가르기여!

tasmaj jñānena dehāntaṃ nityaṃ karma yathā vadhi,

kartavyaṃ dehibhir gārgi yogaś ca bhavabhīrubhiḥ.

[종결(12. 42-46)]

12. 42.

이와 같이 존자(야갸발꺄)는 최고의 재생자인 그녀(가르기)에게 비밀스러우며 [모든] 속박을 소멸시키는 원인이며 해탈로 인도하는 요가의 정수(=지혜)를 설명한 후, 홀로 삼매에 들어갔다.

ity evam uktvā bhagavān rahasye rahasyajaṃ muktikaraṃ tu tasyāḥ,

yogāmṛtaṃ bandhavināśahetuṃ samādhim āste rahasi dvijendraḥ.

12. 43.

그녀(가르기)는 그 현자(야갸발꺄)에게 암송과 경배로 존경을 표하고서, 그(야갸발꺄)가 [모든] 지식의 보고(寶庫)이며 브라흐만을 깨달은 자들 중 가장 뛰어난 자라고 말한다. [가르기는] 항상 최고로 순수한 행복을 얻게 되었다.

sa taṃ tu saṃpūjya muniṃ bruvataṃ vidyānidhiṃ brahmavidāṃ variṣṭham,

gīrbhiḥ praṇāmaiś ca satāṃ variṣṭhaṃ sadāmudaṃ prāpa varāṃ viśuddhām.

12. 44.

그 때 비밀스럽게 생긴 요가[의 정수]를 완전히 이해하고 나서, 윤회를 포기한 존재(jantu)의 해탈의 원인이 된다. [가르기는] 숲의 거주처에서 행복해진다.

yogaṃ susaṃgṛhya tadā rahasye rahasyajaṃ muktikaraṃ ca jantoḥ, saṃsāram utsṛjya sadā mudānvitā vane rahasyāvasathe viveśa.

12. 45.

그리하여 바수데바는 이 모든 세계의 근원으로 나타난다. 그는
항상 심장과 정수리에 있다고 계시서에서 말하였다.

yena prapañcaṃ paripūrṇam etad yena iva viśvaṃ pratibhāti
sarvam,

taṃvāsudevaṃ śrutimūrdhni jātaṃ paśyan sadāste hṛdi mūrdhni
cānvaham.

12. 46.

바수데바는 유일하며 미현현이고 끝이 없으며 아쯔유따이며 무
한하며 세상의 창조 등을 하며 심장과 정수리에 있다고 계시서
(śruti)에서 말하였다.

yad ekam avyaktam anantam acyutaṃ prapañcajanmādi kṛdaprame-
yam,

taṃ vāsudevaṃ śrutimūrdhni jātaṃ paśyan samāste hṛdi mūrdhni
cānvaham.

[해설]

12.45~46게송은 내용에 있어서 앞의 게송과 맞지 않는 것으로
보아 후대에 편입되었을 가능성이 있다.

이처럼 Yogayājñavalkya의 제12장을 마친다.

iti śrī yogayājñavalkye dvādaśo 'dhyāyaḥ

| 약호 및 참고문헌 |

1. 주요 약호

AB. *Aitareya Brāhmaṇa*, Raychaudhuri(1936).

AhS. *Ahirbudhnyasaṃhitā*, Rāmānujācārya(1966).

BG. Bhagavadgītā, Radhakrishnan(1976).

BG-Śbh. *Bhagavadgītābhāṣya with Śaṅkara*, Warrier(1983).

BYY. *Bṛhadyogiyājñavalkyasmṛti*, Shastri(1953).

ChU *Chāndogya Upaniṣad*, Olivelle(1998).

CS. *Caraka Saṃhitā*, Sharma, Ram Karan& Dash, Bhagwan(2017).

Dyś *Yogaśāstra of Dattātreya*, 박영길(2019).

GB. *Śri Rāmānuja Gīta Bhāṣya*, Ādidevānanda(2009).

GhS. *Gheraṇḍasaṃhitā*, Vasu(2005).

Hp. *Haṭhayogapradīpikā*, 스바뜨마라마 요긴드라 저; 박영길 역(2015)

JaU. *Jābāla Upaniṣad*, Radhakrishnan(1953).

Jt. *Jyotsnā*, Svātmārāma(1975).

KaU. *Kaṭha Upaniṣad*, Radhakrishnan(1953).

Mai-Up. *Maitrī Upaniṣad*, Radhakrishnan(1953).

MāU. *Māṇḍūkya Upaniṣad*, Olivelle(1998).

MBh. *Mahābhārata*, Sukthankar(1942, 1954).

MS. *Manusmṛti*, Olivelle(2005).

MU. *Muṇḍaka Upaniṣad*, Olivelle(1998).

PaU. *Paiṅgala Upaniṣad*, Radhakrishnan(1953).

ṚV. *Ṛg Veda*, Doniger(1981).

ŚB *Śatapatha Brāhmaṇa*, Eggeling(1900).

SDS. *SarvadarśanaSaṃgraha of Mādhava*, Mādhava(1976).

ŚS. *Śivasaṃhitā*, Vasu(1984).

SśS. *Suśruta Saṃhitā, Sharma*, Priya Vrat(2000).

ŚvU. *Śvetaśvatara Upaniṣad*, Olivelle(1998).

TĀ.   *Taittirīya Āraṇyaka*, Mohanty(2003).

Tv.   *Tattvaśaradī*, 비야사 지음; 정승석 옮김(2020).

US.   *Upadeśasāhasrī*, 조나단 베이더 지음, 박영길 옮김(2011).

Vck.   *Vimānārcanākalpa*, Prayāgadāsajī(1926).

YBh.   *Yogasūtra-Bhāṣya*, 비야사 지음; 정승석 옮김(2020).

YS.   *Yogasūtra*, 비야사 지음; 정승석 옮김(2020).

YV.   *Yogāvarttika*, 비야사 지음; 정승석 옮김(2020).

YVS.   *Yājñavalkya Smṛti*, Setlur(1912).

YY.   *Yoga Yājnavalkya*: A Treatise on Yoga as Taught by
         Yogi Yajnavalkya. Bombay: edited by Prahlad C. Divanji.

YYŚ.   *The Yogayajñavalkya Saṃhitā*, Trivandrum Sanskrit Series No.
         CXXXXIV edited by K. Sambasiva Śāstrī.

YYM.   *Yoga Yajnavalkya*, translated by A. G. Mohan with Ganesh
         Mohan.

YYSD.   *Yogayajñavalkya Saṃhita*, translated by T. K. V. Desīkachar.

2. 원전

Ādidevānanda, Swāmi(2009). *Śri Rāmānuja Gīta Bhāṣya*, Madras: Sri
    Ramakrishna Math.

Burnell, Arthur Coke(2000). *The ordinances of Manu*: Translated from the
    Sanskrit [with an introduce.], London: Routledge.

Desikachar, T. K. V. trans.(2000). *Yogayājñavalkya Saṃhitā*, Chennai: Krish-
    namacharya Yoga Mandiram.

Divanji, Prahlad C.(1954). *Yoga-Yājñavalkya*: A treatise on Yoga as Taught
    by Yogī Yājñavalkya, Bombay: Bombay Branch of the Royal Asiatic
    Society, Monograph no.3,

Doniger, Wendy(1981). *The Rig Veda*: An Anthology: One Hundred and Eight
    Hymns, Selected, Translated and Annotated, Penguin Books.

Edgerton, Franklin(1978). *The Bhagavad Gīta*: Translated and interpreted,
    Cambrige, Mass.: Harvard University Press

Eggeling, Julius(1900). *The Śatapatha Brāhmaṇa*: according to the text of the
    Mādhyandina school, Oxford: Clarendon Press, Part 5: Books XI, XII,

XIII, and XIV.

Gambhirananda, Swami(trans.).

(1984).   Bhagavadgītā: with the commentary of Śaṅkarācārya, Calcutta: Advaita Ashrama.

(2016).   Eight Upaniṣads: with the commentary of Śaṅkarācārya, Kolkata: Advaita Ashrama, volume one.

Mādhava, Acharya(1976). *The Sarva-Darsana-Saṃgraha*, trans. E. B. Cowell & A.E. Gough, Cosmo Publication, Delhi,

Mohan, Ganesh, A. (trans.).

(2000).   *Yoga Yājñavalkya*, Chennai, India: Ganesh & Co.

(2013).   *Yoga Yājñavalkya*, California: Svastha Yoga(2nd. ed.).

Olivelle, Patrick,

(1998).   *Upaniṣads*, Oxford: Oxford University.

(2005).   *Manu's code of law*: a critical edition and translation of the Manava-Dharmasastra, New York: Oxford University Press.

Prayāgadāsajī(1926). *Śrīmadvaikhānase Śrīmaharṣimarīcipraṇītāndādi saṃhitāmahśāstre Śrī Vimānārcanākalpaḥ*, Cennapurī(Madras): Śrī Veṅkateśvara Mudraṇalaya.

Radhakrishnan, S.

(1953).   *The Principal Upaniṣads*, London: George Allen & Unwin LTD.

(1976).   *The Bhagavadgita with and introductory essay Sanskrit text*, English translation and notes, London: George Allen & Unwin Ltd.

Rāmānujācārya(1966). *Ahirbudhnyasaṃhitā of the Pāñcarātrāgama*, 2nd ed. Vol. 4, 2 vols, Adyar Library Series. Adyar, Madras: Adyar Library and Research Centre.

Sampatkumarn, M. R. (1985). *The Gītābhāṣya of Rāmānuja*, Bombay, Ananthacharya Indological Research Institute.

Śāstrī, K. Sāmbaśiva(1938). *The Yogayājñavalkya*, Trivandrum Sanskrit Series vol. 134, Trivandrum: The Superintendent, Government Press.

Sharma, Priya Vrat(2000). *Suśruta-Saṃhitā*: With English translation of text and Ḍalhaṇa's commentary along with critical notes, Chaukhambha Visvabharati.

Shastri, Haridatt(1953). *Bṛhadyogīyājñavalkyasmṛtiḥ*, In: Smṛti-Sandarbhaḥ
Śrīman Maharṣipraṇītadharmaśastrasaṃgrahaḥ Gautamāditrayodaśa-
smṛtyātmakaḥ IV. Ed. by Haridatt Shastri. Vol. 4. Gurumanṇḍalagrant-
hamālā, Calcutta: Manasukha Mora.

Sukthankar, Vishnu, S.

(1942). *The Mahābhārata*: The Āraṇyakaparrvan Vol. 3, Poona: Bhandar-
kar Oriental Research Institute.

(1954a). *The Mahābhārata*: The Sāntiparvan Vol. 15, Poona: Bhandarkar
Oriental Research Institute.

(1954b). *The Mahābhārata*: The Sāntiparvan Vol. 16, Poona: Bhandarkar
Oriental Research Institute.

Vasu, Rai Bahadur Srisa Chandra(trans.).

(1984). *The Śiva saṃhitā*, Delhi: Sri Satguru.

(2005). *Geraṇḍa saṃhitā*, Delhi(India): Sri Satguru publications.

Zaehner, R. C. trans. (1969). The Bhagavad-Gīta: with a Commentary based on
the Original Sources, Oxford: Oxford University Press.

辻直四郎 譯,『バガヴァット・ギーター』東京: 講談社, 1980.

길희성 역주(2010).『바가바드기타 : 범한대역』서울: 서울대학교출판문화원.

박영길

(2019). 『하타 요가문헌연구: 성립사와 고유한 수행론(희귀 걸작 편)』, 서울: 여래.

(2022). 『게란다 상히따: 산스끄리뜨 번역과 역주』, 서울: 다르샤나.

비야사 지음; 정승석 옮김(2020).『요가수트라 주석』, 서울: 도서출판 씨·아이·알.

스바뜨마라마 요긴드라 저; 박영길 역(2015).『하타의 등불』, 상-하권, 서울:
세창출판사.

임승택(2006).『바가바드기타 강독』, 서울: 경서원.

정승석 편역(1984).『리그베다: 신·자연·인간의 화음』, 서울: 김영사.

3. 카탈로그

Bendall, Cecil(1902). *Catalogue of the Sanskrit Manuscripts in the British
Museum*, London: The British Museum.

Eggeling, Julius(1887). *Catalogue of the Sanskrit Manuscripts in the Library
of the India Office*, London: Secretary of state for India in Council.

Vergiani, Vincenzo(2020). *Cambridge Digital Library*: Sanskrit Manuscripts, Parameśvaratantra(MS. Add. 1049.1), Jñānārṇavamahātantra(MS. Add. 1049.2).

4. 2차 자료(동양 문헌)

길희성(2019).『인도철학사』, 고양: 소나무.

마에다 센카쿠 지음; 강종원 옮김(2005).『웨단따철학』, 서울: 동국대학교 출판부.

문을식(2012).『바가바드기따 : 비움과 채움의 미학』, 서울: 서강대학교 출판부.

스가누마 아키라, 문을식 역(2003).『힌두교』, 서울: 여래.

정승석(2021).『인도의 이원론과 요가』, 서울: 도서출판 씨·아이·알.

정태혁(1984).『印度哲學』, 서울: 學研社.

조나단 베이더 지음·박영길 옮김(2011).『샹까라의 베단따 철학과 명상』, 서울: 여래.

5. 2차 자료(서양 문헌)

Austin, Christopher R.(2019). *Pradyumna*: Lover, Magician, and Son of the Avatara. Oxford University Press.

Ānandavardhana(1941). *Śrīmad-Bhagavad-Gītāwith 'jñānakarmasamuccaya' commentary*, Bilvakuñja Publishing House.

Bhandarkar, R. G. (1982). *Vaisnavism, saivism, and minor religious systems*, Poona: Bhandarkar Oriental Research Institute.

Bouy, Christian(1994). *Les Nāthyogin et les Upaniṣad: Les Nāth-Yogin Et Les Upaniṣad*: Ètude D'historie De la Littèratures hindoue, Collége de France Publications de l'Institut de Civilisation Indienne, Fascicule 62, Paris: De Boccard.

Brockington, J. L. (1998). *The Sanskrit Epics*, BRILL: LEIDEN; BOSTON; KÖLN.

Brown, Charles Philip(2007). *Sanskrit prosody and numerical symbols explained*, London: Trübner &Co.

Callewaert, W. M. & Hemraj, S. (1983). *Bhagavadgītā anuvādā*: A study in transcultural translation, Ranchi: Satya Bharati Publication.

Dasgupta, Surama(1965). *Development of Moral Philosophy in India*, F.

Ungar Publishing Company.

Dasgupta, Surendranath(1968). *A History of Indian philosophy*, London: Cambridge University Press.

Desikachar, T. K. V. (1995). *The Heart of Yoga*, Madras(Chennai): Inner Traditional India.

Feuerstein, Georg(1989). *Yoga: The Technology of Ecstasy*, Los Angeles, California: J. P. Tarcher.

Jaiswal, Suvira(1981). *The origin and development of Vaisnavism* : Vaisnavism from 200 B.C. to A.D. 500, New Delhi: Munshiram Manoharlal.

Kane, Pandurang Vaman,

(1968). *History of dharmaśāstra*: ancient and medaeval religious and civil law in India, vol. 1-1, Poona: Bhandarkar Oriental Research Institute.

(1975). *History of dharmasastra*: ancient and medaeval religious and civil law in India, vol. 1-2, Poona: Bhandarkar Oriental Research Institute.

Kapoor, Sudbodh(2003). *Sacred Sanskrit Literature*, Vol 3, New Delhi: Oxford Univ. Press.

Larson, Gerald James & Bhattacharya, Ram Shankar(2008). *The Encyclopedia of Indian Philosophies*: Yoga: India's philosophy of meditation, Motilal Banarsidass.

Lingat, Robert(1973). *The Classical Law of India*, University of California Press.

Mainkar, T. G. (1969). *A comparative Study of the Commentaries on the Bhagavadgītā*, Delhi: Motilal Banarsidass.

Mohan, A. G. (2010). *Krishnamacharya: His Life and Teaching*, Boston: Shambhala.

Mohanty, Muralidhar(2003). *Origin and development of Viṣṇu cult*, Delhi, India: Pratibha Prakashan.

Olivelle, Patrick(2006). *Between the Empires: Society in India 300 BCE to 400 CE*, Oxford University Pres.

Radhakrishnan, S.(1977). *Indian Philosophy*, Vol. Ⅰ, London: George Allen & Unwin LTD.

Schrader, Otto(1916). *Introduction to the Pañcarātra and Ahirbudhnya*

Saṃhitā, Adyar Library: Adyar Madras.

Smith, Vincent A. (1908). *The early history of India from 600 B.C. to the Muhammadan conquest*: including the invasion of Alexander the Great, Oxford : Clarendon Press.

Srinivasa Chari, S.M. (1994). *Vaisnavism: its philosophy, theology, and religious discipline*, Delhi: Motilal Banarsidass Publishers.

Vetter, T. (1988). *The Ideas and Meditative Practices of Early Buddhism.* Leiden: Brill.

Winternitz, Maurice (1996). *A History of Indian Literature*, Delhi: Motilal Banarsidass.

White, David Gordon (2014). *The Yoga Sūtra of Patañjali*: A Biography, Princeton University Press.

Whicher, Ian (2000). *The Integrity of the Yoga Darśana*: A Reconsideration of Classical Yoga, New Delhi: D. K. Print world (P) Ltd.

6. 논문(동양)

김재민(2008). 「수슘나 나디의 수행적, 세속적 의미-Śiva Svarodaya를 중심으로-」,『인도철학』제 24집, 인도철학회, pp. 199~227.

김호성(2014). 「샹카라의 지행회통(知行會通) 비판에 대한 고찰」,『인도철학』제41집, 인도철학회, pp. 191~224.

남승호(2020). 「『마하바라따』에서 성전환자 시칸디의 역할과 현대 인도 사회에 미치는 영향」,『인도철학』제58집, 인도철학회, pp. 245~277.

문을식

(2021). 「생명에너지 통로(nāḍīs)와 생명에너지(prāṇas)의 기능과 역할이 인체건강에 미치는 영향 연구: Yogayājñavalkya [saṃhitā]와 Vasiṣṭha saṃhitā의 내용을 중심으로」,『자연치유연구』Vol. 5, No. 2, 동방문화대학원대학교 자연치유연구소, pp.69-83.

임혜정

(2019). 「명상을 통한 의식의 전환-『요가야갸발꺄』를 중심으로-」,『자연치유연구』Vol. 4, No. 2, 자연치유연구소, pp.13~24.

(2021). 「『요가야갸발꺄』 연구」, 동국대학교 인도철학과 박사학위논문.

(2022a). 「감관철회·정신집중 수행을 통한 요가의 삼매 성취 연구: Yogayājñaval-

kya의 내용을 중심으로」, 『아유르베다융합연구』Vol. 13, 한국아유르베다학
　　회, pp.1~14.

(2022b). 「요가문헌에서 나디 정화수행법 연구: Yogayājñavalkya를 중심으로」,
　　『자연치유연구』Vol. 7, No. 1, 자연치유연구소, pp.69~78.

임혜정·정승석(2017). 『『카타 우파니샤드』의 Puruṣa 개념에 대한 고찰」, 『인도철학』
　　제49집, 인도철학회, pp.155~186.

정승석

(2001). 「인도의 가상현실과 종교적 전통」, 『종교연구』 제22집, 한국종교학회,
　　pp.83~105.

(2004). 「고전 요가 坐法의 다의성」, 『인도철학』제16집, 인도철학회, pp.247~281.

(2007). 「고전 요가의 호흡법의 원리」, 『인도철학』제22집, 인도철학회, pp.97~131.

(2012). 「인도 철학에서 자아 개념의 공유와 차별: 베단타의 일원론과 상키야의
　　이원론을 중심으로」, 『인도철학』 제36집. 인도철학회, pp.5~48.

7. 논문(서양)

Bakker, H. (1982). "On the Origin of Sāṃkhya Psychology", Wiener Zeitschrift
　　für die Kunde Süd-und Sūdostasiens 26, pp.117~148.

Birch, Jason & Hargreaves(2014). "Yoganidrā: An Understanding of the
　　History and Context", http://theluminescent.blogspot.co.uk/2015_01_01
　　_archive.html, pp.1~13.

Divanji, P. C. (1953). "Brhad-yogi Yajnavalkya-smrti and Yoga Yajnavalkya",
　　Annals of the Bhandarkar Oriental Research Institute, Vol. 34, Part
　　Ⅰ~Ⅳ, pp.1~29.

Fišher, Ivo(1984). "Yajnavalkya in the Sruti traditions of the Veda", *Acta
　　Orientalia*, Vol. 45, pp.55~87.

Lindquist, Steven E. (2011). "One Yājñavalkya… Two? On the (Questionable)
　　Historicity of a Literary Figure, In: Religion and identity in South Asia
　　and Beyond, Essays in Honor of Patrick Olivelle. ed. by steven E.
　　Lindquist. Cultural, Historical and Textual Studies of Religions", New
　　York, London and Delhi: Anthem press, pp.69~81.

Rajaram, V. (2020). "Yoga Yajnavalkya in comparison with Patanjali's Yoga
　　Sutra", Indica Today. pp.1~10.

Saha, Niranjan(2016). "Vedāntic Commentaries on the Bhagavadgītāas a Component of Three Cononical Texts(prasthāna-trayī)", *J Indian Philosophy* 45, pp.257~280.

Wujastyk, Dominik(2017). "The Yoga texts Attributed to Yājñavalkya and their Remarks on Posture", *Asian Literature and Translation* vol. 4, No. 1. pp.159~186.

8. 사전류

Apte, Vaman Shivram(1985). *The Practical Sanskrit-English Dictionary.* Delhi, Vanarsi, Patna and Madras: Motilal Banarsidass.

Monier-Williams(1986). *A Sanskrit-English Dictionary.* first published 1899; Oxford: The Clarendon Press ; reprinted in Tokyo Japan.

Sarat Chandra Das(1902). *Tibetan-English Dictionary with Sanskrit Synonyms.* Calcutta, India: Bengal Secretariat Book Depot.

Feuerstein, Georg(2000). *The Shambhala Encyclopedic Dictionary of Yoga.* Shambhala Boston & London.

9. 인터넷 사이트

Cambridge Digital Library: Sanskrit Manuscripts
http://cudl.lib.cam.ac.uk/view/MS-ADD-01049-00001/1
http://cudl.lib.cam.ac.uk/view/MS-ADD-01049-00002/1
Bṛhad-yogi-yājñavalkya
www.hindupedia.com
Kaivalyadhama S.M.Y.M Samiti
Yoga Institute | Healing services | Yoga Certification https://kdham.com

일반 색인

가

가주기gṛhastha-āśrama 33~34, 100~102, 114~115, 117
감로amṛta 158, 180, 183, 204~205, 266, 295
개별적 자아jīvātman 30~32, 106~107, 152, 269, 271~272, 274, 282, 296
공ākāśa 214, 240~243, 272
귀의 33, 102, 194
까파kapha 도샤 205, 250~252
끄샤뜨리야kṣatriya 33~34, 100, 102~104, 124, 194~195, 209~210

나

나라야나Nārāyaṇa 38~40, 43, 63, 93, 245, 258~261
낮은 지혜para-vidyā 28~29
내적 동기saṃkalpa 32~36, 38, 95~99, 104, 175, 274, 282, 300
내적 수단antara-aṅga 62, 220~222
내적 자아antarātman, adhyātman 31, 63, 119~200, 221, 264~265, 271~272

다

다섯 가지 거친 요소pañca-mahābhūta 62, 241~244, 246~248, 250, 252
다섯 신pañca-deva 241, 244, 246, 248
다섯 영역pañca-sthāna 246~247
단념tyāga 34~35, 38, 175, 268, 277
대문구mahā-vākya 267

도샤doṣa 62, 141, 205, 250~252
동시적 합일sama-samuccaya 38
동일운율samavṛtta 65, 75
두 가지 지혜dvi-vidyā 28

마

마음citta, manas, buddhi, dhī, cetas 33, 35, 61~62, 67, 69, 93, 102, 106, 108, 110, 112~115, 117, 119, 122, 124, 126~127, 145, 158, 177~178, 180, 184, 186, 200, 202, 206~209, 211~214, 221~ 225, 230~231, 235~237, 239~240, 248~250, 254, 260, 264~265, 268~269, 276, 281, 288~289, 294~296, 298
만뜨라mantra 44, 61, 88~89, 126~127, 178, 191~196, 209~213, 275
명상dhyāna 25, 31, 43~44, 63~64, 87, 89, 93, 96~97, 109~112, 118, 127, 134, 142~143, 177, 179, 182~184, 214, 216~217, 220~231, 235~236, 244, 248, 254~269, 272~273, 278~289, 291, 294, 296, 307, 309
무속성 브라흐만nirguṇa Brahman 255
무지ajñāna, avidyā 32~33, 147, 181, 269, 300
물āpa 58
미간bhruvor-madhya 64, 204, 213, 227, 229, 232, 234, 237~238, 242, 245, 247~248, 252, 264~265, 276, 294~295, 296
미현현avyakta 30, 157, 256, 264, 302

바

바가바따 파Bhagavata-Sampradāya 41

바따vāta 도샤 41, 108, 205, 211, 250~252, 289

바람vāyu 108, 153~154, 177, 241~245, 247, 251~252, 262, 298

바수데바Vāsudeva 38~40, 43, 94, 259, 303

바이샤vaiśya 33, 100~103, 115, 125, 194~196, 209, 210

바이슈나비vaiṣṇavī 44, 157

바이슈바나라Vaiśvānara 43, 63, 261~263

바이카나사 아가마Vaikhānasa Āgama 26, 39~42

방샤스타Vaṃśastha 65, 83~84

범아일여梵我一如, Brahmātmaikya 28, 30~31, 261

범행기brahmacarya-āśrama 33, 100~102, 114, 117

베다Veda 19, 22, 28~30, 33, 39, 43, 63, 87~88, 90~91, 95, 100, 102~103, 107~108, 113~114, 116~117, 120, 125~126, 136, 147, 175, 193~196, 211, 217, 225~226, 235, 253, 255, 272~278, 280~282, 284, 300, 306, 309~310~314, 316

베다의 보조 학문 29~30, 91, 278
  - 음성학(音韻學, śikṣā), 문법학(文法學, vyākaraṇa), 제식학(祭式學, kalpa), 어원학(語源學, nirukta), 운율학(韻律學, chandas), 천문학(天文學, jyotiṣa)

베다의 부속 학문 29~30, 87~88, 278
  -역사(Purāṇa), 논리학(Nyāya), 제식학(Mīmāṃsā), 법전(Dharmaśāstra)

보편적 의무sādhāraṇa-dharma 34

불tejas, agni 90, 98, 101~102, 147, 167, 182, 241

불멸amṛta 29~30, 93~94, 102, 219, 246, 257, 260, 262, 265, 272, 296

브라흐마Brahmā 20~21, 33, 36, 38~39, 41, 43, 59, 89, 91~92, 94~95, 100, 103, 105, 121, 125, 133~134, 147~148, 153~154, 156, 160~161, 174, 184, 194~196, 198, 207~ 210, 212~214, 225, 229, 232, 235~236, 242, 244, 247~248, 250, 255, 278, 281, 285, 288, 292

브라흐마나brāhmaṇa 20~21, 33, 36, 39, 89, 100, 103, 121, 125, 134, 147, 160~161, 174, 194~196, 209~210, 213, 242, 255, 278, 281, 285, 288

브라흐만Brahman 20, 28~32, 40, 43, 44, 66, 89~93, 97~98, 108~109, 112, 116, 118, 147, 174, 176, 214, 217, 219, 240, 248~250, 254~258, 261, 266~267, 269, 271~272, 274, 276, 281~282, 285, 293, 295, 297, 301

브라흐만의 지혜Brahma-jñāna 30, 66, 90~92, 97, 116, 274, 282

비슈누Viṣṇu 28, 38~44, 93~94, 124, 194, 196, 209~210, 213, 244, 247, 259, 260, 272, 296, 299

비슈누 만뜨라viṣṇu mantra 44, 196, 210

비슈누의 거주처viṣṇu-pada 296

비슈누 파vaiṣṇava, vaiṣṇavism 28, 38~43, 272

비슈누 파 뿌라나Vaiṣṇava Purāṇa 40~42

비슈누 파 아가마Vaiṣṇava Āgama 39, 42

비음nāda 185, 201, 207~208, 289

빤짜라뜨라 아가마Pāñcarātra Āgama 26, 40

빤짜라뜨라 파Pañcaratra-Sampradāya 40~42

쁘라나와 아빠나187~189

삣따pitta 도샤 205, 250

사

4성 계급varṇa 22, 33, 34, 41, 59, 95, 98~100, 103~105, 196, 210

삼매samādhi 25, 31, 63, 10~112, 158, 214, 220~222, 230, 236, 238, 263, 269, 27~275, 280~282, 301, 309

생해탈jīvanmukta 268

세 도사tri-doṣa 62, 205, 250~252
샥띠 파śakta, śaktism 38
세 종류의 불 102
순차적 합일krama-samuccaya 38
쉬바Śiva 38~39, 41~43, 63, 132, 163,
    183, 194, 196, 209~210, 216~217, 244,
    246~248, 265, 283
쉬바 만뜨라Śiva mantra 194, 196, 210
쉬바 파śaiva, śaivism 38~39, 41
슈드라śūdra 33, 100, 102~104, 115, 125,
    194~196, 209~210
스바가따Svāgatā 65, 75, 82, 298
스승guru 20, 33, 55, 108, 114~116, 119,
    126, 128, 175, 178~179, 258, 274, 298
신도神道, devayāna 96~97
신애의 요가bhakti-yoga 42~43, 196
심장의 연꽃hṛd-padma 62, 240, 258~259,
    261, 266~267, 276, 293, 295, 297

아
아그니agni 43, 101~102, 147, 261
아누쉬뚜브-쉴로까anuṣṭubh-śloka 65~66,
    69~70, 75, 142, 192
아드바이따 베단따Advaita-Vedānta, 不二
    一元論 24, 59, 106, 112, 128, 221, 241,
    267
아뜨만ātman 29~32, 62, 102, 112, 180, 182,
    204, 208, 211, 213, 221~224, 236, 239,
    240, 254, 256, 260, 261, 263, 266~267,
    269, 273, 276~277, 295~298, 300
아유르베다Āyurveda 22, 88, 91, 225, 253,
    309~310
아쯔유따Acyuta 43, 260, 302
여자strī, striy 125, 194~196, 218, 285
12명의 시인Āḷvār 42
열반nirvāṇa 94, 279
예지prājña 218
올바른 지혜samyak-jñāna 32, 35, 96, 98
옴oṃ 20, 61~62, 108, 189~195, 206,

209~210, 213~214, 217, 219, 249~250,
    276, 294, 298
완전한 행위kṛtsna-karma 38
외적 수단vahis-aṅga 62, 220~221
욕망kāma 32~6, 38, 95~99, 104, 113, 124,
    175, 177, 181, 224~225, 268, 274, 278,
    282, 298, 300
우빠니샤드Upaniṣad 19~22, 28, 92, 96, 98,
    108~109, 211, 218, 221, 267, 272, 289
우빠자띠Upajāti 65, 75~79, 81, 83
우뻰드라바즈라Upendravajrā 65, 75~76,
    78~79, 81, 83
운율chandas 30, 65~67, 69, 75~79, 81~84,
    88, 127, 142, 192, 260, 266, 298~299
유속성 브라흐만Saguṇa Brahman 43, 248,
    255
유행기saṁnyāsa-āśrama 33~34, 102, 114
윤회saṃsāra 33, 35, 59, 89, 95~100, 216,
    249, 258, 272, 285, 301
윤회의 길pravartaka 59, 95~98
이신해탈videha-mukti 62, 214~215, 268,
    299
인간의 세 가지 빛 99
인드라바즈라Indravajrā 65, 75~79, 81, 83
인드라방샤Indravaṃśa 65, 83~84
인생의 네 주기āśrama 22, 33~34, 41, 59,
    95, 98~100, 103~105, 195
임서기vānaprastha-āśrama 33~34, 100~102,
    114, 117

자
자기 자신svātman 63, 122, 214, 248, 264,
    266~278
정신집중dhāraṇā 25, 62~63, 108~112, 118,
    184, 220~223, 236, 239~241, 245~246,
    248~253, 309
제4위caturtha, tūrya 180~184
제자śiṣya 33, 54
좌법坐法, āsana 25, 58, 60, 108, 110~112,

130~134, 138, 140, 142~143, 179~180, 198, 206, 209, 211, 220~221, 275, 287~288

지행합일 31, 35~38, 105

지행합일설知行合一說, jñāna-karma-samuccaya-vāda 31, 35~37

지혜jñāna 28~33, 35~38, 59, 66, 90~92, 94,~99, 104~106, 116, 128, 181, 261, 274, 278, 282, 294~295, 299~300, 301, 314

지혜의 요가jñāna-yoga 31~32, 36

질병roga 87~88, 133, 135, 138~139, 141~142, 172, 201~206, 230, 237, 245, 247, 251~253, 292, 314

차

초능력aiśvarya 247, 261

최고의 자아paramātman 29~32, 36, 90, 93, 98, 106~107, 236, 258, 260, 262, 265~267, 271~272, 274, 276, 282

최고의 지혜para-vidyā 28~30, 294

타

특수 의무svadharma 34

파

포기sannyāsa 32, 34~36, 104, 175, 268, 276~278, 282, 301

하

하리Hari 38, 40, 43, 63, 134, 155, 159, 161, 163, 258, 263~264

해탈mukti, mokṣa 33~39, 44, 59, 62, 64, 94~99, 103~105, 119, 130, 131, 133, 139~140, 142, 156~157, 179, 196~197, 200, 206, 209, 214~215, 225, 246~248, 254, 262, 264, 267~268, 278, 285, 288, 296~297, 299, 301

해탈의 길nirvartaka 35, 59, 95~98, 196

행위의 요가karma-yoga 31, 33, 36, 225

향수자bhoktṛ 30, 266

허공kha-madhyama, ākāśa 214, 229, 246~247, 298

헌신 41, 44, 120, 124, 272, 299

황소vṛṣa 217~218

흙pṛthvī 119, 153~154, 241~242, 243~244, 247~248, 251~252

요가용어

가

가야뜨리gāyatrī만뜨라 61, 89, 191~193, 195

간다리gāndhārī나디 159, 162

감각철회pratyāhāra 25, 62, 108~112, 118, 184, 220~226, 230~231, 234~236, 238, 240, 247, 253

결박 연화좌baddha-padmāsana 134, 315

고행tapas 34, 90, 92, 96~97, 101, 106~107, 110, 114, 120, 122~123, 125, 136, 146, 162, 177~178, 194, 239, 280, 283~284

공작 체위mayūrāsana 130, 133, 141, 143

권계勸戒, niyama 25, 44, 60, 109, 110~112, 120, 128~129, 142, 175, 220~221

금계禁戒, yama 25, 59, 109, 110~112, 128~129, 142, 175, 220~221, 239~240, 253, 279, 285, 297

금욕 33, 89, 114, 115, 283

길상좌svastikāsana 130, 131, 132, 133, 143, 179

깐다kanda 26, 40, 59, 60, 144, 150, 151, 153~156, 159, 162~163, 258, 290

께발라 꿈바까kevala-kumbhaka 61, 198~201

꾸르마kūrma 생기 163~164, 170,~171

꾸후kuhu 나디 155, 159~160, 162

꾼달리니kuṇḍalinī 44, 60, 62, 64, 67~68, 140, 142, 153~154, 160, 162, 165, 171~

172, 184, 204, 210, 212~213, 236, 238, 286~291

끄리까라kṛkara 생기 163, 164, 170,

끄릿츠라kṛcchra 120~123

나

나가nāga 생기 27, 37, 40, 45~49, 52~54, 96~ 97, 146, 152~153, 157~158, 163~164, 167, 169~172, 181, 184, 188~189, 198, 208, 213, 258~259, 271, 273, 292~293

나디nāḍī 26, 45, 59~61, 64, 142, 144~145, 152, 154~162, 164, 166, 169, 172, 174, 178~179, 182~185, 190~192, 202, 204~205, 207, 212, 236, 240, 256, 290, 309, 310

나디 정화nāḍīśuddhi, nāḍīśodhana, nāḍīsaṃśodhana 60~61, 64, 142, 144, 172, 174, 178~179, 182~185

날숨recaka 61, 158, 170~171, 183, 186~189, 191, 197, 199~201, 208, 219, 230, 238

니드라nidrā 231

다

다난자야dhanañjaya 생기 163~164, 171

다르마dharma 34, 107, 128, 136, 175, 263

달candra 68, 157

데바닷따devadatta 생기 163, 164, 171

들숨pūraka 61, 158, 170~171, 183, 186~189, 191, 197, 199~201, 208, 219, 230, 238

마

만족santoṣa 120, 123

명상dhyāna 25, 31, 43~44, 63~64, 87, 89, 93, 96~97, 109~112, 118, 127, 134, 142~143, 177, 179, 182~184, 214, 216~217, 220~222, 230~231, 235~236, 248, 254~269, 272~273, 278, 289, 291, 294, 296, 307, 309

몸의 중앙dehamadhya 60, 147~151, 168, 182~183, 227~228, 232~234, 243, 264, 288

무속성 명상nirguṇa dhyāna 63, 255~258

물라 짜끄라mūla-cakra 60, 151~153, 155, 212

미현현avyakta 30, 157, 256, 264, 302

믿음āstikya 44, 120, 123, 126

바

바루니vāruṇī나디 155, 159~160, 162

반다bandha 138, 204

배꼽nābhi 141, 149, 151~153, 155, 165, 171, 202~203, 205, 211~212, 227~228, 232~234, 242~243, 289~292

뱀ahi, cakrin, nāga 68, 141, 154, 290~291

범행brahmacarya 33, 100~102, 112, 114~115, 117

베다와 관련된vaidika 만뜨라 193~195

보시dāna 97, 107, 120, 123

불śikhi, agni, tanvī 98, 101~102, 147~149, 167, 182

불상해ahiṃsā 109, 112, 128

불의 거주처śikhi-sthāna 147~148, 150, 210, 232, 287

불투도asteya 112~113

브라흐마란드라brahmarandhra 153~154, 156, 184, 207~208, 212~214, 229, 232, 235~236, 292

비슈보다라viśvodara 나디 155, 159, 161~162

비야나vyāna 생기 60, 163~164, 166, 170~171

빠야스비니payasvinī나디 155, 159, 160, 163

뿌샤pūṣā나디 155, 159~160, 163

쁘라나prāṇa 60, 62, 64, 67~68, 145~147, 152~154, 157, 163~165, 167~172, 184, 186~189, 198, 208, 210, 212~215, 249,

276, 287, 290~294, 296, 298
쁘라나prāṇa 생기 164~165, 169
뼁갈라piṅgalā나디 60, 67, 155~158, 160,
162~163, 182~183, 190~191

사

사다쉬바Sadāśiva 244, 246, 249
사라스바띠sarasvatī나디 155, 159, 161~16
3, 218
사마나samāna 생기 61, 163~164, 166~167,
169~171
사비뜨리savitṛ 211, 218
사비뜨리 만달라savitṛ-maṇḍala 211
사자좌siṃhāsana 130, 133, 137~138, 143
사히따 꿈바까sahita-kumbhaka
61, 198~200, 230, 238
삼매samādhi 25, 31, 63, 109~112, 158,
214, 220~222, 230, 236, 238, 263, 269,
271~275, 280~282, 301~309
생기vāyu 26, 59~61, 64, 144, 154, 163~172,
184, 198, 206, 212, 244~246, 248, 256,
287~292
생명점marmasthāna 62, 225~227, 229~231,
233~236, 238, 256
샨무키 무드라ṣaṇmukhīmudrā 61, 202, 206
207
샹키니śankhinī나디 155, 159, 161, 163
세속적인laukika 만뜨라 125, 193~195, 272
소식mitāhāra 112
소얼굴 체위牛面坐, gomukhāsana 130, 132~1
33, 143
소화의 불 141, 185, 210, 289
수슘나 suṣumṇā나디 44, 60, 153~162, 172,
184, 207, 212~213, 237, 290, 293, 309
수치심hrī 120, 125
숨 멈춤[止息]kumbhaka 61, 183, 186, 188~18
9, 193, 197, 199~200, 219, 230, 235
쉬바 만뜨라 194, 196, 210
스승에 대한 공경 114

시따리 호흡법sītalīprāṇāyāma 203
신념mati 120, 126, 152, 262
싼따빠나sāntapana 120, 123

아

아빠나apāna 생기 60, 154, 163~165, 167,
169~171, 186~189, 206, 212, 287~291
아홉 개의 구멍 169, 276
안정dhṛti 112, 117
알람부샤alambuṣā나디 155, 159, 161, 163
야샤스비니yaśasvinī나디 155, 159, 160,
162
연화좌padmāsana 125, 194~196, 218, 285
영웅좌vīrāsana 130, 133, 136~137, 143, 179
열 개의 생기daśa-vāyu 60, 163~164, 171
열네 개의 나디caturdaśa-nāḍī 60, 155~156,
162
열여덟 개의 생명점aṣṭādaśa-marmasthāna
62, 225~226, 230~231, 233, 235~236
염송japa 120, 126~127, 190, 194
오른쪽 발목 131~132, 137~139, 209
오른쪽 콧구멍 182~183, 190~191, 193
왼쪽 발목 137~140, 208, 287
요가yoga 19, 21~38, 41~46, 54~55, 57,
59, 61, 63~65, 67, 69~75, 77, 79, 81~84,
87, 90~94, 97~98, 103, 105~113, 115,
118~119, 122, 128~130, 132~143,
146~147, 150, 153~154, 156, 172,
175~179, 183, 185, 187~188, 192,
195~197, 202~204, 207~211, 216,
220~225, 230~231, 234~236, 238~242,
249~250, 253, 255, 262, 267, 269, 270,
272, 276~282, 285~286, 289, 295, 297,
299, 300~301, 306~307, 309~310
요가 수행 31, 44, 59, 61, 63~64, 93, 109,
112, 118, 132~133, 135, 137, 146, 154,
177~178, 196, 202, 208~210, 222, 224,
231, 249~250, 278, 282, 285, 289, 295
요가의 여덟 갈래, 여덟 갈래의 요가aṣṭāṅ-

ga-yoga 59, 107, 109
우다나udāna 생기 60, 163~164, 166~171
유속성 명상saguṇa dhyāna 43, 63, 255,
   258~266
음낭 137~140, 149~151, 160, 162, 165,
   171, 208, 227~228, 232, 234
이다iḍā나디 60, 157~158, 192
인자dayā 112, 116, 121, 154, 213, 229, 233,
   240, 242, 266, 276, 293, 295

자

자재신에 대한 헌신īśvara-pūjana 120, 124
정설定說의 학습siddhānta-śravaṇa 120
정신집중dhāraṇā 25, 62~63, 108~112, 118,
   184, 220~223, 236, 239~241, 245~246,
   248~253, 309
정직ārjava 112, 117, 123
좌법坐法, āsana 25, 58, 60, 108, 110~112,
   130~134, 138, 140, 142~143, 179~180,
   198, 206, 209, 211, 220~221, 275,
   287~288
준수vrata 34, 39, 108, 120, 128
진실satya 87, 89, 107, 112~113, 119,
   148~149, 175, 201
짠드라야나cāndrāyana 120~123

차

청정śauca 112, 118~119
72,000개의 나디 156, 166

타

태양ravi 38, 69, 96~98, 109, 157~158, 211,
   213, 217, 245, 263~264, 293

파

평등심kṣamā 107, 112, 117

하

하스띠지흐바hastijihvā나디 155, 159, 161
   ~162,
항문pāyumūla 149~151, 161, 163, 165, 169,
   171, 227~228, 233~234, 242, 245, 252,
   276, 287
해탈좌muktāsana 130, 140, 142, 179, 206,
   209, 288
행운좌bhadrāsana 130, 133, 138~139, 143,
   179
행위의 요가karma-yoga 31, 33, 36, 225
혀jihva 161~162, 203~205, 222, 229, 232,
   234, 272, 295
혀 반다jihva bandha 204
호흡 25, 44, 60~62, 64, 68, 88~89, 92,
   108~112, 118, 140, 142, 158, 169,
   183~~203, 206~208, 210~211, 215~216,
   219~222, 230, 231, 235~238, 240, 253,
   256, 258~259, 261, 276, 281, 288
호흡을 정복하는 방법prāṇa-jaya-upāya 61,
   140, 142, 201, 202, 206, 253
호흡조절prāṇāyāma 25, 61, 64, 108~112,
   118, 142, 184~196, 197~199, 201, 208,
   210, 215~216, 219~222, 230~231,
   235~236, 249~250, 252~253, 258~259,
   261, 276, 281
회음부sīvani 131, 137~139, 208~209, 288

문헌 찾기

게란다상히따Gheraṇḍasaṃhitā 132~134,
   139, 163, 317
기따르타상그라하Gītārthasaṃgraha 37, 317
기따 주석Gīta Bhāṣya 188, 317
까타 우빠니샤드Kaṭha Upaniṣad 221
라마야나Rāmāyaṇa 40, 92
리그 베다Ṛg Veda 22, 28~29, 39, 43, 88,
   211, 235

마누법전Manusmṛti 102~103, 118, 121
마이뜨리 우빠니샤드Maitrī Upaniṣad 109
마하바라타Mahābhārata 19, 40
만두꺄 우빠니샤드Māṇḍūkya Upaniṣad
　180~181
문다까 우빠니샤드Muṇḍaka Upaniṣad 28

바가바다사야누사라나비다나 주석Bhaga-
　vadāśayānusaraṇabhidhānabhāṣya 36~37
바가바드기따Bhagavadgītā 25, 36, 188, 307
바가바드기따 주석Bhagavadgītābhāṣya 188
바우다야나 다르마수뜨라Baudhāyana Dha-
　rmasūtra 136
백야주르 베다Śukla Yajurveda 19
브리하다란야까 우빠니샤드Bṛhadāraṇyaka
　Upaniṣad 19~21
브리하드요가야갸발꺄스므리띠Bṛhadyogi
　yājñavalkyasmṛti 26~27
비마나르짜나깔빠Vimānārcanākalpa 26, 40,
　133, 138
빠잉갈라 우빠니샤드Paiṅgala Upaniṣad
　20~21

사마 베다Sāma Veda 29, 88
샤따빠타 브라흐마나Śatapatha Brāhmaṇa
　20~21, 39
수슈루따상히따Suśrutasaṃhitā 226
쉬바상히따ŚivaSaṃhitā 132, 163
슈베따슈바따라 우빠니샤드Śvetaśvatara
　Upaniṣad 108, 211, 289
스리마드 바가바드기따Śrīmad-Bhagavad-
　Gītā 37

아이따레야 브라흐마나Aitareya Brāhmaṇa
　39
아타르바 베다Atharva Veda 29, 88, 272
아히르부드냐상히따Ahirbudhnyasaṃhitā
　26, 40, 133
야갸발꺄 스므리띠Yājñavalkya Smṛti 19,
23, 24
야주르 베다Yajur Veda 19, 28~29, 88
요가경Yogasūtra 59, 106, 108~109, 111,
　112, 223
요가샤스뜨라Yogaśāstra 25
요가주Yogasūtra-Bhāṣya 111, 143, 220, 221,
　247
우빠데샤사하스리Upadeśasāhasrī 241
월광Jyotsnā 148, 151

자발라 우빠니샤드Jābāla Upaniṣad 20~21
전철학강요Sarvadarśana-Saṃgraha 25, 106,
　123, 135, 272

찬도갸 우빠니샤드Chāndogya Upaniṣad
　96

하리방샤Harivaṃśa 40
하타[요가]쁘라디삐까Haṭha[yoga]pradīpi-
　kā 67, 132~134, 136, 138~141, 148, 151,
　198, 200~201

짜라까상히따Carakasaṃhitā 22, 225~226

인명색인

가르기Gārgī 29, 35, 43, 59~60, 64~65, 66,
　90~94, 99, 105~107, 109, 111, 120, 128,
　130, 142, 144~145, 149, 156, 160~162,
　169, 174, 186, 190, 194, 198, 203, 206,
　208~209, 212~215, 220, 225~228,
　231, 233, 236, 239~241, 243, 244, 248,
　250, 253~254, 265, 268, 274, 278~282,
　284~288, 292~294, 296~301, 318
가야뜨리gāyatrī 61, 89, 191~193, 195, 217
길희성 187, 196, 306, 307
끄리슈나Kṛṣṇa 34, 38, 40, 42~43, 54~55,

259
끄리슈나마차리야Krishnamacharya 54~55

닷따뜨레야Dattātreya 25, 28
데시까차르Desikachar 24, 43, 54~55, 95,
    104, 122, 146, 150, 152, 154, 158, 187,
    193, 246
디반지Divanji 22~24, 26, 46~47, 52~53,
    55, 58, 62, 216

라다크리쉬난Radhakrishnan 37
라마누자Rāmānuja 42, 188

마다바Mādhava 24~25
마리치Marīchi 39
마이뜨레이Maitreyī 65~66, 90, 92~93
모한Mohan 24, 54~55, 88~89, 122, 147,
    153, 158, 187, 193, 205, 230
문을식 35, 42, 67, 172, 307, 309

바스까라Bhāskara 36
박영길 26, 28, 67, 81, 110, 128, 132,
    136, 148~149, 196, 223~225, 298, 299,
    303~304, 306~307
부이Bouy 25, 106
뷜러Bühler 23
브릿띠까라Vṛttikāra 37

사라스바띠Sarasvatī 218
샤스뜨리Śāstrī 246
샹카라Śaṅkara 309

아가스띠야Agastya 22, 234~235, 283
아난다바르다나Ānandavardhana 25, 37
아르주나Arjuna 32, 34
아비나바굽따Abhinavagupta 37
아쉬빈Aśvin 22, 225~226, 252~253
야갸발꺄Yājñavalkya 19~20, 25, 66, 87,
    89~94, 104~106

올리벨르Ollivelle 19, 23
우자스틱Wujastyk 25~26
위첼Witzel 20
윈터니츠Winternitz 41

자나까Janaka 20, 27
정승석 43, 54, 97, 110, 188, 190, 218, 241,
    260, 272, 304, 306~307, 310
정태혁 19, 20, 307
제너Zaehner 187

케인Kane 23

피셔Fišer 20

호에르슈타인Feuerstein 24
화이트White 21, 24, 25, 272